체화된 앎(Embodied Understanding) 실현을 위한

창의 · 융합 수학 수업의 개발과 실천적 탐구

김민경 · 이지영 · 김동희 지음

KM 경문사

✧ ✧ ✧

이 책은 2016년 대한민국 교육부와
한국연구재단의 지원을 받아 수행된 연구임
(NRF-2016S1A5A2A01022028)

✧ ✧ ✧

머리말

21세기를 살아가는 구성원에게 요구되는 필수 요건은 무엇이며, 이를 위해 '학교교육은 어떠한 내용과 방법을 담아야 하는가'에 대한 담론은 어제오늘의 일은 아닐 것이다. 세계경제포럼에서 제시한 4차 산업혁명은 사물인터넷(IoT), 로봇, 인공지능(AI), 빅데이터 등의 기술이 나노기술(NT), 바이오기술(BT), 정보기술(IT), 인지과학(CS)의 융합기술로 발전하는 등 사회 구조로의 혁명으로 정의된다. 4차 산업혁명과 같은 급변하는 시대에 미래의 교육은 어떻게 변화해야 하는가에 대해 비판적 사고, 생각하는 힘, 구성원과의 소통 및 협업 능력을 갖춘 창의적 인재를 키우기 위한 교육적 혁신은 불가피한 과제이다.

생각하는 힘과 수학적 소양을 기르기 위한 교육적 요구의 방안으로 본 저서는 체화된 앎(Embodied Understanding) 실현을 위한 창의・융합형 초등수학 교수・학습의 설계 및 개발 방법을 제안하고자 한다. 저자 일동은 체화된 앎(Embodied Understanding) 실현을 위한 창의・융합형 초등수학 적용 방안을 체계적으로 탐구하기 위하여, 한국연구재단의 "2016~2017년도 기초연구지원사업"의 일환으로 2년간 "체화된 앎(Embodied Understanding) 실현을 위한 창의·융합형 초등수학 교수・학습의 설계 및 개발(과제번호: NRF-2016S1A5A2A01022028)" 과제를 수행하였다.

2년의 체계적인 연구를 통해 학교 현장에서 좀더 수학다운 수업이 이루어질 수 있도록 새로운 패러다임으로 제시되고 있는 '체화된 인지' 관점과 정책적으로 대두되고 있는 '창의・융합' 관점이 수학 교실 수업에서 어떠한 교육적 의미가 있는지, 미래 사회에 대비하는 측면에서 급변하는 사회의 변화에 어떠한 준비가 필요한지 살펴보았다. 이를 위해 체화된 인지 개념뿐 아니라 창의・융합적 관점에서의 수학교육의 개념적 고찰을 통해 수학교육 분야에서의 이론적 토대를 제공하였다. 특히 체화된 앎의 구현과 관련하여 미래 사회를 대비할 수 있는 능력 및 소양 중 주목받고 있는 협력적 문제해결력, 집단창의성, 융합적 소양에 관한 개념으로의 연구 적용 가능성에 대한 학문적 의미를 도출하는 성과를 얻었다.

본 저서는 초등교육현장 전문가들의 자문 및 검토 등 협력 연구의 총체적 결과물이며 그 중에서도 학술지 연구논문으로 정리된 내용들이 부분적으로 요약, 정리되어 이론적 틀과 기술적 흐름의 토대를 제공하였다. 수학 교과는 자칫 고등학교 때 단편적인 계산 위주의 정답을 요하는 학습의 경험이 전부로 기억되는 과목이라는 부정적 평가가 대부분인 것이 현실이다. 체화된 앎의 구현을 통해 이를 탈피하여, 수학이 지니는 학문의 가치에 배우는 즐거움이 더해져 보다 생동감 있는 과목으로 자리매김하는 미래를 그려보며 이에 본 저서가 작은 도움이 되기를 바란다.

그동안 본 연구를 지원한 한국연구재단에 감사드리며, 연구계획서 준비 단계에서부터 결과보고서 마무리 그리고 산출 단계에 이르기까지 연구에 참여하면서 매 순간 진지하게 연구에 임하며 뜻있는 작업의 결실을 보게 해준 연구 참여 대학원생 및 현장 교사들(김선주, 양현수, 이주현, 장지나, 조미경 등) 모두에게 큰 감사의 마음을 전한다. 또한 본 연구에서 도출된 체화된 앎(Embodied Understanding) 실현 및 창의·융합형 초등 수학교육의 의미를 교육현장 개선의 새로운 가능성으로, 그리고 교실문화 확산의 일환으로 본 저서의 출판을 흔쾌히 수락해 주신 경문사 사장님 외 관계자 여러분께도 심심한 감사의 말씀을 전한다.

2020년 7월

저자 일동
체화된 앎(Embodied Understanding) 실현을 위한
창의 · 융합형 초등수학 교수 · 학습의 설계 및 개발 연구팀

차례

1 시작하면서

인류의 사회화 과정을 통해 인간은 시시각각으로 변화하는 사회에서 필요한 지식과 지혜를 얻기 위해 '가르친다'는 행위가 생긴 이래로 교육은 '무엇을 가르쳐야 할 것인가?'라는 물음을 끊임없이 제기하고 있다. 그런데 '가르쳐야 할 지식'은 산업과 문명의 발달과 함께 시대에 따라 지속적으로 변해왔다. 전통적으로 과거 농경 시대에는 농사기술이 가르쳐야 할 것이었고 지식에 대한 관점은 상황과는 별개로 지식 그 자체로 존재한다는 데카르트식 이원론적 관점이 지배적(노상우, 안동순, 2012)이었다. 개인적 교육으로서 가정에서 이루어지던 기술의 전수는 학교라는 공공기관이 생기기 시작하면서 집단적 교육으로 넘어왔다. 이러한 관점은 집단적 교육에서 문과와 이과, 기술과 인문학을 구분하는 등 지식의 경계를 명확히 하려는 관점을 생성하며, '기억'과 '습득'의 수동적 학습으로 이어진다. 다시 말하자면, 집단적 교육의 목적은 사회 발전과 매우 밀접하며, 산업화를 거치면서 고도의 기술 사회로 넘어가는 지금, 우리 교육현장에서 미래를 준비하는 다음 세대에게 '무엇을 가르쳐야 할 것인가'에 대한 방향성은 더 거대한 담론을 요구하고 있다.

세계경제포럼에서 제시한 4차 산업혁명은 사물인터넷(IoT), 로봇, 인공지능(AI), 빅데이터 등의 기술이 나노기술(NT), 바이오기술(BT), 정보기술(IT), 인지과학(CS)의 융합기술로 발전하고 이로 인한 지능형 사이버 물리 시스템(Cyber Physical System)이 생산을 주도하는 사회 구조로의 혁명으로 정의된다. 4차 산업혁명과 같은 급변하는 시대에 미래의 교육은 어떻게 변화해야 하는가에 대해 김진형(2016)은 시대의 변화에 맞추어 교육의 목표를 구체화하고, 내용과 방법에서 혁신이 있어야 한다고 제시하면서 비판적 사고, 소통, 협동 능력을 갖춘 창의력 있는 인재를 키워야 함을 강조하였다.

사회적·기술적 발달과 함께 주목받기 시작한 지식에 대한 관점의 변화는 학교교육의 이론과 실천에 있어서 통념상의 교육의 의미와 가치 정립에 적잖은 변화를 가져왔다. 최근 들어 기술 변화와 발전에서 주목받는 키워드 중 하나가 '인공지능'이라고 할 수 있는데 이러한 변화에 대응하기 위해 특히 교육현장에서는 기존의 패러다임 변화가 불가피하게 되었다. 과거에는 여러 가지 지식을 암기하는 것이 교육의 주된 목적이었다면 미래를 준비하는 현재에는 정보 검색부터 정보를 가공하여 다양한 상황에 재창출하는 역동적인 역량까지 요구하고 있다. 그런데 이 '인공지능'을 포함한 사회적·기술적 변화는 사고와 몸, 환경이 불가분의 관계에서 계속 스스로 진화하며 변화해 발전해 나간다는 패러다임 변화를 이끌며 그 미래적 가치에 주목하는 것이다. 이러한 인지적 관점은 '상황화된 인지' 또는 '체화된 인지(embodied cognition)' 관점으로 설명될 수 있는데 지식을 받아들일 때 지식은 그 자체만 중요한 것이 아니라 인간의 몸, 환경과의 관련성이 중요하며, 같은 지식이라도 인지가 달라질 수 있다(이영의, 2008; 이정모, 2010).

한편 최근의 이러한 사회적 변화 가운데 특히 주목을 받았던 DeSeCo 프로젝트에서 제시된 역량은 해외 및 국내의 교육과정 개혁에 반영되었는데, 우리나라는 2015 개정 교육과정을 '역량중심교육과정'으로 개편하며 기존의 교과 지식 중심 교육과정에서 벗어나 역량에 초점을 두었으며 창의융합형 인재가 갖추어야 할 역량으로서 '자기관리 역량, 지식정보처리 역량, 창의적 사고 역량, 심미적 감성 역량, 의사소통 역량, 공동체 역량'을 핵심역량으로 제시하였다. 이러한 사회적 변화, 교육의 개혁의 흐름에 따라 미래 사회에 필요한 역량은 단일능력이 아니며, 다양한 능력을 갖추기 위해서는 융합형 인재 양성을 위한 교육이 필요할 것이다(Berlin, 1989; Forarty, 1991; Ingram, 1979). 그런데 학교교육과정에서 다루는 여러 교과 중 특히 수학은 생활과의 관련성이 높은 응용적 성격이 강한 학문임에도 불구하고, 수학교육은 단순한 계산이나 복잡한 공식의 암기를 강조한 반복연습이 강조된 형태로 이루어져 왔다. 이러한 실상은 융합교육과 같은 간학문적 관점에서 본다면 다른 교과와 잘 조화되지 못한 '도구적' 성격만 강조한 결과라고 설명할 수 있다. 세계 여러 선진국에서도 '간학문적 관점'을 강조하는 교육과정 개편이 지속적으로 일어난다는 점을 고려할 때 수학교과에서의 '융합'이 어떻게 이루어져야 하는지, 그리고 그러한 융합이 왜 이루어져야 하는지에 대한 심도 있는 논의가 필요하다.

최근에는 지식을 단순히 습득하는 교육보다는 지식을 다양하게 받아들일 수 있는 능력을 키울 수 있는 측면으로의 변화가 가속화되고 있고, 자연스럽게 미래 사회에서 필요한 능력 및 역량이 무엇인가에 대한 논의가 활발히 이루어지고 있다. 특히 미래사회에서 요구되는 지식이란 개인이 소유하기보다는 주변 환경과 상호작용하며 끊임없이 변화하면서 생성된다는 입장으로 설명되는데, 이러한 변화 과정에서 창의성은 이 사회에서 요구되는 매우 가치있는 요소일 것이다. 개인에게 기반한 창의성도 중요하지만 사회·문화적 맥락에서 점차 '집단'의 중요성이 커짐에 따라 '집단창의성'이 주목을 받고 있으며, 이는 학문적으로도 중요하게 다루어질 필요가 있다(이정모, 2011).

21세기를 살아가는 구성원에게 요구되는 필수 요건이 무엇이며, 이를 위해 학교교육은 어떠한 내용과 방법의 모습일까 하는 담론은 어제오늘의 일은 아닐 것이다. 이에 본 고는 학교 현장에서 더 수학다운 수업이 이루어질 수 있도록 새로운 패러다임으로 제시되고 있는 '체화된 인지' 관점과 정책적으로 대두되고 있는 '창의 · 융합' 관점이 수학 교실 수업에서 어떠한 교육적 의미가 있는지, 미래 사회에 대비하는 측면에서 급변하는 사회의 변화에 어떠한 준비가 필요한지 살펴보고자 한다. 이를 위한 이론적 토대로 체화된 인지 개념뿐 아니라 창의·융합적 관점에서의 수학교육의 개념적 고찰을 통해 수학교육 분야에서의 적용 가능성을 점검하고자 한다. 특히 미래 사회를 대비할 수 있는 능력 및 소양 중 주목받고 있는 협력적 문제해결력, 집단창의성, 융합적 소양에 관한 개념과 연구 적용 가능성에 대한 학문적 의미를 제공하고자 한다. 더 나아가 학교 현장에 적용 가능한 창의·융합형 수학 수업을 소개하며 수업의 적용 결과 사례를 통한 교육적 의미를 도출 과정에서 앞으로의 교육의 미래 가능성에 대한 시사점을 제공하고자 한다.

▌참고문헌

김진형(2016). 4차 산업혁명, 인공지능 시대의 교육. **STSS지속가능과학회 학술대회**.

노상우, 안동순(2012). 학문융합 관점에서 본 현대교육의 이론적 · 실천적 변화 모색. **교육종합연구**, **10**(1), 67-88.

이영의(2008). 분산된 인지와 마음. **철학연구**, **36**, 3-30.

이정모(2010). '체화된 인지(Embodied cognition)' 접근과 학문간 융합. **서울대학교 철학사상, 38**, 27-66.

이정모(2011). 창의성 개념의 21세기적 재구성. 한국교육개발원 미래교육기획위원회 (편). **한국교육 미래 비전**(pp. 103-120). 서울: 학지사.

Berlin, D. F. (1989). The integration of science and mathematics education: Exploring the literature. *School Science and Mathematics, 59*(1), 73-80.

Fogarty, R. (1991). *How to integrate the curricula: The mindful school*. 구자억 역(1998). **교사를 위한 교육과정 통합의 방법**. 서울: 원미사.

Ingram, J, B. (1979). Curriculum Integration and Life-long Education. Paris: UNESCO. 배진수, 이영만 역(1995). **교육과정 통합과 평생교육**. 서울: 학지사.

Part I

체화된 앎(Embodied Understanding) 구현을 위한 창의·융합형 초등수학의 개념적 고찰

* 본 편은 연구발표(김민경, 이지영, 2017; 김민경, 이지영, 2020; Kim, Lee, Yang, Lee, Jang, & Kim, 2019)의 일부를 요약, 수정보완하며 본 편의 내용 구성에 맞게 종합 기술함.

급변하게 변하는 현대사회 속에서 학습에 대한 관점과 더불어 인간이 어떻게 환경과 상호작용하고, 지식을 받아들이는가에 대한 '인지'에 대한 관심은 과거와 달리 크게 변화했다. 특히 AI로 불리는 인공지능이 사회 전반의 변화를 주도하게 되면서, 과거의 이분법적이고 수동적인 관점의 지식 접근과는 다른 제3의 대안적 관점으로 인지과학에서 대두된 '체화된 인지'가 주목받고 있다. 우리가 무엇인가를 이해하고 학습한다고 하면, 그 지식은 머릿속에만 존재하는 것이 아니라, 발현되는 것까지를 포함한다고 할 수 있는데, 그러한 점에서 지식을 '체화'한다는 것은 의식적, 무의식적 과정에서 하나의 내러티브를 만들어나가는 과정으로 볼 수 있다. 학습의 과정에서 지식은 그 자체로 환경과는 별개로 학습되는 것이 아니며, 다양한 환경과 상호작용하면서 개인이 얻은 경험을 구조화해 나간다. 이 과정에서 중요하게 작용하는 것은 인간의 '몸'으로, 몸이 구체적으로 어떠한 경험을 했는가는 '체화된 인지' 관점에서는 매우 중요한 일이 된다. 이러한 관점에서는 학습자 개개인이 형성하는 지식은 어떠한 환경을 제공하느냐에 따라 매우 달라질 수 있는 것이다. 이와 같이 '체화'는 뇌를 몸과 분리된 대상으로 보지 않고 '뇌', '몸', '환경'의 관련성을 강조하고 있다(이정모, 2010).

체화된 인지와 더불어 또 하나의 흐름은 지식이 단일한 영역에 국한되지 않고 다양한 영역을 넘나드는 특징이 '융합'이라는 명칭으로 대두되고 있는 것인데, 일부 기술적 분야에서 많이 사용되던 용어가 교육에서 간학문적 관점이 대두되면서 '융합교육'의 명칭으로 주목받고 있다. 우리나라에서는 '융합인재교육 혹은 STEAM'이라는 명칭으로 2011년부터 학교 현장에서 융합교육이 이루어지고 있는데, 과학교과 중심으로 교육이 이루어지다보니 수학교육이 융합교육에서 차지하는 비중은 도구적 수준에 머무는 경우가 많았다. 융합교육에 대한 관심과 연구가 더욱 증가하면서, 최근 수학 교과에서도 적용에 관한 연구가 많이 이루어지고 있다. 수학은 수학 내적 · 외적으로 다양한 연결성을 지니는 학문으로, 본 연구에서는 수학을 중심으로 하는 융합 수업 설계를 위한 이론적 고찰을 통해 향후 수학에서의 융합 수업에 대한 시사점을 제공하고자 하였다. 또한 융합이 하나의 '방법'이라면 '창의성'은 궁극적으로 지향해야 할 하나의 목표로 융합과 매우 밀접한 관계를 맺고 있으며, 2015 개정교육과정에서 수학 교과역량 중 하나로 '창의 · 융합' 역량이 제시되는 만큼 이 둘을 연결지으려는 노력 또한 필요할 것이다.

이와 같은 체화된 인지, 그리고 융합교육과 관련하여 2장에서는 '체화된 인지' 개념을 고찰하고 '창의 · 융합' 관점에서 수학교육에 관한 선행 연구를 살펴보았다. '체화된 인지'는 '(뇌를 포함한)몸', '마음', '환경'이 하나된 전체로 끊임없이 상호작용한다고 보기 때문에 '시각적 사고', '능동적인 몸', '행위를 통한 앎', '내러티브', '환경과 상호작용', '인지의 확장과 분산', '집합적 인지'와 같은 체화된 인지의 특징은 필연적으로 다양한 분야, 다양한 사고의 융합으로 귀결된다. 한편, '융합'은 단순 합을 넘어 새로운 가치를 창출해낼 수 있는 교육으로 '창의성'을 위한 수단이 된다. 앞으로는 '집합적 인지', '집단적 창의성', 그리고 융합을 위한 다양한 학문의 상호작용을 통해 '협력적 문제해결'의 맥락에서 '협력적 관점'의 수업을 설계해야 할 것이며, 주제 중시보다는 '수학적 개념' 중심의 '빅 아이디어(big idea)'를 고려하여 수업에 필요한 내용 요소를 모으는 노력이 필요할 것이다. 이와 더불어 체화된 인지 관점에서 수업의 방법에 다양한 자극이 필요할 것이며, 양적, 질적 등 다양한 연구 방법의 사용과 함께 언어적, 비언어적 특징에도 관심을 기울여야 할 것이다.

한편 교육이 개인주의적으로 이루어지던 과거와는 달리 '집단'에 관심을 기울이는 노력이 증가하고 있는데, 이는 현실세계의 복잡성이 개인 수준으로 해결되기 어려운 경우가 많은 것과 관련된다. 즉, 다수가 함께 문제를 해결하는 과정에서 최적의 해결책이 사회를 움직이는 원동력이 되고 있는데 교육적으로도 학습에서 학생들이 소그룹으로 상호작용하면서 경험하는 일련의 과정이 많은 관심을 받고 있다. 협력적으로 문제를 해결한다는 것은 같은 공간에 놓여 있다고 일어나는 것은 아니며, 비구조화된 문제 상황 혹은 과제와 적절한 소그룹의 구성 등 다양한 변인이 상호작용하면서 일어난다. '협력적 문제해결력'은 국제 평가인 PISA 2015에서 협력적 문제해결력 평가가 도입된 이후 더욱 논의가 활발히 이루어지고 있는데, 문제해결에 창의성이 요구되는 만큼 협력적 문제해결에서도 이에 대응하는 집단창의성이 요구된다.

이와 같은 협력적 문제해결, 집단창의성과 관련하여 3장에서는 협력적 문제해결 및 집단창의성의 이론적 개념과 선행연구를 살펴보았다. 기존 선행연구를 살펴볼 때, 협력적 문제해결 및 집단창의성과 관련하여 기업이나 기관, 성인학습 차원에서 연구가 많이 이루어졌지만, 초등학생을 대상으로 하는 연구는 매우 드물다. 학생 대상이더라도 중·고등학교 차원의 연구가 많은데 이는 '협력'이 고차원적 기술로서 초등학생의 '협력'을 관찰한다는 것이 쉬운 과정이 아님을 반증한다. 현장 연구와 더불어 집단적으로 문제를 해결하는 것을 어떻게 측정할 것인가에 대한 연구도 아직은 많이 미흡한 실정이다. 초등학생 대상 검사지도 매우 부족하며, 자기평가 형태인 검사지로는 협력적 문제해결력의 측정에 한계가 있기 때문에 검사지뿐만 아니라 학교에서 실시 가능한 형태의 평가 방법에 대한 고민도 다양한 각도에서 이루어질 필요가 있다. 이와 같이 현장에서 실질적으로 이용 가능한 형태로 '협력'이라는 기술이 사용될 때 학습자에게 의미 있는 변화가 일어날 수 있을 것으로 기대한다.

이러한 이론적 검토를 바탕으로 4장에서는 체화된 인지 및 창의·융합교육 실현 가능성 검토를 위한 기초조사 결과를 살펴보았다. 현재 학교 현장에서 진행되고 있는 융합인재교육(STEAM)에 대한 인식과 실태를 조사하였으며, 서울특별시 및 경기도 소재 24개 공립 초등학교 교사 273명을 대상으로 설문조사를 실시하였다. 조사는 크게 융합교육의 일반적 특성과 수학 중심 융합교육의 측면에서 이루어졌으며, 대부분 교사가 융합교육의 효과와 필요성에는 긍정적인 인식을 나타내고 있으나 수업 준비 시간 확보 및 교재, 자료의 부족 등 현실적인 문제에서 적용이 어려움을 언급하였다. 이에 다양한 교사 교육과 더불어 수학을 중심으로 하는 학습자료 개발, 미래 사회에 필요한 다양한 능력과 역량 함양과 관련한 심층적인 연구가 필요할 것이다.

2 '체화된 인지' 개념 및 '창의 · 융합' 관점에서의 수학교육 관점

2.1. 개요

'지식을 어떻게 볼 것인가' 하는 것은 교육의 방법을 결정하는 매우 중요한 요소이다. 과거부터 지식은 절대불변하는 개념처럼 간주되어 왔다. 소위 백과사전식 지식이라 불리는 지식들은 과거로부터 차곡차곡 쌓여서 우리가 학습해야 할 거대한 집합체가 되었다. 하지만 지식은 그 자체로 영원한 것이 아니며, 지식도 사회 · 문화적 환경에 따라 혹은 과학기술의 변화에 따라 변화할 수 있다는 관점이 많은 지지를 받고 있다. 이러한 지식의 상대성은 기존의 데카르트식 이원론적 관점에서는 설명될 수 없으며, 세상을 바라보는 다른 관점을 요구한다. 이러한 과정에서 인지주의에서 대두된 제3의 대안적 관점은 '분산된 인지', '상황화된 인지', '체화된 인지' 등 다양하게 논의되었는데(이영의, 2008), 공통적으로는 몸, 마음, 환경이 상호 영향을 주고받는 것을 강조하면서 지식은 사회적 · 문화적으로도 다르게 나타날 수 있으며, 한 개인이 속한 환경이나 맥락에 따라 동일한 지식이 다양하게 인지될 수 있다고 본다. 본 연구에서는 이러한 제3의 관점을 '체화된 인지' 혹은 '체화된 앎'이라는 용어를 사용하여 논의하고자 한다. 이러한 '체화된 인지' 관점에서는 인간이 개발한 기술조차도 수동적으로 투입과 산출을 하는 것이 아니라, 최근 각광받고 있는 '인공지능'처럼 실패도 학습하며 '진화'를 하고 있는 실정이다. 이러한 변화는 '지식'에 대한 근본적인 관점의 변화로 기인한 것이며, 이는 교육에도 영향을 미칠 수밖에 없다.

그렇다면 이러한 '체화된 인지' 관점은 어떻게 교육에 영향을 미칠 수 있을까? 학교에서 배우는 지식은 어떠한 형태로 이루어져야 하는가? Trilling과 Fadel(2009)은 21세기 핵심역량을 하나의 기술(skill)로 논의하면서, 이를 '학습 및 혁신, 디지털 리터러시, 직업 및 생활' 기술로 나누었다. 그리고 21세기 학습은 이러한 기술을 길러줄 수 있는 체제가 되어야 한다고 언급하고 있다. 이는 단학문적 관점에서는 이룰 수 없으며, '간학문적 관점'이 대두될 수밖에 없는데, 실제로 문제를 해결하는 상황에서는 하나의 지식이 아닌, 다양한 지식이 필요하다(Kim & Cho, 2015). 이러한 흐름에서 세계 여러 선진국에서는 교육과정에서 '간학문적 관점', '역량'을 강조하고 있다. 즉, 21세기 교육은 지식의 단순한 투입과 산출을 요구하는 것이 아니라, 다양한 투입을 통한 창의적인 산출을 요구한다. 이는 학습자에게도 수동적인 학습이 아닌 능동적인 학습이 요구될 수밖에 없으며, 학습자뿐만 아니라 교육연구자, 교사들도 이에 발맞춘 다양한 능력과 이론이 요구된다.

이러한 간학문적 관점의 강조는 융합교육과도 연결된다. 현재 우리나라에서 진행되는 융합교육은 과학과의 주도로 이루어져 대부분 과학을 중심으로 타 교과가 융합되는 형태로 이루어지고 있다(백윤수 외, 2012). 수학은 타 교과에 비해 상대적으로 과학과 밀접한 관계를 맺고 있는 과목으로 여겨져 두 학문 간의 통합에 관한 연구는 과거에도 진행된 바 있으나(Huntley, 1998; Lonning & DeFranco, 1997), 두 과목 중 어느 과목에 더 가까운가 하는 비중의 차이일 뿐, 현재 융합교육으로 적용하는 데에는 한계가 있다. 수학은 실생활과 연결성이 강한 응용적 성격의 학문임에도 불구하고, 학습자에게서는 부정적 인식이 강한 학문으로, 융합교육에서도 다른 교과와 조화되기보다는 '도구적'으로 사용되는 데에 그치는 경우가 많았다(주미경 외, 2012). 수학이 다른 학문과 '융합'될 때 수학의 본질적인 유용성과 가치가 더욱 드러날 수 있다는 점에서 수학교육에서 '융합'이 어떻게 이루어져야 하는지, 왜 이루어져야 하는지 더 깊은 성찰이 필요할 것이다.

2015 개정 수학교육과정에서는 6가지 교과역량 중 '창의 · 융합' 역량을 제시하고 있는데, '융합'과 '창의'가 왜 같은 역량으로 묶이게 되었는지도 생각해 볼 필요가 있다. '창의성'은 인류의 역사를 함께하는 매우 포괄적인 개념으로서, 현재까지의 발전이 '창의성'과 함께 했다고 해도 과언이 아니다. '창의성'을 교육의 관점에서 생각한다면, '참신함' 그 자체보다는 학생 개인 수준에서의 '적합한' 수준을 의미한다고 볼 수 있다. 그렇다면 '창의성'을 지니기 위해서는 어떠한 과정이 필요한지 고민해본다면, 그 과정에서 '융합'이 자연스럽게 나타날 수밖에 없다. 즉, '창의'가 궁극적인 지향점이라고 한다면 '융합'은 이에 도달하기 위한 하나의 방법이 되는 것이다(송진웅, 나지연, 2014). 과거에는 '창의'도 개인적 차원에서 논의가 많이 이루어졌으나 최근에는 '집단'에 대한 관심이 높아지면서 '집단창의성'에 대한 논의도 점차 늘어나는 실정으로, 창의성의 다양한 측면에도 관심을 기울일 필요가 있을 것이다.

그러므로 본 연구에서는 교육에서의 인지적 관점이 어떻게 변화했는지를 살펴보면서 체화된 인지 관점을 논의하고자 한다. 이와 더불어 최근 '융합인재교육'으로 논의되던 융합교육이 '창의 · 융합'으로 논의되고 있는 바, '창의성'과 '융합'을 교육의 의미에서 함께 살펴보고자 하며, 교육과정 변화 속에서 수학에서의 융합교육을 살펴보고자 한다. 이를 통해 수학교육에서 수업의 설계 변화에 어떻게 대비해야 하는지, 방법적인 측면에서 체화된 앎을 이루기 위한 융합 수업이 수학교육에서 어떠한 의미를 줄 수 있는지, 학습자의 입장에서는 체화된 인지에서의 '앎'이 어떤 시사점을 줄 수 있을지 논의하고자 한다.

2.2. 체화된 인지

2.2.1. 인지에 관한 관점의 변화와 체화된 인지 관점의 등장

인간의 마음과 생각을 이해하려는 노력은 오래전부터 사람들의 관심사였고, 이는 그 본질이 무엇인가에 대한 탐구로 이어졌다. 이러한 탐구는 고대로부터 철학을 통해 다루어져왔는데, 철학적 논의는 '과학'이라는 학문이 등장하면서 전환기를 맞게 된다. 16세기와 17세기 유럽의 과학 혁명은 '철학'에서 논의되던 주제를 '확인'하려는 시도로 이어졌는데, 주로 '직관적인 논리'의 측면에서 이전보다 세부 갈래로 나뉘어 전문적인 논의를 시작하였다. 19세기에 이르러 직관적 접근은 보다 '실증적이고 객관적인 방법'으로 마음과 생각을 분석하려는 움직임으로 이어졌으며, 1870년 Wundt의 '실험심리학'의 시작은 '심리학'이라는 새로운 학문의 탄생을 의미하는 것이었다(이정모, 2010). 그러나 Wundt 이후로 30년 동안 심리학에서는 개인의 주관적 보고를 통해 분석을 시도하는 '주관적 내성법'을 통한 연구가 이루어졌고, 시간이 지나면서 이러한 구조주의(구성주의)는 '실증적이고 객관적이지 않다'는 비판이 제기되었다. 이에 20세기 초 Watson(1913)과 같은 심리학자들은 객관적으로 관찰할 수 있는 것을 심리학의 연구 주제로 삼고 눈으로 관찰할 수 없는 마음과 관련된 정신적인 것(mental)은 배척하였다. 이로써 눈으로 관찰할 수 있는 '행동'만이 심리학의 연구 대상이 되었으며, 행동은 조건과 반사라는 과정을 통해 형성되는 과정(conditioning)으로 보았다(이정모, 2010).

하지만 마음이라는 것은 객관적인 것으로만 설명할 수 없는 바, 지나치게 객관성만을 강조하는 행동주의는 본질적으로 탐구하려는 '마음'의 개념을 축소하였고, 다시금 '마음'의 개념을 되돌아보려는 움직임으로서 1950년 대 후반, 20세기의 과학 혁명으로 언급되는 '인지혁명'이 일어났다. 이러한 과정에서 '인지혁명'은 '인지과학(Cognitive Science)'을 탄생시켰는데, 고전적 인지주의 접근에서, '기호주의' 또는 '상징주의'는 마음을 '하나의 정보 처리 체계'로 본다(신경인문학연구회, 2012; 이정모, 2010). 즉, 마음은 컴퓨터와 같이 정보처리를 하며, 객관적 대상을 있는 그대로 받아들이는 것이 아니라 하나의 표상체계로 받아들인다고 주장한다(이모영, 2010). 이후 '뇌' 속 세포들 간의 연결이 얼마나 강하게 이루어지느냐에 따라 정보 처리 방식이 달라진다는 신경망 연결에 초점을 둔 '연결주의(connectionism)'도 제기되었다. 하지만 '기호주의'와 '연결주의' 중 어떤 주장이 더 우세했다고 보기는 어려우며, 두 가지 주장 모두 간과한 측면이 있었는데, 그것은 '인지'를 하는 인간의 '몸' 자체에 대한 고려이다. 인간이 어떤 대상을 '인지'한다는 것은 다양한 신체의 부위, 즉 '몸'을 매개로 이루어지는 하나의 과정임에도 불구하고 기존의 인지적 관점은 맥락이나 환경에 따라 달라지는 몸의 경험을 고려하지 못하였다. 결국, 두 이론 모두 지식을 어떻게 습득하느냐에 대한 설명에는 한계가 나타날 수밖에 없었다(이영의, 2008).

이후 1990년대에는 '뇌'와 '몸'을 분리시키지 않고 '뇌를 포함한 몸'과 몸이 속한 '환경', 그리고 '몸'과 '환경'을 연결하는 '활동'의 3가지 측면이 하나의 전체로서 재개념화되는 제 3의 대안적 관점이 등장하였으며, 이러한 관점은 다양한 학문 분야에서 많은 관심을 불러일으켰다(신경인문학연구회, 2012; 이영의, 2008; 이정모, 2010).

제 3의 대안적 관점으로 본 연구에서 언급하고 있는 '체화된(embodied) 인지'는 하나의 용어로 통용되지는 않는다. 학자들마다 강조하는 바에 따라 '연장된/확장된 인지(extended cognition)', '상황화된 인지(situated cognition)', '분산된 인지(distributed cognition)', '내포된 인지(embedded cognition)'로 나타나기도 한다. 구체적으로 각 용어를 사용하는 학자의 의도는 조금씩 다르지만 공통적으로 '인지'와 '몸', '환경'의 관련성을 강조하고 있다. 본 연구에서는 학자들의 세부 명칭의 차이점을 구분하여 논의하려는 것은 아니므로, 앞서 언급한 모든 관점을 수용하여 '체화된 인지'라는 용어를 사용하려고 한다. 또한 본 연구에서는 '인지(cognition)'를 '마음(minds)'과 구분하지 않고 '넓은 의미의 마음'으로 보려고 한다. 즉, '인지'는 '사고', '정서 및 동기', '뇌의 과정', '동물의 지능(마음)', '기계의 지능', '인간과 인간이 만들어내는 사회적 마음(지능)', '인간과 인공물(로봇, 컴퓨터 등)이 구성하는 자연적이고도 인공적 의미의 사회적 마음(지능)'을 포괄하는 것으로서, '인지'와 '마음'이 본질적으로 같은 속성을 지닌다는 의견을 수용하였다(이영의, 2008; Clark & Chalmers, 1998; Hutchinson, 1995).

체화된 인지를 이해하기 위해 먼저 '지각(perception)'과 '사고(thinking)'를 살펴보고자 한다. 물속에 잠겨 있는 나무 막대를 물 위에서 보면 곧게 보이지 않고 조금 구부러져 보인다. 막대기가 곧다고 하는 것은 '사고'의 과정을 통해 인식할 수 있는 것이지 '지각'은 본래의 모습만을 투영하지 않는다. 같은 맥락에서 오래전부터 '지각'은 수동적인 것으로, '사고'는 고차원적인 정신 과정으로 파악하여 '사고'를 더 중요한 것으로 보았다. 이러한 생각은 데카르트의 이원론을 거쳐 오랫동안 많은 영역에 큰 영향을 끼

쳤다. 하지만 이에 맞서 '지각'은 수동적인 것이 아니라 '능동적'이라는 주장이 나타나기 시작했다(이모영, 2010). 이는 일찍이 스피노자에서 시작되었으며, 이와 같은 탈데카르트적 움직임은 특히 Merleau Ponty의 지각현상학적 접근에서 논의되었다. 메를리-퐁튀는 우리가 인식하는 외부 대상은 '객관적'이라기보다는 주체에 따라 다르게 보이는 '주관성'을 지니며, 대상을 인식하는 행위는 주체의 적극적 · 능동적 참여가 있을 때 가능하다(Osgood-Campbell, 2015)고 하였다. 주체와 대상이 분리된 별개의 것이 아니라 상호 관련된다는 관점은 기존에 소외되었던 '지각'이 중요다는 것을 의미하며, 인간의 사고와 행동에 '지각적 경험'이 매우 본질적이라는 것을 보여준다(이모영, 2010; Osgood-Campbell, 2015). 사람마다 다양하게 지니고 있는 경험은 '지각'을 통해 파악할 수 있는 개개인의 '전경'과 '배경'의 상이함을 만들어내는데, 똑같은 대상을 보더라도 '사고'가 달라질 수 있다는 점에서 '지각'은 결국 '사고'와 관련될 수밖에 없다(이모영, 2010). '지각'에 대한 이러한 관점은 인지과학에서 '환경'과 '몸'을 '인지'와 함께 상호작용하는 하나의 전체된 관점으로 바라보는 데 결정적인 역할을 한다. 선행연구 검토 결과 이러한 '체화된 인지'의 특징은 다음과 같이 요약될 수 있다.

① 시각적 사고는 논리적 사고보다 중요하다.(이모영, 2012)
② 몸은 수동적이 아닌 능동적인 신체기관이다.(이정모, 2010)
③ 행위를 통한 앎(learning by doing)의 한 유형이다.(이모영, 2010)
④ '체화'는 무의식적, 의식적 경험 속에서 '내러티브'를 만든다.(송민정, 2014; 이정모, 2010)
⑤ 물리적 · 사회적 · 심리적 환경과 끊임없이 상호작용하며 관계를 이룬다.
(신경인문학연구회, 2012)
⑥ 인지는 자연적 · 인공적 인공물에 확장 · 분산될 수 있다.
(이영의, 2008; 이정모, 2010; Clark & Chalmers, 1998; Hutchinson, 1995)
⑦ 복잡하거나 거대한 문제의 해결은 개별적 인지가 아닌 집합적 인지가 나타난다.
(Knorr-Cetina, 1999)

'지각'이 '사고'를 결정할 수 있다는 사실은 '시각적 사고'가 '논리적 사고'에 우선한다는 '체화된 인지'의 특징을 나타낸다(이모영, 2012). 또한, '몸'은 다양한 감각적 운동기관의 집합으로써, 환경과 정신을 매개하는 하나의 매개자가 되기도 한다. 즉, '몸'은 '뇌'에 의해 일방적인 지배를 받는 수동적인 것이 아닌 '능동적'인 것으로써, 오히려 '사고'에 영향을 주기도 한다(이정모, 2010). 교육과 연결 지어 볼 때 고차원적 사고를 위한 교육은 사고 그 자체만을 강조할 것이 아니라 그러한 사고에 도달할 수 있는 다양한 감각적 차원의 고려가 우선적으로 이루어져야 한다. 즉, '체화'는 행위를 통한 앎(learning by doing)의 한 유형이라고 할 수 있으며(이모영, 2012), 이는 Dewey(1916)의 '경험주의'와도 매우 맞닿아 있다.

한편, 개개인의 다양한 의식적, 무의식적 경험은 나름의 '내러티브'를 만들어내는데(송민정, 2014; 이정모, 2010), 이러한 '내러티브'의 차이는 '지각'을 위한 전경과 배경을 분리하게 만드는 하나의 요소가 되기도 한다. 결국, '체화'는 '몸'과 '정신'을 떼어놓고 생각할 수 없도록 하며, 경험의 대상이 되는 다양한 '환경' 또한 떼어놓을 수 없다. 즉, 세 가지 요소는 끊임없이 서로 관계를 만들어내며 상호작용하는 관계 속에 있다(신경인문학연구회, 2012). 그리고 '상호작용'할 수 있다는 의미는 '환경'이 '인지'에 영향을 미치는 바와 같이 '인지'도 '환경'에 드러날 수 있는 것을 의미하는데(Clark & Chalmers, 1998; Hutchinson, 1995; 이영의, 2008; 이정모, 2010), 쉽게 말해서 학생이 인지하는 것은 온전한 상태로 학생에게 머물러 있기보다는 다양하게 분산된 형태로 드러난다는 의미이다. 이를 온전한 전체로 파악하기 위해서는 교사가 다양하게 학생의 '사고'를 다시 '지각'하는 과정이 필요할 것이며, 이는 학생의 사고가 여러 곳에 분산될 수 있다는 가정이 있을 때 가능하다.

인지는 '분산'되기도 하지만 '집합'적으로 나타나기도 하는데, Knorr-Cetina(1999)는 복잡하거나 거대한 문제 해결에서 '집합적 인지'가 나타난다고 하였다. 예를 들어 우주선은 고도의 전문적 개별적 인지가 집합을 이루며 개발된다. 이러한 논의는 교육 측면에서 '집단적 인지', '협력'의 측면에서 다루어질 필요가 있을 것이다. 결국, '개별적 인지'는 복잡한 문제해결에서 '집합적 인지'로 나아갈 수밖에 없고, 이러한 '집합적 인지'에서는 다양한 분야, 다양한 사고가 '융합'될 수밖에 없다는 사실로 귀결된다(이정모, 2010). 이러한 이론적 관점을 방법에 녹여 실제 교육 현장에서 의미 있는 변화를 만들어내는 것은 앞으로 교육이 함께 해결해나가야 할 과제가 될 것이다.

2.2.2. 수학교육에서의 체화된 인지 관점

체화된 인지는 '시각적 사고의 중요성', '능동적 신체기관으로서의 몸', '행위를 통한 앎의 한 유형', '무의식적, 경험적 내러티브의 생성', '개념적 은유에 기반한 추상적 개념화', '물리적/사회적/심리적 환경과 끊임없는 상호작용', '확장/분산될 수 있는 인지', '복잡거대한 문제의 해결을 위한 집합적 인지'를 특징으로 하는데(김민경, 이지영, 2017), 최근 교육 분야에서도 이러한 체화된 인지 관점에서의 논의가 이루어지기 시작하고 있다. 체화된 인지 관점에서의 교육을 위해서는 이해를 위한 다양한 교육적 상황

(환경)이 마련되어야 하며, 이러한 환경 속에서 능동적인 행위가 수반되는 경험이 이루어져야 한다. 이러한 체화된 인지 관점은 수학교육에서도 논의가 되고는 있으나 아직 많은 연구가 이루어지지는 않았으며, 관련 선행연구는 다음 <표 2-1>과 같다.

〈표 2-1〉 수학에서 논의된 체화된 인지 관점 관련 선행연구(가나다순)

연구자	연구주제	내용
김도연, 권오남(2017)	체화된 인지와 수학 학습-몸의 의미를 중심으로	은유의 원천으로서 몸의 의미를 중심으로 풀어나갔으며, 수학 학습에서 몸의 사용 강조
김상룡(2012)	수학교육에서 상황인지이론 적용 방안	학습 초기: 인위적 상황보다는 실생활 상황 제시, 탐구 중심이 되면서 가능한 자원을 동원해야 함
백석윤(2008)	수학교육의 실천과 연구를 위한 의미있는 시각: 탈구조주의	수학 지식은 소통의 과정에서 변하는 것이기 때문에 탐구과정에 들어갈 수 있는 담화의 장과 공간을 제공해야 함
이은지(2017)	전개도 접기 과제의 해결전략 연구-안구운동분석을 활용하여	중학생 대상으로 전개도 접기 과제에서의 해결 전략을 아이트래커를 활용하여 분석
이지윤(2015)	입체 변별 과제에서 공간 인지 전략의 유형과 역할	초등학교 6학년을 대상으로 쌓기 나무 과제에서 아이트래커를 활용하여 인지 전략에 따라 변별에 어떠한 인지적 차이를 가져오는지 분석
이지윤, 조한혁, 송민호(2013)	공간 시각화 과제에 체화된 거북 스킴 적용에 관한 연구	LOGO를 공간시각화 과제에 이용, 학습에서의 시각화, 조작적 환경 제공의 중요성 언급
정혜림(2017)	연결큐브 수업에서 거북표현체계의 교육적 활용	초등학교 6학년 대상으로 연결큐브를 통한 공간과제 해결에서 인지전략으로서 거북표현체계에 집중
Nunez, Edwards, & Matos(1999)	Embodied cognition as grounding for situatedness and context in mathematics education	함수와 같은 추상적 개념을 일상적 상황에 대한 은유를 통해 이미지화 함. 상황이나 움직임을 통한 적절한 은유도 효과적

수학에서 논의된 체화된 인지관점의 선행연구는 크게 철학적 관점에서의 논의(김상룡, 2012; 백석윤, 2008)와 적용 관련 논의(이지윤, 조한혁, 송민호, 2013; 이지윤, 2015; 이은지, 2017; 정혜림, 2017; 김도연, 권오남, 2017; Nunez, Edwards, & Matos, 1999)로 범주화할 수 있다(<표 2-1> 참조). 수학 분야에서 체화와 관련하여 많은 연구가 이루어지지는 않았으나 적용연구 중 아이트래커와 같은 특수 장비를 사용한 연구가 눈에 띄며, 대부분 교구를 이용한 구체적인 상황에서 수업이 이루어졌다.

2.3. '창의 · 융합'과 수학교육

2.3.1. 융합교육의 흐름

사전적 정의에서 '융합(融合)'이란 '다른 종류의 것이 녹아서 서로 구별이 없게 하나로 합하여지거나 그렇게 만듦, 또는 그런 일'을 뜻한다(국립국어원 표준국어대사전). '융합'과 비슷하게 사용되는 용어는 '통섭(consilience)', '통합(integration)', '수렴(convergence)', '융합(fusion)' 등이 있으며, '매쉬업(mash-up)'이라는 용어가 언급되기도 한다. 강갑원(2015)은 '통섭'과 '통합'이 물리적 결합으로서 각 요소들이 그대로 존재하는 것이라면, '수렴 · 컨버전스'와 '융합'은 화학적 결합으로서 새로운 무엇이 되는 것이라고 언급하였으며, 신동희(2014)는 현재 통용되는 융합의 정의는 학제(interdisciplinary), 융합(fusion), 수렴(convergence), 통섭(consilience)으로 이해하는 경우로 나뉜다고 하면서 학문 분야에 따라, 시간 흐름에 따라 융합의 내용은 확대 · 변화하고 있으며 최근에는 '매쉬업(mash-up)'과 같이 단순한 물리적 결합 이후에 새로운 가치를 창출해 낼 수 있는 창의적 결합으로의 확장이 논의되는 시대임을 언급하고 있다. 이러한 정의들을 살펴보면, '융합'은 단순히 1 + 1 = 2의 결합이 아니라 1 + 1 = 3 혹은 그 이상의 결합을 의미하는, 화학적 결합을 뜻한다. 그러므로 융합교육은 단순히 각 과목의 내용을 함께 가르치는 것을 넘어 지식 학습 이상의 새로운 가치를 창출해낼 수 있는 교육을 의미한다.

한편, '융합교육'의 시작은 미국에서 수학과 과학의 통합교육에 대한 관심이 증가하면서 본격적으로 대두되었는데, 1980년대 중반 STS교육, 1990년대 MST교육으로 전개되었다. STS는 과학교육자들이, MST는 기술교육자들에 의해 주도되었으나, 이러한 교육은 학생들을 이공계로 유입하는 데에 큰 역할을 하지는 못하였다(강갑원, 2015). 이후 공학교육을 중요시하게 되면서, 공학(Engineering)이 포함된 STEM이 2000년대 이후 주목을 받았으며, 여기에 예술(Arts)을 추가한 STEAM이 현재까지 이어지고 있다. 우리나라에서는 2011년 이후 본격적으로 과학과의 주도로 교육계에서 다루어지기 시작하였다. 하지만 도입된 이후 지금까지 교육 현장에서 '융합교육'은 그 중요성에도 불구하고 큰 지지를 얻지 못하고 있다(이지원 외, 2013). 이는 학문적, 철학적으로 깊은 성찰 없이 '융합교육'을 정책적으로 도입을 하는 과정에서 피상적인, 방법상의 접근이 주로 이루어졌기 때문이다(이재분, 2014). 현재 초등학교 현장에서 융합교육의 정체성은 '모호성'에서 출발한다. 교과나 교육과정에서는 '융합'이라는 용어 대신 '통합'이 더 많이 사용되어왔으며, 다양한 학자들은 주로 '통합교육'을 언급해왔다. '통합'은 일반적으로 물리적 결합의 의미로 사용되는 경우가 많지만 교육 분야에서의 '통합'은 물리적 결합만을 의미하지는 않으며 다음 [그림 2-1]과 같이 다양한 수준의 결합을 포괄한다. Ingram(1979) 외에 Fogarty(1991)는 교육과정의 통합유형을 단일 교과내 통합, 여러 교과 간 통합, 학습자 내 및 학습자 간 통합으로 나누어 총 10개의 유형을 제시하였으며, Drake와 Burns(2004)는 다학문적, 간학문적, 탈학문적 통합으로 유형을 나누었다.

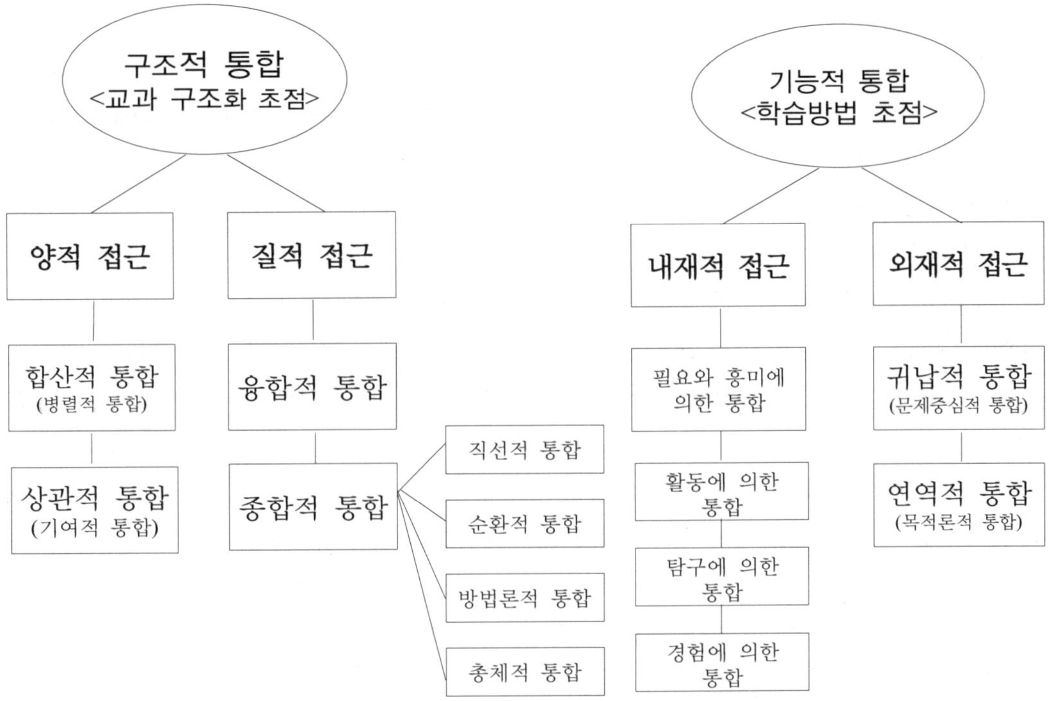

[그림 2-1] 교육과정 통합 유형(Ingram, 1979)

이상의 통합과 관련된 학자들의 구분을 살펴보면, 종류와 수는 조금씩 차이가 있어도 공통적으로는 통합의 수준을 나누고 있으며, '융합'의 경계선에 대해 일치된 견해는 없지만 '융합교육'은 대체로 높은 수준의 통합에 위치한다고 할 수 있다. 즉, 간학문적 통합에서 탈학문적 통합의 범위를 융합교육의 범위로 볼 수 있으며, '융합'과 '통합' 자체를 명확히 구분하여 교육하려는 것 자체는 바람직하지 않다(김성원 외, 2012; 김진수, 2011a).

궁극적으로 융합교육은 탈학문적 수준에서 앞서 언급한 창의적 결합이 일어날 수 있는 형태로 나아가야 할 것이나, 초등학교 수준에서는 이러한 결합을 이룰 수 있는 기본 토대를 마련하는 것이 더욱 적절한 방향일 것이다. 그러므로 현재 초등학교에서의 융합교육은 간학문적 통합 수준에서 이루어지는 것이 현실적이며, 이후 중 · 고등학교를 거치면서 보다 정교한 형태로 이루어져야 할 것이다.

현재 우리나라에서 전개되고 있는 융합교육인 'STEAM'은 2011년 이래로 국가 주도로 추진되었으며, 고등학교에는 '융합교과서'가 등장하고 각 학교급에서 연구학교, 교사연구회, 과학중점 학교, 미래형 과학교실, R&E, 대학생 교육기부단, 교사연수(기초, 심화 등) 등 다양한 형태로 융합교육 실현을 위한 사업이 전개되어 왔다(이재분, 2014). 그러나 이는 일부 교사에게 국한된 형태로, 특히 과학교과 주도로 이루어졌기에 초등학교에서는 과학전담 교사나 과학에 관심이 있는 교사에게 융합교육이 한정되는 형태로 이루어졌다. 그 결과, 융합교육은 많은 예산과 노력이 투입되었음에도 불구하고 현장에 깊게 뿌리내리는 데에는 큰 성과를 보이지 못하였다.

한편 기존 교육 체계에 한계를 느낀 세계 여러 나라는 미래 교육을 위한 '역량' 함양을 강조하기 시작하였는데, 교육과정이 역량 중심으로 개편되는 흐름과 더불어 우리나라도 2015 개정교육과정에서 '역량'을 화두에 놓으며 미래에 필요한 인재로 '창의 · 융합형 인재'를 제시하고 있다. 즉, '미래 사회가 요구하는 핵심역량을 함양하여 바른 인성을 갖춘 창의융합형 인재를 양성'하는 것을 중점 사항으로 제시한 것이다(NCIC, 2015). 우리나라 교육과정에서는 '자기관리, 지식정보처리, 창의적 사고, 심미적 감성, 의사소통, 공동체 역량'의 6가지 핵심역량과 함께 각 교과의 역량을 제시하고 있는데, 특히 '수학'은 6가지 교과역량 중에 '창의 · 융합' 역량을 제시하고 있다. 앞으로 교육뿐만 아니라 사회의 많은 영역에서 '융합'이 끊임없이 논의될 것이며 '융합'이 포괄하는 의미도 확대된다고 할 때에 융합교육을 현장에 접목시키기 위한 다양한 노력들이 이루어져야 할 것이다.

2.3.2. 창의성과 융합의 의미

최근 '융합'과 함께 대두되고 있는 것은 '창의'이다. 2015 개정교육과정에서는 미래 사회를 대비하기 위한 인재로서 '창의 · 융합형 인재'를 언급하고 있으며, 수학 교과에서도 '창의 · 융합'을 하나의 역량으로 제시한 바와 같이 '창의'와 '융합'은 마치 하나의 단어처럼 쓰이고 있다. 이는 '창의'와 '융합'이 매우 밀접한 관계임을 명시적으로 드러내는 것이다.

김성훈(2016)은 창의융합을 '창의+융합'을 의미하는 실천적 합성어로서, 엄격한 이론적 틀을 지니지 않은, 개념을 느슨하게 묶은 용어라고 언급하였다. 또한 용어 자체의 생명력이란 이론이 뒷받침될 때 오래 유지될 수 있으며 아직 이론적 토대가 튼튼하지 않은 '창의융합'도 그 토대를 굳건히 하지 않으면 다른 용어로 대체될 수 있음을 암시하였다. 이러한 논의를 바탕으로 '창의'와 '융합'이 앞으로도 생명력을 지니기 위해서는 이론적 토대를 살펴볼 필요가 있으며, 본 연구에서는 '창의성'을 시작으로 살펴보려고 한다.

우선, '창의성'은 굉장히 광범위한 개념으로 교육뿐 아니라 많은 기술, 사회 영역에서 중요한 능력으로 간주된다. Guilford(1950)는 창의력을 새로운 답이나 생각을 많이 생산하는 능력으로, Sousa(2013)는 '단순한 독립체가 아닌 각기 다른 사고과정의 집합체로서 무언가를 생각하고 새로운 것을 만드는 그 이상'이라고 하였다. 이 외에도 여러 가지 창의성에 대한 정의를 종합해보면, 창의성은 '참신함'과 '적합성'이라는 2가지 기준으로 판단할 수 있다. 여기에서 '참신성'은 독창성과 관련되는 것으로 얼마나 '새로운 것'인가를 의미하며, '적합성'은 창의성이 기반하고 있는 문화적 맥락을 의미한다(Starco, 2014). 산출물의 가치 여부는 문화적 맥락에 따라 다르다. 즉, 하나의 생각도 문화에 따라 참신함이 다를 수 있는 것이다. 이처럼 2가지 관점에서 창의성을 살펴볼 때, 교육으로서의 창의성은 참신함 그 자체보다는 '적합성'의 측면에서 학생의 상황과 환경에 적합한 수준에서의 참신함을 추구한다고 보여진다.

이러한 맥락을 생각해보면, '창의성'이라는 것은 인지적 영역 그 이상의 것이라고 볼 수 있으며, 창의성의 관점은 Guilford(1986)와 같은 인지적 관점, Terman(1954)과 같이 창의적인 사람들의 성격, 성향, 인성적 특성에 관심을 두는 정의적 관점으로 나뉜다. 최근에는 Sternberg 외(2005)의 접근처럼 개인과 성격, 환경을 통합적인 관점에서 바라보는 통합적 관점이 나타나고 있다. 앞서 2015 개정교육과정에서 요구하는 인재로 '미래 사회가 요구하는 핵심역량을 함양하여 바른 인성을 갖춘 창의융합형 인재'(NCIC, 2015)를 언급한 것과 같이, 우리가 학교교육에서 '창의성 교육'이라고 할 때에는 3가지 관점 중 '통합적 접근'의 관점에서 학생들의 인지적 능력과 함께 정의적 능력의 향상을 추구한다고 볼 수 있다.

한편, 창의성의 종류에 대한 논의도 다양한데, 창의성의 수준 측면에서 위대한 인물이나 천재적인 수준에서 해당 분야 전체를 변화시키는 창의성을 의미하는 Big C와 일반 사람들에게 보이는 일상적 수준에서의 창의성을 의미하는 Little C를 구분하기도 한다. 중요한 것은 Big C를 지닌 사람들은 자신의 분야가 아닌 곳에서도 일정 수준 이상의 Little C를 지니는 것으로 나타나는데, 이러한 결과는 일정 수준 이상의 창의적 사고 과정이 다른 영역의 이해의 폭을 넓히는 것을 의미한다(Root-Bernstein & Root-Bernstein, 2004). 또한 이 수준을 더 세분화하여 특정 분야에서의 전문적 창의성을 Pro C, 학습 과정의 한 부분에서의 개인적 수준의 창의성을 Mini C로 구분하는데, 박선형(2014)은 전통적 관점에서 Big C와 Little C를 대립적으로 볼 것이 아니라 교육의 지향점이 궁극적으로는 Big C에 도달해야 함을 언급하였다. 이러한 논의는 다양한 분야가 아니더라도 하나의 분야에서 학생의 창의성이 발현된다면 다른 영역에서의 창의성 발현에 도움이 될 수 있다는 교육적 의미를 얻게 된다. 또한 창의성은 '과학에서의 창의성'과 '예술에서의 창의성'으로도 나누어 살펴볼 수 있는데, 과학과 예술은 양극단에 있는 것처럼 보이지만 두 학문이 추구하는 창의성은 관찰, 상상, 모델링, 변형, 종합 등의 사고방식 측면에서 유사한 특징을 지니고 있으며 예술과 과학은 서로 상보적 관계로서 두 학문의 역량을 더욱 촉진시킨다고 주장한다(Root-Bernstein & Root-Bernstein, 2004). 이는 과거 레오나르도 다빈치나 현대의 스티브 잡스와 같은 인물에서도 드러나는 바이며, 이러한 점에서 '창의성 교육'은 '과학적 · 예술적 창의성'을 모두 추구하는 방향으로 이루어지는 것이 창의성을 더욱 극대화하는 방향일 것이다. 결국 창의력 향상의 방법적 측면에서 '융합'은 대두될 수밖에 없다.

'창의'와 '융합'은 다른 차원의 논의인데, '창의'가 도달하고자 하는 목표나 상태를 의미한다면, '융합'은 목표를 달성하기 위한 방법이 된다(송진웅, 나지연, 2014). 즉, '융합'은 '창의'를 위한 수단이며, '창의'는 '융합'을 정당화하는 하나의 논리가 될 수 있다(김성훈, 2016). 이러한 논리의 연장선에서 '융합'은 '어떻게 수업을 할 것인가'의 측면에서 다양한 모델을 제시하고 있다. 이 중 대표적인 모형들을 살펴보면, 김진수(2011b)는 큐빅모형을 언급하면서 X축, Y축, Z축의 3차원 모델을 제시하였다. X축은 학문 통합방식의 3가지(다학문, 간학문, 탈학문), Y축은 학교급(초/중/고/대), Z축은 통합의 요소에 따라 활동, 주제, 문제, 탐구, 흥미, 경험, 기능, 개념, 원리로 분류하였다. 융합교육은 창의성을 기를 수 있도록 모두를 둘러싸는 캡슐로 덮이는데, 결과적으로 여러 가지 융합의 요소가 창의성이라는 지향점을 향해 기여를 하는 셈이다.

백윤수 외(2012)는 '4C-STEAM'을 제안하면서, 융합 수업은 상황제시, 내용의 융 · 통합, 창의적 설계, 감성적 체험, 보상의 구성요소로 이루어지며, 특히 교과간 내용의 융합과 통합을 통해 창의적인 문제해결 과정에서 학습에 대한 긍정적인 정서의 경험을 강조하였다. 또한 4C란 '융합적 지식 및 개념(Convergence)', '창의성(Creativity)', '소통(Communication)', '배려(Caring)'를 의미하는 데(백윤수 외, 2011), '창의성'은 '융합'의 과정에서 필수적인 요소로 고려되고 있다. 김성원 외(2012)는 'Ewha-STEAM 융합 모형'에서 모형의 3가지 차원으로 핵심 지식, 핵심 역량, 융합 요소를 제시하였는데, 이 중 핵심역량은 교과기반 통합 역량과 창의 · 인성 역량으로 구성되며, 이 중 '창의

· 인성 역량'은 '창의 역량'과 '인성 역량'으로 나뉜다. 앞서 살펴본 다른 모형과 같이 '창의성'은 융합교육에서 학습자가 함양해야 할 핵심 역량으로 기능하며, 이는 융합이 어떻게 이루어져야 하는가를 논의하는 과정에서 자연스럽게 언급되고 있음을 볼 수 있다.

이러한 점을 고려할 때, 앞으로 융합교육에서 '창의성'이라는 지향점을 어떠한 방식으로 학습에 녹여내야 할 것인지, 보다 교육적 측면에서의 접근이 필요할 것으로 보인다. 현재 제시되고 있는 모형들은 '창의성'이라는 지향점은 확인할 수 있으나, '창의성'이 광범위한 영역을 모두 포괄하는 만큼 보다 어떠한 '창의성'을 길러내야 하는지에 대한 논의는 부족한 실정이다. 이에 인지적, 교육적 접근으로서 '창의성' 또한 다시 새롭게 접근하여 교실에서 학생들을 지도하기 위한 교육의 방법은 어떠해야 하는지 살펴볼 필요가 있을 것이다.

2.3.3. 수학에서의 창의 · 융합교육

'수학'은 예로부터 인간의 삶과 매우 밀접한 관련을 맺고 있지만 유독 교육 분야에서 과학 외의 다른 학문과의 연결은 잘 이루어지지 않았다(Berlin, 1989). 수학과 다른 학문의 연결은 그 특성이 유사한 과학과 많이 이루어졌는데, 처음에는 분절적인 단계적 개념에서 시작하여 점차 연속체의 개념으로 이론적 모형을 제시하는 방향으로 변하였다(이혜숙 외, 2010). 수학과학통합교육에서 연속체 모형은 Lonning과 DeFranco (1997), Huntley(1998)가 제시하였는데, 이는 다음 <표 2-2>와 같다.

〈표 2-2〉 수학과학통합교육에서 연속체 모형(Huntley, 1998; Lonning & DeFranco, 1997)

		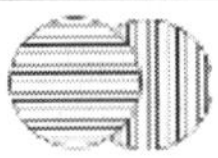		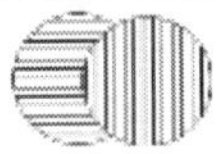	
	수학자체로서의 수학	수학 중심 통합	수학과 과학	과학 중심 통합	과학자체로서의 과학
Lonning & DeFranco (1997)	형식적 체계로서의 수학	수학 문제 맥락과 관련성 확립에 과학이 사용	학습에서 두 교과가 서로 시너지	과학 문제 해결에 도구로서의 수학	과학의 전형적 특징을 다룸
Huntley (1998)	순수한 수학적 맥락	아주 중요한 수학 개념: 과학은 수학을 지지	수학/과학 개념과 활동이 균등	아주 중요한 과학 개념: 수학은 과학을 지지	순수한 과학적 맥락

<표 2-2>에 제시된 5가지 연속체 모형은 수학과 과학을 양끝으로 하는 연속체 선상에서의 5가지 지점을 논의한 것으로, 각 단계를 분절적으로 보는 것은 아니다. 수학과 과학을 바라보는 입장에서 Lonnging과 DeFranco(1997)는 두 교과를 독립적으로 보고, 학습 내용이 학년 수준에 맞아야 할 것을 주장하였고, Huntley(1998)는 두 교과를 서로 상호적 · 지지적 측면에서 바라보면서, 학년 수준과 관계없이 학습 내용에 중점을 두고 있다. 두 학자의 관점이 조금 다르기는 하지만 결과적으로 이러한 모형은 수학과 과학을 어느 비중으로 다루는 것이냐의 문제일 뿐, 학습 이상의 새로운 가치를 추구하기는 어렵다.

현재 이루어지고 있는 융합교육은 단순히 교과의 내용을 섞어서 가르친다기 보다는 그러한 방법으로서 인간에게 필요한 고차적인 정신 능력을 기르는데 그 목표가 있다. 그러한 점에서 기존의 수학과학통합교육은 교과의 학습 측면을 주로 다루는 약한 수준의 다학문적 관점이며, 앞으로 여러 학문, 실생활 등 다양한 연결성을 추구하는 관점에서 '융합'이 이루어져야 할 것이다.

우리나라에서의 STEAM 교육은 '과학중심의 융합'으로 이루어지고 있다(백윤수 외, 2012). 이러한 과정에서 수학의 통합은 대등한 위치에서 이루어지기보다는 주로 도구적인 수준으로 나타났으며(주미경 외, 2013), PISA나 TIMSS와 같은 국제 비교 연구에서 성취도는 높으나 정의적 영역의 결과는 낮게 나타나는 현상에서도 볼 수 있듯이 학생들은 수학에 대한 흥미도가 점차 낮게 나타나고 있는 실정이다. 그동안 국제 평가에서 최상위권을 보이던 우리나라의 순위는 PISA 2015에서는 상위권이기는 하나 10위권 내로 하락하였으며, 최상위권과 최하위권 학생의 비율 증가로 학생 성취도의 양극화를 드러냈다. 이는 앞으로 우리나라 수학교육의 미래 전망이 밝지만은 않다는 것을 가리킨다(교육부, 2016).

학생들의 정의적 영역 측면에서 학습에 대한 긍정적인 인식의 함양은 이전부터 계속해서 논의되어 왔다. 7차 교육과정 초반(NCIC, 1997)까지는 '수학에 대한 흥미와 관심'을 목표로 하였다면, 개정된 7차 교육과정(NCIC, 2006)에서 2007 개정교육과정까지는 '수학의 가치'와 함께 '수학에 대한 긍정적 태도 함양'을 목표로 하였으며, 2009 개정교육과정에서는 여기에 더하여 '수학 학습자로서 바람직한 인성과 태도'를, 2015 개정교육과정에서는 '수학적 유용성'과 함께 '바람직한 태도와 실천 능력' 양성을 목표로 하였다(NCIC, 2007, 2011, 2015). 정의적 목표 설정과 함께 수학의 실생활과의 연결성, 유용성에 대한 학습과의 연결은 RME, 수학화, 모델링 등에 대한 이론적 논의로 진행되어 왔으나, 실제 교육 현장에서는 이러한 이론을 광범위하게 사용하지는 못했다.

2011년도부터 언급되기 시작한 융합교육도 마찬가지로 학교 현장에서 보편적인 수업으로 나타나지는 못했는데, 그 원인 중 하나는 앞서 언급한 바와 같이 깊이 있는 논의 없이 '융합'이 하나의 화두로 떠오르면서 정책적으로 강조된 부분도 있을 것이며, 융합은 다양한 교과가 서로 상호작용하는 것이 중요함에도 불구하고 과학교과의 주도로 진행되다보니 과학을 중심으로 다른 교과를 융합하는 형태로서 과학 교육의 일부로 인식하도록 만든 것이 클 것이다.

그렇다면 다시 왜, 그리고 수학에서 '융합교육'을 이야기하는 것일까? '융합'이라는 명칭을 사용하지 않아도 현재 세계 각국에서는 모든 교과에서 '간학문적 관점'을 강조하고 있는데, 이는 기존 교과교육의 한계에서 출발하여, 미래에 어떠한 능력이 필요한가에 대한 고민과 이를 어떻게 함양하고 발전시킬 수 있는가에 대한 논의에서 비롯된다. 2015 개정교육과정에서도 이러한 흐름을 반영하여 '역량 중심교육과정'을 선택하고 있는데, 역량을 모든 교과를 관통하는 '핵심역량'과 각 교과의 특성을 반영한 '교과 역량'의 2개 차원으로 제시하고 있다. 수학은 6가지 교과역량을 제시하고 있으며, 이는 '문제해결, 추론, 창의 · 융합, 의사소통, 정보처리, 태도 및 실천'이다. 이 중 '창의 · 융합'역량은 '수학 지식과 기능을 토대로 새롭고 의미 있는 아이디어를 다양하고 풍부하게 산출하고 정교화하며, 여러 수학적 지식, 기능, 경험을 연결하거나 타 교과나 실생활의 지식, 기능, 경험을 수학과 연결 · 융합하여 새로운 지식, 기능, 경험을 생성하고 문제를 해결하는 능력'을 의미하며, 이는 수학에서의 '융합'적 능력이 중요함을 시사한다.

수학에서의 융합에 대해 박창균(2010)은 다음 [그림 2-2]와 같이 수학과 타학문과의 융합을 3가지로 나누어 논의하면서, 이를 '수학적 이론을 통한 융합, 수학적 언어를 통한 융합, 수학적 정신을 통한 융합'으로 제시하였다.

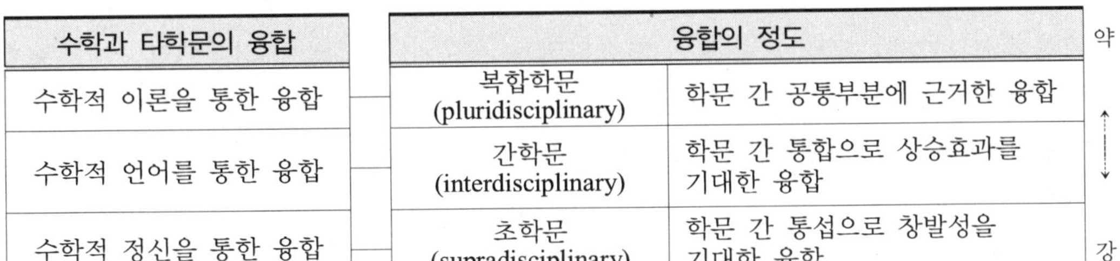

[그림 2-2] 수학에서의 융합(박창균, 2010)

박창균(2010)은 융합을 장님과 코끼리 이야기에 비유하였는데, '수학적 이론을 통한 융합'이 코끼리의 한쪽 면만을 아는 것이라면 '수학적 언어를 통한 융합'은 코끼리의 전체를 아는 것이고 '수학적 정신을 통한 융합'은 코끼리의 모습뿐만 아니라 코끼리가 어떤 일을 할 수 있는지를 아는 것이라고 하였다. 이러한 관점에서 현재 학교 현장에서 이루어지고 있는 수학에서의 융합은 주로 교과들의 공통적인 측면에 중점을 둔 '수학적 이론을 통한 융합'이라고 볼 수 있는데, 이는 융합의 정도로 보면 매우 약한 수준이라고 할 수 있다. 현재 수학교육에서 이루어지고 있는 융합교육의 수준을 생각해볼 때, 보다 높은 수준의 융합교육에의 접근은 어떻게 이루어져야 하는지에 대한 다양한 방법적 논의가 필요하다.

이러한 방법적 논의에서 김유경, 방정숙(2015)은 '수학 기반 융합 수업 모형'을 제시하였으며, 이 모형은 '맥락제시 → 활동 추출 → 수학적 관찰/수학적 연결/개별적 문제해결(순환적) → 집단적 의사결정 → 정리 → 다음 수업과의 연결'의 흐름으로 진행된다. 기존 선행연구에서의 융합 모형은 대부분 일반적인 융합교육에 대한 간단한 흐름이나 요소를 중심으로 제시한 데 반해, 김유경, 방정숙(2015)은 수학에서의 문제해결모형과 모델링 과정에 대한 검토를 통해 수학 수업에서 적용할 수 있는 모형을 제시하였다. 하지만, 수업 모형의 사용은 이미 학습한 개념이나 절차를 사용하여 이루어지는 심화 성격의 모형임에도 불구하고, 집단적 의사결정이 이루어지기 전까지는 학생들의 개별적 문제해결이 좀 더 강조되는 측면이 보인다. 2015 개정교육과정에서 언급한 바와 같이 '새롭고 의미 있는 아이디어를 다양하고 풍부하게 산출하고 정교화'(NCIC, 2015)하기 위해서는 개별적인 논의보다는 집단적인 수준에서의 논의의 비중이 더욱 높아야 할 것으로 보이며, 이는 최근 강조되고 있는 '협력적 문제해결'의 측면(박혜영, 임해미, 2014)에서도 집단적 문제해결과 관련된 융합 수업 모형이 개발될 필요가 있을 것으로 보인다.

'융합'은 점차 과학 이외의 다양한 교과에서 논의되기 시작하였으며, '수학'도 그러한 흐름에서 다양한 교과나 주제로 연결하려는 시도가 계속해서 진행되고 있다. 융합교육이 현재 교육 개선을 위한 하나의 방법이 될 수 있다는 데에 많은 교사들이 동의하고 있으나 수학 중심의 융합에 대한 연구나 지원은 아직 더 많이 요구된다(주미경 외, 2013). 교육뿐만 아니라 사회의 많은 영역에서 '융합'이 끊임없이 논의될 것이고 '융합'이 포괄하는 의미도 더욱 확대된다고 할 때, 수학 교과에서도 융합교육을 학교 현장에 접목시키기 위한 다양한 노력들이 이루어져야 할 것이다.

수학은 다른 학문과의 접점이 많은 교과로서, 실생활에서도 상당 부분 수학이 이용되고 있으며, '수학화', '연결성', 'RME', '모델링' 등 수학을 다른 세계로 연결 짓고 확장하려는 노력을 계속 이어왔다. 수학과에서 이루어진 융합교육 선행연구를 살펴보면,

'수학 중심의 융합', '수학을 기반으로 하는 융합' 등으로 수학과 타 교과와의 연결을 다루고 있는 것을 볼 수 있는데, 고호경 외(2014)는 Fogarty의 통합 유형과 김진수의 모형을 기반으로 '수학 기반 융합 프로그램 모형'을 다음 <표 2-3>과 같이 5가지로 제시하였다.

〈표 2-3〉 수학 기반 융합프로그램 모형(고호경 외, 2014)

유형	모형	통합정도	통합방식	통합 과목수
수학기반 공유 1	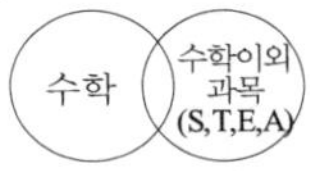	간학문	공유형	2과목
수학기반 공유 2	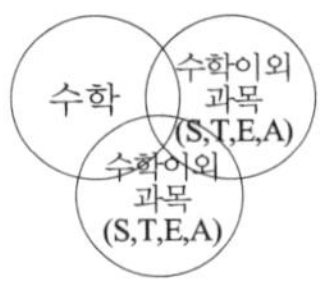	간학문	공유형	3과목
수학 중심 통합	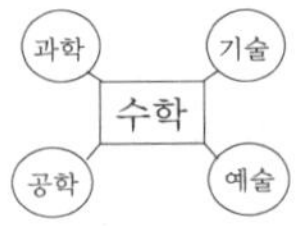	다학문	주제 중심	4과목 이상
사고기능 통합	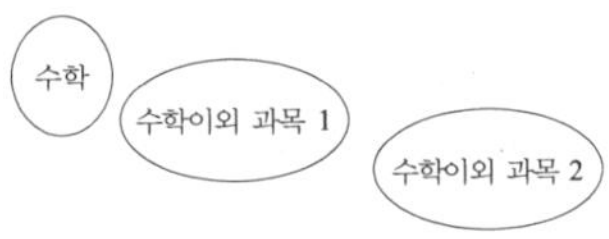	다학문	사고 중심	3과목
완전 통합		탈학문	공유형	4과목 이상

수학과 관련된 융합교육 선행연구들은 대부분 '수학기반 공유 1, 2'와 '수학 중심 통합'모형을 다루고 있으며, '사고기능 통합'과 '완전 통합'은 잘 다루고 있지 않다. 본 연구에서의 '수학 중심의 융합'의 의미는 '수학기반 공유 1, 2', '수학 중심 통합' 모형 형태로 제시되는 것을 의미한다. 수학에서 융합과 관련한 선행연구를 살펴보면, 다음 <표 2-4>와 같다.

〈표 2-4〉 초등학생 대상 수학 중심 융합교육 선행연구(연도순)

연구자	연구 내용(수업소재 및 주제)	대상
우선미, 전인호(2012)	RME이론을 기반으로 한 수학교육과 4C-STEAM 연계방안 (대칭)	5학년
이동원 외(2013)	주제기반 STEAM 교육이 초등학생 융합인재소양에 미치는 효과(신소재, 로봇, 우주탐사)	3-6학년
이승우, 백종일, 이정곤(2013)	융합인재교육을 적용한 수학 영재교육 프로그램(각과 속력)	영재
정윤회, 김성준(2013)	융합 수업자료 개발(내용 요소 관련된 주제 개발)	6학년
김수금, 유시규, 김선배(2014)	무게중심 프로그램 개발 및 적용(대칭)	초등영재
이종학, 윤마병(2014)	건축을 활용한 수학 중심 수업자료 개발	3-6학년
조현정, 류희수(2014)	수학 기반 STEAM 교육관점에서 학생들 교과역량 분석(주제 중심, 3-5학년 학습내용으로 구성된 주제)	6학년
전미숙, 박문환(2015)	수학 기반 융합인재교육 프로그램 개발 및 적용(친환경 미래도시 건설)	1학년
한진수(2015)	넛지를 이용하여 수학과 경제 내용 융합	3-6학년
김형식, 한선관(2017)	교구기반 수학융합프로그램(보드게임)	6학년
윤경란 외(2017)	드론을 활용한 수학 융합자료 개발 및 적용	5-6학년
황선욱 외(2017)	수학 기반의 STEAM 아웃리치 프로그램 개발 및 효과(건축, 착시])	3-6학년

초기에는 담론 위주의 연구가 많았으나 점차 프로그램 개발 및 적용 연구가 많이 나타나는 경향을 보인다. 융합이 다양한 교과를 포괄하는 점에서 대부분 10차시 내외에서 하나의 수업 주제를 다루었으며, 비교적 건축, 대칭과 관련된 소재를 많이 다루었다. 중등 이후에는 컴퓨터 프로그램(혹은 코딩)이나 3D 프린터를 이용하는 등의 기술적 도구를 활용한 수업으로의 시도가 이루어지고 있는데, 초등에서도 드론이 다루어지는 만큼 앞으로 기술적으로 다양한 방식의 융합이 전개될 것으로 보인다.

2.4. 논의

2.4.1. 창의 · 융합 관점에서 수학수업 설계의 변화에 대한 대비

그동안 수학 수업을 포함하여 융합 수업은 '주제(theme)'나 '이슈(issue)' 중심으로 이루어져 온 측면이 강하다(주미경 외, 2012; Drake & Burns, 2004; Fogarty, 1998). '주제' 중심은 다양한 교과가 하나의 주제 안에서 효과적으로 섞이게 하는 방법이기도 하지만, 이러한 방법 속에서 '수학'은 그 가치나 유용성을 탐구하는 과정으로 나타나기보다는 '도구'적인 수준에서 다른 교과에 보조적인 용도로 사용되는 경우가 많았다(주미경 외, 2012). 이는 앞서 '수학적 이론을 통한 수업'(박창균, 2010)이 현장에서 주를 이루고 있다는 앞선 견해와도 비슷한 맥락이다. 즉, 앞으로 '창의 · 융합'의 측면에서 수학 수업에서의 설계를 어떠한 방향으로 해나가야 할 것인가 고민하지 않을 수 없는데, 박창균(2010)이 언급한 융합의 수준은 학교 급별로 단계적으로 적용해나가는 방향으로 이루어지는 것이 적합할 것으로 보이며, 기초적인 융합이 이루어지는 초등학교에서는 '수학적 이론을 통한 수업'이 큰 비중을 차지하지만, 초등학교 내에서도 고학년으로 갈수록 '수학적 언어를 통한 융합'의 비중을 조금씩 넓혀 가도록 하고, 중학교, 고등학교로 갈수록 '수학적 정신을 통한 융합'의 방향으로 나아갈 수 있도록 단계적인 노력이 필요할 것이다.

또한, 보다 융합의 수준을 높이기 위해서 '수학적 개념(concept)' 중심의 융합을 고려해야 할 것이며, 이는 김경자(2014)가 언급하는 '생성적이며 다른 학습으로의 전이가 큰 빅 아이디어(Big Ideas)'가 수학 학습에서도 중요하게 다루어질 필요가 있다는 것을 의미한다. 다른 학습으로 전이가 크다는 것은 그만큼 '연결성'이 높다는 것을 뜻한다. 예를 들어, '균형'이라는 개념은 과학에서는 '힘의 균형'으로, 수학에서는 '무게중심'이나 '대칭'의 개념으로, 미술에서는 '조형적 원리', 음악에서는 '음의 균형', 체육에서는 '신체의 균형' 등으로 다룰 수 있을 것이다. 이는 하나의 개념이 다양한 학습에서 다양한 모습으로 드러날 수 있다는 것을 의미하며, 개념을 중심으로 자연스럽게 학습의 내용이 모이는 결과를 가져온다. 기존의 '주제'나 '이슈' 중심의 융합은 하나의 주제를 바탕으로 다양한 '개념'이 모이도록 하기 때문에 오히려 이를 어느 범위까지 다루어야 하는 고민을 낳기도 한다는 점에서 보다 수학적인 융합을 위해 다룰 수 있는 '빅 아이디어'가 무엇인지를 규명하는 연구가 필요할 것이다.

2.4.2. 융합 수업과 체화된 인지로서의 앎의 시사점

'융합'이라는 것은 인간의 '인지'에 대한 견해에 따라 자연스럽게 논의된 것으로, 교육에 대한 흐름을 살펴보면 '융합'은 '인지'와 불가분의 관계에 있다. 특히, '구성주의'는 교육학에서 중요하게 다루어지고 있는 부분이나, 이 또한 인간의 마음과 생각을 파악하려는 노력에서 파생된 것이라고 볼 때 '인지적 관점'의 측면에서 생각해볼 수 있다. 구성주의는 Piaget를 필두로 하는 인지적 구성주의와 Vygotsky를 필두로 하는 사회적 구성주의로 나뉜다. Piaget는 '동화(assimilation)'와 '조절(accommodation)'을 통해 학습이 이루어질 수 있다고 보았으며(강인애, 1997), Vygotsky는 능동적 학습자를 주장하며 근접발달영역의 중요성을 강조하였다. 사회적 구성주의가 등장하면서 개인적 측면에서 논의되던 교육은 집단적 측면에서 바라보는 계기가 되었고, 의사소통, 비형식적 교육, 협동, 비계설정 등이 학습에서 중요한 요소임을 드러냈다(류성림, 1999). Dewey의 경험주의도 능동적인 주체로서의 아동을 상정하며, 행함으로써 배우는(learning by doing) 학습을 주장하였다(Dewey, 1916). 이러한 여러 주장들은 '체화된 인지'관점으로 이어지는 하나의 흐름이기도 하며, '융합'이라는 것이 새로운 그 무엇이 아니며 지식의 구성이 어떻게 이루어지는 것이 바람직한 것인가에 대한 흐름의 연장선에서 제기된 것이라고 이해할 수 있는 것이다.

앞서 언급했던 '체화된 인지'의 특징은 '융합'과의 맥락에서 더욱 자연스럽게 이해될 수 있는데, 우선 '시각적 사고'에 의미를 두는 '체화된 인지'는 '구성주의'에서도 마찬가지이다. '시각적 사고'는 능동적 인지를 가능케 하며, 행위의 기초가 된다. 하지만, 약간의 차이가 있다면, Piaget는 '시각적 사고'가 불완전한 것으로서, 이후 '논리적 사고'로 대체되어야 하는 것으로 언급하는데, '체화된 인지'에서 '시각적 사고'는 그 자체로 닫혀 있는 것이 아니라 열린 존재로서 환경과의 관계 속에서 끊임없이 변화하는 것이다(이모영, 2010). 그러므로 Piaget보다는 Vygotsky의 관점에서 '체화된 인지'와 '융합'을 생각해볼 수 있으며, 제3의 대안적 패러다임을 적용할 때에는 '계속해서 변화하는 학습에 대한 학생들의 지각과 인지'에 주의를 기울여야 할 것이다. 이는 '체화된 인지'와 '융합'이 추구하는 능동적인 주체로서의 학습자를 가능케 한다.

또한, 실제 세계에서 마주하는 다양한 현실 문제(real world problem)는 단학문적 지식으로 해결할 수 있는 것이 아니다. 우리가 어떤 제품을 산다고 할 때에도 해당 제품에 대한 성능, 가격, 디자인 등 다양한 요소를 고려하기 마련이며, 이러한 간학문적 관점이 필요한 실생활 문제는 다양한 지식을 활용해야 하는 복합적이고 비구조적인 문제를 의미한다(Kim & Cho, 2015). 이는 백윤수 외(2011)가 미래 사회에 요구되는 소양으로 제시한 4C 중 '내용 융합 및 통합(Convergence)', Whitehead(1929)의 'inert knowledge'에서도 드러나는데, 지식이 실제 이용될 수 있는 형태로 나타나기 위해서는 지식이 '체화' 되어 자연스럽게 상황 속에 발현되도록 교육이 이루어져야 하며, 우리가 마주하는 다양한 문제는 '환경'과 '상황'과는 독립적일 수 없으므로 이러한 모든 요소가 하나된 전체로서 고려되어야 할 것이다.

한편, 실생활의 복잡하고 비구조화된 문제들은 개인보다는 집단적으로 해결할 수 있는 문제들이 상당하다. 그리고 복잡한 문제일수록 개인보다는 집합적 인지가 필요하다. '창의성'에서 '협력적 문제해결력'이 수학교육에서 고려되어야 하는 것과 마찬가지로, '체화된 인지'의 관점에서도 고려되어야 할 것이다. 그러므로 학생들의 지식이 실제적 상황 속에서 자연스럽게 흘러나오기 위해서는 '협동적' 수업을 통한 '융합' 수업이 필요하다(노상우, 안동순, 2012).

'체화'는 학습자에게 '능동성'을 요구한다. 학습자는 끊임없이 자신이 학습한 것을 다양한 방식으로 드러내는 경험을 하며, 협력의 과정에서 다양한 것을 하나로 융합해 나가는 사고를 하게 된다. 교육자도 다양한 지식을 '재구성'하고 학습자들 개개인의 체화된 지식에 대해 여러 각도에서 관심을 기울여야 한다는 점에서는 많은 교육적 노력이 요구된다. 현재의 관심은 '학문'을 어떻게 융합하느냐 하는 수준에 머물러 있지만, 앞으로는 '학생들의 사고'를 어떻게 하나로 융합시키도록 도움을 줄 수 있을 것인가에 대한 생각으로 확장되어야 할 것이며 이는 학습자와 교육자 모두의 학습을 위한 기존 자세와 태도 변화도 수반되어야 함을 의미한다.

2.4.3. 체화된 인지와 수학에서의 융합 수업에 대한 논의

'체화'와 '융합', 그리고 '창의성'은 별개의 것처럼 생각할 수도 있으나 교육적 측면에서는 하나로 연결된다. 우리가 마주하고 있는 세상 그 자체가 분절적이지 않은 속성을 지니고 있기 때문에 분절적이고 이원론적인 방식만 고수한다면 발전은 더디게 일어날 수밖에 없다. 현재까지 교육은 분절적인 성향이 강하였으나, 급속도로 발전하는 사회에서 기존 방식의 변화는 불가피하다. 즉, 앞으로 교육에서의 '변화는' 선택이 아니라 필수가 된 것이다.

그렇다면 어떠한 '변화'가 이루어져야 할 것인가? '창의성'이 사회와 기술을 발전시키는 데 핵심적인 요소라는 것은 이견이 없을 것이다. 그러나 '창의성'을 교육적으로 어떻게 환원하여 '학습'으로 드러낼 것인가는 또 다른 문제가 된다. 이러한 측면에서 생각해보면, 기존의 교육적 관점과 방법으로는 교육에서 고차원적 능력을 향상시키는 것은 한계가 생길 수밖에 없다. 외국의 수학교과서를 예로 들면, 미국의 EM(Everyday

Mathematics)에서는 하나의 단원에서 2개 이상의 수학 내용 영역을 함께 다루기도 하고, 네덜란드(Pluspunt, De Werele In Getallen)에서는 하나의 단원에서 4~5개 이상의 수학 내용 영역을 함께 다루는데, 이에 반해 우리나라는 하나의 단원에 하나의 내용 영역만을 제시하는 분절적 형태로 학습이 제시되고 있다. 이러한 상황에서 '융합'이란 순전히 교사가 재구성해야 하는 몫으로 남겨져 있는데, '융합'이 보다 쉽게 이루어질 수 있도록 수학 학습을 위한 '빅 아이디어'를 발굴하는 것은 현장의 교사에게도 많은 도움을 줄 수 있을 것이다. 또한, Nunez 외(1999)의 연구를 살펴보면, 함수 개념도 '체화된 인지'의 관점에서 시각적인 방법으로 학습할 수 있는데, 이는 고차원적 개념이라도 해당 개념이 생성된 역사적 맥락 속에서 내러티브적 접근을 통해 추상적인 것이 구체적인 것으로 변환될 수 있다는 것을 보여준다. 그러므로 이러한 내러티브적 접근이 시각적 · 조작적 수업과 연결되고 실생활까지 확장될 수 있도록 '체화'와 '융합적 학습'을 연결 짓기 위한 시도를 지속적으로 수행해야 할 것이다. 수학 학습 내용이 학생에게 어떻게 '체화'될 수 있고, 어떻게 '체화'되었는가를 보여줄 수 있는 연구들은 결국 왜 '융합'이 필요하며, 왜 현대사회에서 강조될 수밖에 없는가에 대한 근본적인 물음에 대해 교사들에게 실질적인 필요성을 제기할 수 있을 것이다.

학습 방법뿐만 아니라 연구 방법에 대한 변화도 요구된다. 즉, 학생의 지식은 어떠한 과정으로 체화되고, 학생이 이해한 지식은 어떻게 드러나는가를 보다 면밀히 연구해야 할 것이다. 신경과학에서는 fMRI 등 과학적 방법을 이용하여 뇌의 인지와 학습을 연구하나, 실제 교육 현장에서 이와 같은 방식의 연구를 수행하기는 어렵다. 보다 교육 현장과 현실에 적합한 방법은 '체화된 지식을 위한 과제'를 제시하는 일이며, 이는 앞선 '체화'와 '융합'의 접점을 생각해볼 때 자연스럽게 '융합교육'의 측면에서 이루어질 수 있을 것이다. 문제는 '학생들에게 부여된 과제를 해결하는 일련의 과정을 어떻게 관찰하고 분석할 수 있을 것인가'하는 것인데, 이는 양적연구, 질적연구 및 혼합연구 등 다양한 각도에서 다양한 방법을 통해 살펴보아야 할 것이다. 이는 '체화된 인지'에서 사고가 다양하게 분산될 수 있다는 점과도 관련되는데, fMRI가 분산되는 사고를 판단하기에는 한계가 있다고 한다면, 학생들의 다양한 산출물, 학습의 과정을 통해 드러내는 언어적 · 비언어적 행동들은 학생들의 분산된 인지를 드러낸다고 볼 수 있을 것이다. 즉, 단순히 하나의 분석 도구로 학생을 평가하는 것은 한계가 있다고 볼 수 있으며, 억양, 몸짓, 눈짓 등도 체화를 측정하는 하나의 기제가 될 수 있다(Nemirovsky & Ferrara, 2009). '체화'의 과정을 어떻게 확인하고 드러낼 수 있을지에 대해서는 충분한 숙고가 필요할 것이다.

방법적 측면과 더불어 내용적 측면도 고려되어야 할 사항이다. Nunez 외(1999)의 연구와 같이 함수적 사고도 체화된 인지의 관점에서 다룰 수 있으나, 이는 추상적이고 고차원적 개념에 속하는 것으로, 학습활동의 시작점에서 다루기에는 무리가 있다. 수학 교과에서 '도형'이나 '측정'과 같이 추상적이기보다는 구체적이고 시각적인 내용 영역이 존재하므로, '체화'를 보다 쉽게 접근할 수 있는 내용부터 단계적으로 함수와 같이 '추상적'인 내용 영역까지 체화된 앎을 위한 융합적 과제가 제시되어야 할 것이다.

이러한 '체화', '융합', '창의성'이라는 개념은 현대사회의 복잡성과 결정의 구조, 소통의 맥락을 고려했을 때 '집단적' 개념으로서의 학습을 생각해야 함을 시사한다. 이는 전통적인 '일제식, 통일적' 관점에서의 '집단'을 의미하는 것이 아니라 '다양한 개개의 구성원이 하나가 되는 관점에서의 집단'(송진웅, 나지연, 2014)을 의미하는 것임을 상기해야 한다. 이러한 맥락에서 수학에서의 '협력적 문제해결력' 또한 앞으로 크게 고민해나가야 할 것이다. 앞으로 '융합'이라는 방법이 교육에 어떠한 기여를 할 수 있으며, '체화된 인지'가 교육에 적용될 때, 특히 수학교육에서 어떠한 시너지를 일으킬 수 있는가는 보다 추후 지속적인 논의와 연구를 통해 밝혀야 할 하나의 과제가 될 것이다. 이러한 과제의 수행 과정이 미래 세대를 위한 교육, 미래에 필요한 인재를 위한 교육으로 한 발 다가서는 계기가 되기를 바란다.

3 협력적 문제해결 맥락에서의 집단창의성

3.1. 개요

최근 빠르게 변화하는 사회 변화를 교육이 따라잡기란 쉬운 일이 아니다. 수학교육도 다양한 교육적 요구를 반영하는 추세로 나아가고 있으며, 이 중 눈에 띄는 변화의 한 모습으로 학습이 '개인적'인 것에서 '집단적'인 것이 되고 있다는 점을 들 수 있다. 2015 개정교육과정에서 핵심역량으로 '의사소통'과 '공동체' 역량이 제시되는 것과 같이 자신의 생각을 다른 사람들과 교류하는 것, 이러한 과정에서 집단의 역량을 발휘하는 것은 매우 중요한 능력이 되었다.

지식에 대한 관점도 수동적인 관점이 계속해서 무너지는 추세이며, 능동성을 요구하는 학습 분위기가 점차 강해지고 있는데, 능동적인 지식의 관점에서 지식은 개별적으로 존재하기보다는 다양한 구성원들을 통해 형성된다. 수동적 관점에서 지식은 절대불변의 것이었지만, 능동적 관점에서는 개인마다 지니고 있는 지식도 다르기에 서로의 차이를 인정하고, 보완해 나가면서 합의된 형태로 지식이 형성되어간다. 예를 들어, 온라인에서 알고자 하는 것을 검색하는 경우를 생각해보면, 과거에는 검색어에 대해 명확하게 몇 문장으로 정의를 내려주는 '명제'형 지식을 찾았으나 최근에는 이용자들이 만드는 사전이 등장하기도 하고, 각 개인이 다양한 관점에서 작성한 개인 블로그나 웹페이지 등이 검색어를 다양하게 설명한다. 이용자가 찾으려는 정보의 형태도 실제로 이용 가능한 형태의 다양한 개인이 나타낸 정보들이다. 물론, 다양한 지식을 해석하고, 스스로에게 필요한 것을 찾는 것은 사용자의 몫이지만, 최근에는 지식을 형성해 나갈 때 소통이 매우 중요한 과정이 되었다. 학습에서도 이러한 과정이 반영되어야 할 중요성이 커지고 있으며, 이러한 관점에서는 개별적 혹은 전체 학습보다는 소그룹 학습이 더욱 강조될 필요가 있다(노상우, 안동순, 2012). 단순히 각 개인의 역할을 동등하게 나누는 형태의 '협동(Cooperation)'보다는 개별적인 차이를 인정하고, 공동의 목표 도달을 위해 각자가 할 수 있는 역량을 발휘하여 산출물을 만들어내는 '협력(Collaboration)'적 차원에서 접근이 이루어져야 할 것이다. PISA, ATC21S 등에서 협력적 문제해결이 논의된 바 있지만(박혜영, 임해미, 2014), 특히 개인적 성향이 강한 수학에서 이와 관련하여 아직은 많은 연구가 이루어지지 않은 만큼 앞으로 관련 연구가 필요한 실정이다.

교육에서의 '협력'에 대한 강조는 현실 세계의 복잡성과도 매우 유사한 측면이 있다. 대부분 고도의 기술을 요구하는 작업은 훌륭한 개인이 아닌, 다수의 개인이 가장 최적의 산출물을 제시하는 형태로 나타난다. 여기에서 '개인창의성'보다는 '집단창의성'이 보다 빛을 발하는데, 이러한 흐름에서 교육에서 '창의성'에 대한 기존 패러다임도 '개인'을 넘어 '집단'으로 넘어가고 있다. 훌륭한 창의성을 지닌 개인이 여럿이 있다 할지라도, 이들이 함께 모였을 때 그것이 '집단창의성'으로 발현될 것인가에 대해서는 다양한 변수와 상황적 변화에 대한 고민이 필요하다. 미래 교육은 개인보다는 집단을 강조하고, 집단을 통해 서로 지식을 경험하고 축적해나가는 '집단 지성'을 보다 고차원적 사고의 범주에서 강조할 것으로 보인다. 본 연구에서는 교육 분야에서 '집단'을 기반으로 한 움직임에 관심을 보이며, PISA 2015 평가에서부터 국제적으로 대두되기 시작한 '협력적 문제해결력'과 '집단창의성'에 대해 이론적 고찰을 해보려고 한다. 이는 학급에서 '협력'이 어떻게 평가되어야 하고, 어떠한 점을 고려하여 수업을 설계해야 하는가에 대한 시사점을 제공할 수 있을 것이다.

3.2. 협력적 문제해결과 집단창의성

과거에는 '개인'의 해결로 문제해결을 간주하는 경향이었으나 최근에는 '집단'의 해결에 대한 관심이 높아졌다. 최근 수학교육에서는 이러한 부분이 더욱 강조되고 있는데, 이는 실생활에서 마주하는 문제의 해결이 '다른 사람들과 어울려 효과적으로 문제를 해결'하는 형태로 이루어지기 때문이다(조지민 외, 2012). PISA 2015의 '협력적 문제해결력 평가'의 도입을 비롯하여 세계 각국은 협력적 문제해결력에 대한 논의를 진행하고 있다.

PISA 2015에서 정의하고 있는 협력적 문제해결력은 '둘 또는 그 이상의 구성원이 문제해결을 위해 서로 노력하는 과정에서 서로의 이해와 노력을 공유하고, 해결책에 이르기 위해 지식·기술과 노력을 끌어내는 과정에서 한 개인이 효과적으로 참여하는 능력'을 의미한다(조지민 외, 2012; OECD, 2017). 협력적 문제해결의 3가지 핵심 요소는 다음 <표 3-1>과 같이 '공유된 이해를 수립하고 유지하기', '문제해결을 위해 적절하게 행동하기', '팀 조직 수립 및 유지하기'이며, 이는 4가지 문제해결과정인 '탐색/이해', '표현/형식화', '계획 수립/실행', '모니터링/반성'과 서로 교차하면서 12개의 하위요소로 나타난다.

〈표 3-1〉 PISA 2015 협력적 문제해결력 평가틀(OECD, 2017)

문제해결 과정 / 협력적 문제해결	A. 탐색과 이해	B. 표현과 형식화	C. 계획 수립과 실행	D. 모니터링과 반성
1. 공유된 이해 수립 및 유지하기	A1. 팀원들의 관점과 능력 발견하기	B1. 공유된 표현 만들기, 문제의 의미 협상하기	C1. 수행 역할에 대한 팀원간 의사소통하기	D1. 공유된 이해에 대한 모니터링 및 반성하기
2. 문제해결을 위해 적절하게 행동하기	A2. 목표에 부합된 문제해결을 위한 협력적 상호작용 유형 발견하기	B2. 완성할 과제를 구체화하여 나타내기	C2. 계획 실행하기	D2. 행동 결과에 대한 모니터링 및 문제해결 성과 평가하기
3. 팀 조직 수립 및 유지하기	A3. 문제해결을 위한 역할 이해하기	B3. 역할과 팀 조직을 구체화하기	C3. 참여 규칙 따르기	D3. 모니터링, 피드백 제공, 팀 조직 및 역할에 적응하기

PISA 외에 협력적 문제해결력 평가를 대규모로 실시한 프로젝트는 호주의 멜버른 대학을 본부로 한 산학연합 글로벌 역량 프로젝트, 즉 ATC21S(The Assessment and Teaching of 21st Century Skills project)(Griffn & Care, 2015)이다. PISA가 협력적 평가에서 인지적 영역을 포함하지 않는 것에 반해 ATC21S는 다음 <표 3-2>와 같이 협력적 문제해결력을 사회적 영역과 인지적 영역으로 제시하면서 2가지 모두를 포함하는 것으로 보았다.

평가 방식에서도 차이가 있었는데, PISA는 학생이 선택형 문항으로 어떻게 문제해결을 할지 개인이 검사하는 형태라면, ATC21S는 학생을 무작위로 배정하여 팀을 이루도록 하고, 온라인 대화창에서 문제를 협력적으로 풀어나가도록 하는 과정에서 학생들의 대화 로그 데이터를 자동채점하는 방식을 사용했다. 이러한 방법 사용의 차이에서 PISA는 선택지 이외의 문제해결 방식 파악에는 한계를 보였으며, ATC21S는 비구조화된 문제해결 평가에 제한이 있었다(박혜영, 임해미, 2014).

한편, 유지원(2016)은 대학생을 대상으로 디지털 네트워크에서 평가할 수 있는 협력적 문제해결역량 측정도구를 개발하기도 하였으나, 검사지 형태의 자기평가 도구만으로는 협력적 문제해결력을 측정하는데는 한계가 있다. 송민해(2020)는 협력적 문제해결의 평가가 어려운 이유는 각 개인이 협력 과정에서 어떠한 기여를 했는지 수량화하기 힘들다는 점을 들면서, 공유문서 도구 등을 활용하는 과정에서 개인 기여도를 평가하고 참여 학생들이 서로 동료평가한 것을 수량화하여 채점하는 방식을 제안하였다.

〈표 3-2〉 ATC21S 협력적 문제해결력 평가틀(Hesse et al, 2015)

구분	기능	하위 기능
인지적 (문제해결 측면)	참여 (Participation)	행동(action)
		상호작용(interaction)
		과제 완수(task completion)
	관점취하기 (Perspective taking)	적절한 반응(adaptive reponsiveness)
		청자 인식(audience awareness)
	사회적 규칙 (Social regulation)	협상(negotiation)
		자기평가(self-evaluation)
		교섭 기억(transactive memory)
		책임성/결단력(responsibility initiative)
사회적 (협력적 측면)	과제규칙 (Task regulation)	문제 분석(problem analysis)
		목표 설정(set goals)
		자원관리(resource management)
		융통성과 모호성(flexibility and ambiguity)
		정보 수집(collects element of information)
		체계성(systemacity)
	지식형성 (Knowledge building)	관련성 파악(relationships)
		"만약~그렇다면"규칙(원인과 결과) (rules "if...then"(cause and effect))
		"만일~라면" 가설(hypothesis "what if...")

교육에서 활용을 한다면, 교사가 개인 기여도를 평가하고 학생들이 서로 동료 평가를 하는 방식이 가능한데, 송민해(2020)는 각각을 별개로 평가하는 것 보다는 2개 평가 도구를 동시에 사용할 때 보다 정확한 측정이 가능함을 언급하였다. 현재 협력적 문제해결을 어떻게 측정할 것인가에 대한 연구는 매우 미흡한 실정이다. 협력적 문제해결을 어떻게 볼 것인가와 더불어 협력하는 개인을 어떻게 평가할 것인가에 대한 연구는 교육에서 매우 중요한 부분이다. 결국은 한 개인의 발달을 지향한다고 할 때, 평가를 통해 개선 방향을 제시하는 것까지 나아가야 협력적 문제해결력에 관한 수업을 학교에 정착시킬 수 있을 것이다. 특히 연구가 성인을 대상으로 많이 이루어진 점을 감안할

때 교육 분야에서 초중등 학생에게 적용 가능한 도구 등 많은 연구가 필요하다.

개인의 문제해결과 창의성은 필연적으로 연결될 수밖에 없는데, 문제를 해결하려면 어느 정도의 창의성은 꼭 필요하다(Drapeau, 2014). 문제를 협력적으로 해결한다고 한다면, 협력적 문제해결에 상응하는 '집단창의성'이 필요하다. '창의성'은 매우 광범위한 의미로, 그 범위와 개념이 다양한데, 박선형(2014)이 언급한 바와 같이 학교에서는 'Mini C → Little C → Pro C'로 창의성을 길러나갈 수 있도록 하는 것이 바람직하다는 데에는 동의하지만, 여기서 주로 간과되는 부분은 '개인적 창의성'과 '집단적 창의성'에 대한 개념이다. 그동안 창의성에 대한 관점은 '개인적 창의성'에 집중되어 왔다. 즉, 창의성이란 개인의 능력이며, 개인 차원에서의 향상에 관심을 기울인 것이다(송진웅, 나지연, 2014). 이러한 고전적인 의미에서의 창의성 개념은 'He-창의성'으로 특별한 개인 혹은 일부 천재가 보이는 비범한 정신 능력으로 간주되었다(이정모, 2011; Glavenau, 2010). 이는 Root-Berstein & Root-Berstein(2004)의 창의성 구분 중 위대한 인물이나 천재적 수준에서 해당 분야를 변화시키는 창의성을 의미하는 'Bic C'의 관점과도 유사하다. 현재까지도 이러한 관점에서 '창의성'을 논의하고 있는 경우가 많기에, 다수가 '창의성'을 일상과는 동떨어진 맥락에서 개인의 특성에 의해 나타나는 것으로 생각하기도 한다. 누군가의 전유물로만 여겨지던 창의성은 일반적인 개인을 의미하는 'I-창의성'으로 관심이 이동하였으며, 현재까지 교육에서 학생들에게 '창의성 교육'을 주장하는 것은 이러한 관점과 관련이 깊다(이정모, 2011). 이는 Root-Berstein과 Root-Berstein(2004)의 창의성 구분과 관련지어 볼 때, 일상적 수준에서 일반 사람들에게 나타나는 'Little C'와 유사하다. 하지만 'He-창의성'과 'I-창의성' 모두 데카르트적 사고에 기반한 개념으로, '인지'와 '환경'을 이분법적으로 보았다. 즉, 'He-창의성'과 'I-창의성' 모두 문화적이고 문맥적인 상황과는 별개로 창의성이 발현한다고 생각했다. 하지만 사회적 · 문화적 관점이 대두됨에 따라 개인에게 발현되는 창의성이란 순전히 개인의 머리에서 나오는 것이라기보다는 개인의 활동, 다른 사람과의 상호작용, 다양한 '환경'과의 상호작용 속에서 발현되는 그 '무엇'이라는 관점이 지지를 받기 시작했다. 이러한 맥락에서 'We-창의성'에 대한 논의는 '집단창의성'과 더불어 앞으로 더욱 활발하게 논의될 필요가 있을 것이다(이정모, 2011; Hanna, 2005).

최근 '집단 지성', '집단 창의성', '협동적 창의성', '창의적 협동'과 같이 창의성과 지능을 '집단'의 차원에서 바라보는 경향이 늘어나고 있다(John-Steiner, 2006). 대부분의 의사결정과 문제해결이 실질적으로는 '집단'에 의해 이루어지는 경우가 많고, '개인'이 똑똑하다고 해서 '집단'이 똑똑하다는 것을 의미하지는 않으며, 결과적으로 집단에 속한 개개인이 서로의 생각을 공유하고 소통하는 과정에서 '창의성'이 발현될 수 있다는 것(John-Steiner, 2006)은 '협력'과 '창의성'이 함께 논의되어야 할 성격의 것임을 드러낸다. 집단창의성과 개인창의성은 어느 정도 동시에 발생한다는 점에서(Chaharbaghi & Cripps, 2007), 개인적 창의성도 학교교육에서 중요하게 다루어져야 할 부분이나 지금까지 간과되어 왔던 '집단창의성'을 새롭게 조명해 볼 필요가 있겠다. '협력'이라는 용어는 학교에서 낯선 용어는 아니지만, 이를 '문제해결'과 결합하였을 때에는 다수의 교육자들에게 혼란을 줄 수밖에 없다. 특히, 국제평가연구에서 언급되는 '협력적 문제해결'이라는 것은 '평가'를 위해 해당 능력이 중요하다는 인식은 되지만 이를 어떻게 길러낼 수 있는가 하는 방법적 측면을 안내하지는 않는다. 협력적 문제해결력은 아니더라도 '창의적 문제해결력'에서 '집단'을 대상으로 한 것과 '개인'을 대상으로 한 이상수(2008)의 연구에서는 '집단'을 대상으로 한 '협력적 CPS(Creative Problem Solving)'가 문제해결력, 창의성 모두에서 높은 점수를 나타냈다는 점에서 충분히 '협력적', '집단적' 관점에서 수학 수업을 돌아봐야 할 근거를 제시하고 있다. 협력적 문제해결의 측정도구가 성인에게 초점이 맞춰졌던 것과 유사하게 집단창의성 연구도 학생보다는 기업이나 성인학습의 맥락에서 이루어졌다. 학교 환경에서 수행된 연구 중 Chiu(2008)의 연구는 대수 단원에서 고등학생들의 논증 과정에서 나타난 새로운 아이디어의 수가 많아짐에 따라 집단의 미시적 창의성이 협력적 문제해결과 긍정적인 관련이 있으며 집단의 미시적 창의성은 보다 서로를 존중하고, 명령보다는 질문과 반응을 사용할 때 긍정적인 연결이 나타나는 점을 발견하였다. 여기서 '미시적 창의성'은 창의성의 한 요소로, 새로운 아이디어의 다양한 생산에 중점을 둔 용어로 사용되었다. Cheng과 Yang(2011)은 대학생을 대상으로 '창의적 문제해결과정에 협력적인 참여를 할 수 있는 팀에 대한 공동의 신념'으로 개념화된 '집단 창의성 효능(CCE) 수준'을 조사했는데, 선택된 과제 수행의 향상과 정적 관계가 있는 것으로 나타났다. 하지만 창의적 효능이 자기 신뢰성 또는 잠재력에만 초점을 맞추는 한계를 지적하기도 하였다. Tan 외(2014, 2018)는 집단창의성에 대한 선행 연구를 바탕으로 집단창의성을 3가지 차원의 능력으로 정의하였는데, 첫 번째로는 공유된 목표, 전략, 해결책을 계획하고 조정하고 조절하는 능력을 의미하며 두 번째로는 새로운 아이디어나 해결책을 생성하고 평가하는 능력을, 세 번째로는 당면한 과제를 공동으로 완수하는 과정에서 친사회적 의사소통에 참여하는 능력을 언급하였다. 이러한 세 가지 범주를 바탕으로 Tan 외(2014, 2018)는 CSCL 환경에서 수집된 대화 로그를 이용하여 분석틀을 세분하하여 대화 분석을 실시하였는데, 이는 많은 연구자들에게 참고가 될 수 있을 것으로 보인다. 본 연구에서는 집단창의성 분석 과정에서 해당 연구의 분석틀을 참고하였다. 이처럼 협력적 문제해결과 집단창의성은 매우 밀접한 관련을 맺고 있으며, 협력적 문제해결의 연구에서 집단창의성은 자연스럽게 연결될 수밖에 없다. 즉, 학습이 끊임없는 문제해결의 과정의 연속이라고 할 때, 창의성은 발현될 수밖에 없으며 이 과정에서 집단창의성도 교수자와 학습자가 주목해야 할 부분인 것이다. 앞으로의 후속 연구에서 협력적 문제해결을 위한 다양한 변인에 대한 연구와 함께, 보다 대규모 연구에서 온라인 기반 이외의 대면 환경에서의 실질적 문제 상황에서 드러나는 현상에 대한 연구도 필요할 것으로 보인다.

4 체화된 인지 및 창의 · 융합교육 실현 가능성 검토를 위한 기초 조사

4.1. 개요

본 연구는 체화된 앎(Embodied Understanding) 실현을 위한 창의 · 융합 초등수학의 적용 가능성을 검토하기 위한 기초연구로써, 창의융합형 인재 육성을 목표로 하고 있는 2015 개정교육과정의 변화뿐 아니라 급변하는 사회의 변화에 대비하고자 하는 노력의 일환으로 주목받고 있는 STEAM 교육에 대한 초등교사의 인식과 실태를 조사하였다. 이를 위해 서울특별시 및 경기도 소재 24개 공립 초등학교 교사 273명을 대상으로 설문조사를 실시하였다.

조사는 크게 연구 대상의 일반적 특성을 알아보기 위하여 성별, 교직경력, 현재 담당 학년, 담당학급 학생수, STEAM 교육* 관련 심화연수 수강 여부를 중심으로 이루어졌다. 그 결과, 교사들은 STEAM 교육에서의 '융합'을 특정한 교과나 주제를 함께 가르친다는 '통합적 접근'이나 함께 가르쳐 새로운 것에 더 나아가는 '융합적 접근'으로 인식하고 있었다. 또한 수학 중심 융합인재교육이 학생에게 미치는 교육적 효과와 필요성에 관하여 긍정적인 반응을 보였으며, 학교 현장에 적용하는데 있어서 가장 큰 문제로 수업 준비 시간 확보 및 교재와 자료의 부족을 들었다. 한편 STEAM 교육 관련 심화연수를 들은 집단에서 융합인재교육에 관한 인식 및 수학 중심 융합인재교육의 효과성에 관한 인식에 더 긍정적인 반응이 나타났다.

수학을 중심으로 한 STEAM 교육의 성공적인 현장 적용 실시를 위한 시사점은 다음과 같다. 융합인재교육과 관련하여 실제적이고 교사의 전문성을 길러줄 수 있는 연수를 개발하고 교사들에게 확산하여 융합인재교육에 대한 인식 개선 및 실제 현장에의 확산을 도모할 수 있을 것이다. 또한 수학 중심 STEAM 교육의 교수·학습 과정 개발 및 적용을 통해 교육적 효과를 평가하여 학생들의 융합적 사고, 창의적 사고, 그리고 수학에 대한 태도 함양에 어떠한 긍정적 결과를 기대할 수 있을지 다양한 연구가 심층적으로 이루어지기를 제언한다.

---

* 설문지 문항에서는 '융합인재교육(STEAM)' 용어를 사용함.

4.2. 조사 대상

2016년 9월부터 10월까지 서울특별시에 소재한 11개의 지역교육지원청에 소속된 공립 초등학교 23곳 및 경기도에 소재한 1개 지역교육지원청에 소속된 공립 초등학교 1곳의 초등 교사를 대상으로 설문을 실시하였다. 설문지 288부를 배포하여, 273부를 회수하였으며(회수율 94.8%), 각 교육지원청별 설문지 배부 및 회수 현황은 <표 4-1>과 같다.

〈표 4-1〉 설문지 배부 및 회수 현황

소속 교육지원청	학교	배부	회수	소속 교육지원청	학교	배부	회수
서울 #1	A 초등학교	12	10	서울 #8	M 초등학교	12	12
	B 초등학교	12	11		N 초등학교	12	12
서울 #2	C 초등학교	12	12		O 초등학교	12	12
서울 #3	D 초등학교	12	12		P 초등학교	12	12
서울 #4	E 초등학교	12	12	서울 #9	Q 초등학교	12	12
	F 초등학교	12	12		R 초등학교	12	9
	G 초등학교	12	11		S 초등학교	12	10
서울 #5	H 초등학교	12	12	서울 #10	T 초등학교	12	11
	I 초등학교	12	12		U 초등학교	12	7
서울 #6	J 초등학교	12	12	서울 #11	V 초등학교	12	12
	K 초등학교	12	12		X 초등학교	12	12
서울 #7	L 초등학교	12	12	경기도 #1	W 초등학교	12	12
전체						288	273

연구 대상의 일반적 특성을 알아보기 위하여 성별, 교직경력, 현재 담당학년, 담당학급 학생수, STEAM 교육 관련 심화연수 수강 여부를 조사하였다(<표 4-2> 참조). 초등학교 교직원의 여초현상으로 인하여 설문에 응답한 초등교사 중 남교사는 35명(12.9%), 여교사는 237명(87.1%)으로 여교사의 비율이 높게 나타났다. 교직경력은 초임에 해당하는 5년 미만의 교사가 응답자 중 가장 높은 비율을 차지하였으나, 어느 한 집단에 편중되지 않았다. 응답자 중 84.4%에 해당하는 228명의 교사가 현재 담임을 맡고 있으며, 담당학급 학생수의 경우 거의 모든 교사가 16~30명을 담당하고 있다(254

명, 93%)고 응답하였다. STEAM 교육 관련 심화연수 수강 여부는 응답자 중 258명(94.5%)이 받지 않았다고 응답한 반면, 받았다고 응답한 교사는 총 15명으로 전체의 5.5%에 불과하였다.

〈표 4-2〉 교사의 일반적 특성

유형	항목	응답수(N)	비율(%)
교직 경력	5년 미만	85	31.1
	5년 이상 ~ 10년 미만	63	23.1
	10년 이상 ~ 15년 미만	36	13.2
	15년 이상 ~ 20년 미만	30	11.0
	20년 이상	55	20.1
	무응답	4	1.5
전체		273	100.0

4.3. 설문지 개발과 구성

설문지 내용은 STEAM 교육 전문가 1인과 현직교사인 초등수학교육 박사과정 1인, 석사과정 3인의 검토를 통해 총 2차례에 걸쳐 수정하였다. 1차 제작 및 검토에서는 STEAM 교육에 대한 설문지 분석과 함께 관련 국내외 논문 분석을 통하여 기존 연구동향을 살펴보았고, 이를 바탕으로 STEAM 교육 관련 인식, 연수의 필요성 및 효과, STEAM 교육의 필요성 항목을 중심으로 문항을 개발하였다. 2차 검토에서는 개발한 문항 중 일부를 선다형에서 리커트 척도로 수정하였으며, 중복되는 문항 삭제 및 필요한 설문 내용을 보완하였다. 아울러 'STEAM 교육에 대한 인식과 경험', '수학 중심 STEAM 교육에 대한 인식 및 효과', '수학 중심 STEAM 교육 적용의 문제점 및 개선 방향' 등 세 영역*을 중심으로 수정보완하였다. 설문지는 선다형, 리커트, 주관식 문항으로 다양하게 구성하였다(<표 4-3> 참조).

* 설문 영역 및 문항은 '융합인재교육(STEAM)' 용어를 사용하였으나, 본 연구결과 분석 및 기술을 위하여는 'STEAM 교육'을 사용하였음

〈표 4-3〉 설문지 문항 구성

영역	문항	문항
융합인재교육(STEAM) 에 대한 인식과 경험	'융합'의 의미	A-1*
	새로운 교육모델로서의 융합인재교육(STEAM)에 대한 인식	A-2*
	융합인재교육(STEAM)에 관한 인식	A-3**
	융합인재교육(STEAM) 적용 경험	A-4*
	현장에서의 융합인재교육(STEAM) 확산 여부	A-5
수학 중심 융합인재교육(STEAM) 에 대한 인식 및 효과	수학 중심 융합인재교육(STEAM) 경험여부	B-1
	수학과 타 교과 융합 시 적합한 교과목	B-2
	수학 중심 융합인재교육(STEAM) 효과	B-3**
	수학 중심 융합인재교육(STEAM) 소재	B-4
	수학 중심 융합인재교육(STEAM) 수업방안	B-5
수학 중심 융합인재교육(STEAM) 적용의 문제점 및 개선 방향	수학 중심 융합인재교육(STEAM) 수행의 용이성	C-1
	지원책 확대 시 수학 중심 융합인재교육(STEAM) 실시 의향	C-2
	수학 중심 융합인재교육(STEAM) 활성화를 위해 필요한 점	C-3**

* 주관식 ** 5단 척도

4.4. 자료 분석과 처리

수집된 자료는 SPSS 24.0 프로그램을 기반으로 빈도수 및 응답의 경향, 백분율, 평균, 표준편차 등을 비교하였다. 아울러 항목간의 상관관계 확인을 위한 Pearson 검사 및 χ^2 검사, 인과관계 분석을 위한 단순회귀분석, 평균차 검정을 위한 독립표본 t검증을 실시하였다.

4.5. 조사 결과

4.5.1 STEAM 교육에 대한 초등교사의 인식과 경험

1) STEAM 교육에 대한 현직교사들의 인식

STEAM 교육에 대한 현직교사들의 인식 및 관련 연수 수강 여부, 연수의 내용을 현장에서 적용해 본 경험이 있는지를 조사하였다. 우선 '융합'에 관한 인식을 기존문헌과 비교하여 교사들은 어떻게 이해하고 있는지를 알아보고, STEAM 교육을 기존의 교육과 다른 새로운 모델로 인식하고 있는지를 조사하였다. 그리고 STEAM 교육에 대한 개별 교사의 이해도 및 필요성과 유용성에 관하여 5단척도 체크리스트를 사용하여 조사하였다. STEAM 교육에서의 '융합'의 의미를 묻는 주관식 문항은 무응답 13개를 제외하고 260개를 분석 및 분류하였으며 분류한 결과는 <표 4-4>와 같다.

〈표 4-4〉 '융합'에 관한 교사들의 인식(A-1) (*중복 분류된 문항)

응답 유형		응답 수(N)	비율(%)
융합의 사전적 의미 제시	통합적 접근	94	34.1
	융합적 접근	36	13.0
실생활과의 연계/통합		19	6.9
고등 사고력 증진을 위한 교육*	창의력	16	5.8
	문제해결력	15	5.4
	종합적 사고력	15	5.4
STEAM에 대한 전반적인 내용 진술		18	6.5
주제 중심 교과 통합		49	17.8
기타		1	0.4
무응답		13	4.7
합계		276	100.0

* 이 중 3개의 응답은 두 유형의 의미를 포함하고 있기에 중복 분류함

융합에 관한 사전적인 의미를 제시하는 경우는 '다양한 분야를 합하는 것'이라는 의미를 포함하는 '통합적 접근'과, 이보다 더 나아가 '합쳐진 결과 새로운 것이 만들어진다'는 의미를 포함하는 '융합적 접근'으로 나눌 수 있다. 설문응답에서 통합이라는 단어를 사용하였더라도 새로운 것이 만들어진다는 의미를 포함하면 융합적 접근으로 분류하였으며, 반대로 융합이라는 단어를 사용하였어도 합하였다는 의미가 주를 이루면 통합적 접근으로 분류하였다. 분류 결과 전체 응답의 절반인 130개의 응답이 사전적인 의미를 가진 것으로 분류되었으며, 이 중 통합적 접근(94개, 35.7%)이 융합적 접근(36개, 13.7%)보다 더 많은 비율을 차지하고 있었다. 즉 교사들은 융합의 뜻을 '특정 교과목이나 지식, 기능을 합하는 것'이라고 주로 인식하는 반면 '교과목이나 학문, 지식과 기능등을 합쳐 새로운 것을 만들어 내거나 적용한다'는 인식은 이에 비하여 적게 나타남을 확인할 수 있다.

융합이라는 용어를 '생활에 활용하거나 적용 가능한 배움이 통합적으로 연결된 것',

'STEAM 교육을 통하여 학습자들이 실생활에 배움을 적용할 수 있게 됨'과 같이 기능적으로 바라보는 '실생활과의 연계/통합'의 경우 19개(7.2%)로 확인되었다. 고등사고력 증진을 위한 교육에 해당하는 유형은 총 43개(17.5%)의 응답이 분류되었고 이를 다시 창의력, 문제해결력, 종합적 사고력의 유형으로 분류한 결과, 중복 분류되는 결과를 포함하여 각각 16개, 15개, 15개로 고른 분포가 나타났다.

또한 'STEAM 교육'의 의미에 관하여 STEAM을 각각 구성하는 과목명을 언급하거나, 이러한 과목들이 융합되며 이루어지는 교육적 경험이나 효과를 밝히는 본인의 응답은 총 49개(18.6%)로 전체 응답 중 사전적 의미에 이어 두 번째로 많은 응답이 분류되었다. 이는 '주제 중심 교과 통합' 영역으로, 주로 '특정한 주제를 중심으로', '관련 주제를 바탕으로', '주제를 기반으로 학문을 통합한다.'라고 기술하였다.

STEAM 교육을 새로운 교육모델로 인식하는지 여부에 관한 조사결과(A-2), 37%에 해당하는 99명은 기존 교육과 다른 차원의 교육이라고 응답하였지만, 63%에 해당하는 170명은 기존의 교육과 크게 다르다고 볼 수 없다고 하였다. 교사 스스로가 STEAM 교육(융합인재교육)에 관하여 충분히 이해하고 있는지, 또 STEAM 교육의 효과 및 필요성에 관한 전반적인 인식은 어떠한지에 관하여 5단척도 체크리스트를 활용한 설문 결과는 <표 4-5>와 같다.

〈표 4-5〉 STEAM 교육에 대한 인식(A-3)

문항	문항 내용	평균	표준편차
1	융합인재교육(STEAM)에 대하여 충분히 이해하고 있다.	3.42	0.81
2	융합인재교육(STEAM)은 초등학교에서 필요하다.	4.10	0.66
3	융합인재교육(STEAM)은 학생 중심 교육이다.	4.07	0.69
4	융합인재교육(STEAM)은 창의성 신장에 도움이 된다.	4.31	0.64
5	융합인재교육(STEAM)은 문제해결력 신장에 도움이 된다.	4.34	0.65
6	융합인재교육(STEAM)은 협력적 사고에 도움이 된다.	4.22	0.74
7	융합인재교육(STEAM)은 실생활 적용 능력을 향상시킨다.	4.37	0.62
8	융합인재교육(STEAM)은 교과에 대한 흥미를 증가시킨다.	4.15	0.72

STEAM 교육(융합인재교육)을 충분히 이해하고 있는지 묻는 문항(1번)은 가장 낮은 평균점인 3.42로 나타났으며, 다른 항목에 비하여 높은 표준편차가 나타나는 것으로 보아 교사 간 응답 정도 차이가 큰 편임을 알 수 있다. STEAM 교육이 실생활 적용 능력을 향상시킨다는 문항(7번)은 가장 높은 평균인 4.37로 나타났으며 대다수의 교사가

STEAM 교육이 수학과 핵심역량과 고급사고력을 신장시키는 데 도움이 된다고 인식하고 있었다.

2) STEAM 교육에 관한 초등교사들의 경험

2011년부터 STEAM 교육 관련 정책이 강화된 후, 현재 초등학교 현장에서 STEAM 교육이 어떻게 이루어지는지에 관한(중복응답 가능) 조사(A-4) 결과, 많은 교사들은 '일부 관심 있는 교사만 STEAM 교육을 한다(104명, 29.4%)' 라고 응답하였으며, 일반학교 보다는 '연구학교 등 목적이 있는 학교에서 한다(83명, 23.4%)'라고 응답하였다.

4.5.2 수학 중심 STEAM 교육에 대한 인식 및 효과

수학 중심 STEAM 교육에 대한 인식과 효과를 조사하기 위해 기존의 과학 중심으로 이루어지는 STEAM 교육과 달리 수학 중심 STEAM 교육을 어떻게 생각하고 있는지 기본적인 인식을 살펴보았다. 수학 중심 STEAM 교육이 어떠한 효과를 가지고 있는가를 리커트 척도를 사용하여 조사하였으며, 이러한 수학 중심 STEAM 교육이 현장에 확산되기 위한 소재 및 활용 방안에 대해 조사하였다.

1) 수학 중심 STEAM 교육에 관한 초등 교사들의 인식

총 응답자 273명 중 수학 중심 STEAM 교육에 대한 경험이 있는 교사는 138명(50.5%), 경험이 없는 교사는 135명(49.5%)이었다. 이는 기존 STEAM 교육이 주로 과학을 중심으로 이루어진 경우가 많았기 때문에 '수학'을 중심으로 한 융합인재교육(STEAM)은 생소하게 느끼는 것으로 분석된다. 한편 수학 중심의 STEAM 교육이 이루어질 때 '수학'과 융합하기 용이한 교과는 무엇인가에 대한 응답(중복 응답) 결과, 가장 높은 비율을 차지한 문항은 과학(217명, 30.3%)이었다. 그 이유로는 수학과 과학 교과가 학문 특성상 유사한 면이 많다는 응답이 주를 이루었는데, 해당 유사 특징으로는 '도구적인 성격의 학문이다', '논리적 사고가 필요하다', '미래 시대의 필수적인 요소이다', '수학적 개념과 많은 연관이 있다' '실생활과 많이 관련되어있다'가 제시되었다. 두 번째로 비율이 높은 교과는 미술 교과(140명, 19.6%)였는데, 그 이유로는 미술 교과가 '구도, 비율, 규칙성, 돌리기 등과 같이 수학적 심미성을 이용하기도 하고, 도형과 같은 기하 개념들은 그 자체가 수학적 개념이자 미술의 미적 요소가 되기 때문'이라는 응답이 있었다. 다음으로는 사회 교과가 78명(10.9%)으로 높았으며, 그 이유로는 사회의 경우 '자료 분석 시 수학을 도구 교과로 사용하며 특히 경제 영역에서 수학적 개념이 많이 사용되기 때문'이 있었다. 그 뒤를 이어 실과, 음악, 국어, 체육, 체육과 도덕 순으로 수학과 적용이 용이한 교과로 응답하였다.

2) 수학 중심 STEAM 교육의 효과에 관한 초등 교사들의 의견

앞서 조사한 현장에서의 수학교육 문제점에 대한 수학 중심 STEAM 교육의 대안 가능성을 알아보기 위해 수학 중심 STEAM 교육의 효과 측면에서 초등 교사들이 가지고 있는 인식을 조사(B-3)한 결과는 아래 <표 4-6>과 같다. 수학 중심 STEAM 교육의 효과에 대한 대부분 문항의 평균이 4점 이상으로 대다수 교사가 비교적 긍정적으로 인식하고 있음을 알 수 있었다. 수학 중심 STEAM 교육의 효과 중 '실생활과 관련된 현실 문제를 경험할 수 있다'가 평균점 4.33으로 가장 높았는데, 이는 앞서 현장 수학교육의 문제점 조사에서 '체화되지 않아서 실생활에서의 적용이 어렵다'는 문제점에 대해 수학 중심 STEAM 교육이 대안이 될 수 있는 가능성을 보여준다.

〈표 4-6〉 수학 중심 STEAM 교육의 효과(B-3)

내용	응답 내용	평균	표준편차
1	초등학교에서 필요한 교육이다	4.04	0.74
2	수학에 대한 흥미도를 높일 것이다	4.16	0.74
3	수학에 대한 가치 인식에 긍정적 영향을 미칠 것이다	4.14	0.75
4	수학에 대한 자신감 향상에 긍정적 영향을 미칠 것이다	3.90	0.84
5	협력적 문제해결을 향상시킬 것이다	4.14	0.69
6	수학적 의사소통 능력을 향상시킬 것이다	4.25	0.79
7	수학적 개념 이해에 도움이 될 것이다	4.04	0.73
8	창의적 사고력 향상에 도움이 될 것이다	4.24	0.73
9	수학 학업성취도 향상에 도움이 될 것이다	3.79	0.84
10	실생활과 관련된 현실 문제를 경험할 수 있다	4.33	0.69
11	학습자 중심의 활동을 유도할 수 있다	4.22	0.73
12	체화되어(embodied) 습득한 지식이 구체적 활동을 통해 나타날 수 있을 것이다	4.08	0.79

3) 수학 중심 STEAM 교육의 소재 및 활용 방안

현장 수학교육의 문제점에 대한 대안으로 수학 중심 STEAM 교육을 제시하기 위해 수학 중심 STEAM 교육에 적합한 소재와 그 활용 방안에 대한 교사 인식(B-4)을 조사하였다(<표 4-7> 참조). 조사 결과, 수학 중심 STEAM 교육의 소재에 관해 '교과서나 교육과정에는 없더라도 수업을 위한 소재를 가져올 수 있다'에 가장 많은 교사가 응답하였다(131명, 48.0%).

〈표 4-7〉 수학 중심 융합인재교육(STEAM)의 소재(B-4)

내용	응답 내용	응답수(N)	비율(%)
1	학년은 관계없으나 교과목에서 제시되고 있는 소재 안에서 해야 한다.	20	7.3
2	해당 학년에서 배우는 소재 안에서 융합해야한다.	86	31.5
3	교과서나 교육과정에는 없더라도 수업을 위한 소재를 가져올 수 있다.	131	48.0
4	소재의 출처보다는 배우는 개념이 중요하다.	34	12.5
5	기타	2	0.7
합계		273	100.0

수학 중심 STEAM 교육의 수업 형태(B-5)에 관한 응답 결과(<표 4-8> 참조), 수학 중심 STEAM 교육은 '개념 습득 이후 개념 적용 단계에 해당하는 심화 학습으로 이루어져야한다.'는 응답이 198명(72.5%)으로 가장 높았다. 즉 수업에 필요한 기본적인 개념은 각 교과에서 우선적으로 학습을 하여야 하며 STEAM 수업에서는 해당 개념들을 활용하는 심화 형태로 이루어져야 한다고 대다수 교사들이 생각하고 있었다.

〈표 4-8〉 수학 중심 융합인재교육(STEAM)의 수업 형태(B-5)

내용	응답 내용	응답수(N)	비율(%)
1	단원 도입부터 시작하여 끝마칠 때까지	30	11.0
2	개념 습득 이후 개념 적용 단계에 해당하는 심화 학습으로	198	72.5
3	교과목 시간과는 별개로 창의적 체험활동 시간에	12	4.4
4	학기별, 학년별로 주어진 진도를 모두 끝마친 후 평가와는 관계없는 학습으로	27	9.9
5	기타	6	2.2
합계		273	100

4.5.3 수학 중심 STEAM 교육 적용의 문제점 및 개선 방향

수학 중심 STEAM 교육을 교육현장에 적용할 때 예상되는 어려운 점과 지원책이 확대될 시 적용 의향이 있는지, 수학 중심 STEAM 교육의 활성화 및 현장 적용을 위해 필요한 것은 무엇인지에 대한 의견을 조사하였다.

1) 수학 중심 STEAM 교육 적용의 문제점

수학 중심 STEAM 교육을 교육현장에 적용하려 할 때 예상되는 어려움(C-1)에 관한 설문결과(<표 4-9> 참조), 총 273명의 응답자 중 무응답자 1명을 제외하고 문항에 따라 응답자수는 270명에서 272명으로 다양하게 나타났다. 교사들이 수학 중심 STEAM 교육을 할 때 어려울 것이라고 예상한 것은 '준비 시간이 많이 소요(4.42)', '적용을 위한 가이드 역할의 교재 및 자료 부족(4.37)', '시수 확보의 어려움(4.19)', '교구 및 준비물 등 예산 부족(4.18)' 순으로 나타났다. 이 항목들은 수업을 준비 과정에서 겪을 수 있는 것들로, 수학 중심 STEAM 교육의 확산을 위해서는 교사들에게 수업 준비의 부담을 덜어줄 필요가 있음을 의미한다.

〈표 4-9〉 수학 중심 STEAM 교육을 현장 적용할 시 예상되는 문제점(C-1)

문항	문항 내용	평균	표준편차
1	수학 중심 융합인재교육(STEAM)에 대한 이해 부족	4.08	0.75
2	적용을 위한 가이드 역할의 교재 및 자료 부족	4.37	0.71
3	수학과 타 교과와 연계에서의 어려움	3.73	0.88
4	준비 시간이 많이 소요	4.42	0.68
5	교구 및 준비물 등 예산 부족	4.18	0.90
6	시수 확보의 어려움	4.19	0.93
7	평가를 실시하기 어려움	3.75	1.06
8	학생들의 학습 부담 가중	3.34	1.08
9	일부 학생에게만 긍정적 영향을 미침	3.38	1.08
10	융합 수업에 필요한 수업 기술 부족(프로젝트, 토의 조사 등)	3.95	0.90

2) 수학 중심 STEAM 교육 활성화 및 개선 방향

지원책 확대에 따라 수학 중심 융합 인재 교육(STEAM)을 실시할 것인지(C-2)에 대한 응답 결과, 지원이 확대되면 수학 중심 STEAM 교육을 실시하겠다는 교사는 전체 응답자의 65.2%에 해당하는 178명이었다. 이는 지원책의 확대를 통하여 수학 중심 STEAM 교육이 현장에 확산될 수 있음을 의미한다. 반면 지원책 확대에도 불구하고 '수학 중심 STEAM 교육을 실시하지 않겠다'고 응답한 경우는 전체의 7.3%에 해당하였다.

수학 중심 STEAM 교육의 활성화를 위해 필요한 사항(C-3)에 대해 총 272명이 응답한 결과(<표 4-10> 참조), 모든 문항에서 평균이 '그렇다'를 뜻하는 4점 이상으로 나타났다. 이는 교사들이 실제 학교 현장에서 활용 가능한 지원책의 필요성을 느끼고 있는 것으로 보여진다.

〈표 4-10〉 STEAM 교육의 활성화를 위해 필요한 점(C-3)

문항	문항 내용	평균	표준편차
1	교육과정 개정 및 교과서 개발시 융합 역량에 대한 요소 반영	4.15	0.73
2	교과서 중심의 수업에 대한 인식 변화	4.24	0.78
3	융합 수업을 위한 교사의 다양한 수업 기술 경험(혹은 훈련)	4.25	0.70
4	교육과정 및 지도서에 명확한 가이드라인 제시	4.25	0.76
5	수학 중심 융합인재교육(STEAM)에 대한 연수 실시	4.18	0.78
6	수학 중심 융합인재교육(STEAM) 수업 관련 교재 및 자료 제공	4.48	0.66
7	다양한 수준의 학생에게 적용 가능한 방안 제시	4.46	0.65
8	수업 연구를 위한 학교의 지원	4.08	0.83
9	수학 관련 교구 및 준비물 구입을 위한 예산 확보	4.29	0.69
10	행정적 업무 경감	4.46	0.75

4.5.4 체화된 앎의 구현 기대도에 영향을 미치는 융합인재교육에 관한 인식 및 수학 중심 STEAM 교육의 효과에 대한 교사의 인식

교사의 STEAM 교육에 관한 인식과 수학 중심 STEAM 교육의 효과에 관한 인식이 체화된 앎의 구현 기대도(<B-3> 12번)에 미치는 영향을 알아보기 위하여 중다회귀분석을 실시한 결과(<표 4-11> 참조), <A-3>의 두 문항(7, 8번 문항)과 <B-3>의 1, 2, 5, 9, 11번 문항이 체화된 앎의 구현 기대도에 영향을 미치는 것으로 나타났다.

〈표 4-11〉 체화된 앎 구현 기대도와 융합인재교육 및 수학 중심 융합인재교육 효과에 대한 교사 인식

독립변인	b	β	*t*	*p*	R^2	F(df1, df2)
융합교육의 실생활 적응 기여도 (A-3 7번)	.15	.12	2.06*	.040	.70	F = 29.81*** (19, 249)
융합교육의 교과에 대한 흥미 기여도 (A-3 8번)	-.14	-.12	-2.50*	.013		
수학 중심 융합교육의 필요도 (B-3 1번)	-.15	-.14	-2.43*	.016		
수학 중심 융합교육의 수학에 대한 흥미 기여도 (B-3 2번)	.17	.16	2.34*	.020		
수학 중심 융합교육의 협력적 문제해결력 향상 기여도 (B-3 5번)	.20	.19	2.67**	.008		
수학 중심 융합교육의 수학 학업성취도 향상 기여도 (B-3 9번)	.13	.14	2.50*	.013		
수학 중심 융합교육의 학습자 중심 활동 유도 여부 (B-3 11번)	.33	.30	5.09***	.000		

*p < .05. **p < .01. ***p < .001.

4.6. 논의

본 연구는 개정된 2015 개정교육과정의 인재상인 '창의융합형 인재' 양성뿐 아니라 창의력을 바탕으로 학문간, 지식간 융·복합의 가능성을 수학 중심의 관점에서 탐색하기 위한 기초연구로서 수학을 중심으로 한 STEAM 교육에 대한 초등교사의 인식과 현황에 대한 조사를 실시하였다. 설문 조사 결과는 다음과 같다.

첫째, 교사들은 융합인재교육(STEAM)의 '융합'을 특정한 교과나 주제를 함께 가르친다는 '통합적 접근'이나 함께 가르쳐 새로운 것에 더 나아가는 '융합적 접근'으로 보는 경향이 있었다. 또한 융합인재교육(STEAM)을 기존의 교육과 달리 새로운 교육의 형태라고 보는 경우보다는 기 교육형식에 이름을 바꾸거나 원래부터 행해지던 교육으로 인식하였으며 융합인재교육이 학생에게 미치는 교육적 효과와 그 필요성에 관하여는 긍정적인 반응이 나타났다.

둘째, 기존의 융합인재교육(STEAM)과는 달리 수학 중심 STEAM 교육에 대해서는

아직 접하지 못한 교사들이 있었지만, 수학 중심 STEAM 교육의 효과와 필요성에 대해서는 대부분 긍정적이었다. 아울러 수학 중심 STEAM 교육의 소재에 대해서 교과서나 교육과정에 얽매이지 않는 개방적인 태도를 보였고, 수학 중심 STEAM 교육은 사전 개념 학습이 이루어진 뒤 '적용 및 심화 학습'의 형태로 이루어져야한다는 인식을 하고 있었다.

셋째, 다수의 교사가 수학 중심 STEAM 교육을 학교 현장에 적용하는데 있어서 가장 큰 문제는 수업 준비 시간 확보 및 교재와 자료의 부족이라고 답하였다. 하지만 지원책이 확대되었을 때, 수학 중심 인재교육을 실시하는 것에 대해서는 대부분 긍정적인 반응을 보였다. 수학 중심 STEAM 교육의 활성화를 위해서는 다양한 학생 수준을 고려한 수업안 제시와 자료 개발에 대한 요구와 더불어 교사 연수 실시와 같은 교사 재교육에 대한 요구가 있었다.

본 연구의 결과를 바탕으로 볼 때, 학습은 반드시 실제 경험을 통해 이루어져야 한다((Morrison, Ross, Kalman, & Kemp, 2012)는 교육적 의미를 재확인할 수 있었으며 향후 수학을 중심으로 한 STEAM 교육의 성공적인 현장 적용 실시를 위한 시사점은 다음과 같다.

융합교육과 관련하여 실제적이고 교사의 전문성을 길러줄 수 있는 연수를 개발하고, 이를 교사들에게 확산하여 융합교육에 대한 인식 개선 및 실제 현장에의 확산을 도모할 수 있을 것이다. 연수를 통해 실제로 융합 수업을 개발해보고, 실제로 적용하는 경험이 많아질수록 질 높은 교육이 가능하므로 현실적으로 적용하기 용이한 환경을 조성하고, 더 나아가 교사가 현장에서 실제 적용할 수 있는 수업안과 자료 및 활동의 예를 개발 및 확산시켜야 할 것이다.

수학 중심 STEAM 교육의 교수·학습 과정 개발 및 적용을 통해 교육적 효과를 평가하여 학생들의 융합적 사고, 창의적 사고, 그리고 수학에 대한 태도 함양에 어떠한 긍정적 결과를 기대할 수 있을지 심층적인 분석이 필요할 것이다.

본 연구를 통해 교사가 직접 융합교육에 대한 필요성과 효과를 느껴 수업을 구성할 수 있도록 교사의 동기를 촉진하고 기회를 제공하는 것이 수학 중심 STEAM 교육의 학교 현장 적용을 높이는 데 필요하다는 교사의 인식을 확인할 수 있었다. 더 나아가 수학 중심 STEAM 교육이 실시되는데 필요한 점 등을 현장의 목소리로 얻을 수 있었다는 데 의의가 있다고 하겠다. 본 연구 및 이어지는 연구를 통하여 수학 중심 STEAM 교육을 현장에 보급하여 수학교과에서도 체화된 앎이 경험되는 교육의 확산이 이루어질 수 있을 것이다.

참고문헌

강갑원(2015). 융합인재교육의 원류, 변천 및 그 정체성의 탐색. **영재와 영재교육, 14**, 5-29.

강인애(1997). **왜 구성주의인가?**. 서울: 문음사.

고호경, 유미현, 오우상, 김정현(2014). 수학교육에서 타 교과와의 통합 교수-학습의 고찰. **한국수학교육학회 2014 춘계학술대회 자료집: 중학교 수학과 타 교과 융합형 교육내용, 방법, 평가체제 개선 모델 개발: 통계자료 예시**, 131-134.

교육부(2016). **OECD, 학업성취도 국제 비교 연구(PISA 2015) 결과 발표 보도자료** http://www.moe.go.kr/boardCnts/list.do#contents에서 2017년 3월 4일 인출.

국가교육과정정보센터(NCIC)(1997). **7차 교육과정**. 국가교육과정정보센터 웹 인벤토리 http://ncic.go.kr에서 2017년 3월 2일 인출.

국가교육과정정보센터(NCIC)(2006). **7차 개정교육과정**. 국가교육과정정보센터 웹 인벤토리 http://ncic.go.kr에서 2017년 3월 2일 인출.

국가교육과정정보센터(NCIC)(2007). **2007 개정교육과정**. 국가교육과정정보센터 웹 인벤토리 http://ncic.go.kr에서 2017년 3월 2일 인출.

국가교육과정정보센터(NCIC)(2011). **2009 개정교육과정**. 국가교육과정정보센터 웹 인벤토리 http://ncic.go.kr에서 2017년 3월 2일 인출.

국가교육과정정보센터(NCIC)(2015). **2015 개정교육과정**. 국가교육과정정보센터 웹 인벤토리 http://ncic.go.kr에서 2017년 3월 2일 인출.

김경자(2014). **국가교육과정 무엇을 왜 개정하는가**. 제1차 국가교육과정 전문가 포럼 자료집 (pp. 1-36). 서울: 한국교육과정학회.

김도연, 권오남(2017). **미래의 수학교육의 방향과 과제**. 2017 수학교육관련학회 연합학술대회 자료집: 체화된 인지와 수학 학습: 몸의 의미를 중심으로, 67-69.

김민경, 이지영(2017). 체화된 인지와 창의 · 융합적 관점에서의 수학 수업의 교육적 의의 탐색. **학습자중심교과교육연구, 17**(9), 247-271.

김민경, 이지영(2020). 체화된 인지 관점의 수학 중심 융합 수업 적용에서 나타난 초등학생의 집단창의성 발현에 관한 연구. **학습자중심교과교육연구, 20**(11), 1257-1287.

김상룡(2012). 수학교육에서 상황인지이론의 적용 방안. **초등수학교육, 15**(1), 1-11.

김성원, 정영란, 우애자, 이현주(2012). 융합인재교육(STEAM)을 위한 이론적 모형의 제안. **한국과학교육학회지, 32**(2), 388-401.

김성훈(2016). **창의융합형 인재 양성을 위한 학생평가의 방향**. 2016 국제 교과서 심포지엄 「창의융합형 인재 양성을 위한 교과서 내의 평가」 자료집 (pp.22-40). 서울: 한국교과서연구재단.

김수금, 유시규, 김선배(2014). 창의적 융합교육을 위한 무게중심 프로그램 개발과 적용사례 연구. **수학교육학연구, 24**(3), 333-357.

김유경, 방정숙(2015). 수학 기반 융합 수업 모형의 가능성 탐색. **초등수학교육, 18**(2), 107-122.

김진수(2011a). 창의적인 과학기술인재 양성을 위한 과학기술-예술융합(STEAM) 교육 강화 방안. **교육정책포럼, 215**, 4-7.

김진수(2011b). STEAM 교육을 위한 큐빅 모형. **한국기술교육학회지, 11**(2), 124-139.

김형식, 한선관(2017). 융합역량 신장을 위한 교구기반 수학융합교육 프로그램 개발. **교육논총, 37**(1), 127-148.

노상우, 안동순(2012). 학문융합 관점에서 본 현대교육의 이론적-실천적 변화 모색. **교육종합연구, 10**(1), 67-88.

류성림(1999). 수학교육에서 피아제(Piaget)와 비고츠키(Vygotsky)의 사회적 상호작용의 역할에 관한 고찰. **과학수학교육연구, 22**, 109-131.

박선형(2014). 융합교육을 위한 교수 · 학습의 개선과 교원교육의 방향: 창의·인성교육을 중심으로. **초·중등학교 교육에서 창의·융합인재 양성을 위한 융합교육의 가능성 탐색** (연구자료 ORM 2014-51) (pp. 113-141). 서울: 한국교육과정평가원.

박창균(2010). 수학과 학문융합. **한국수학사학회지, 23**(1), 67-78.

박혜영, 임해미(2014). 협력적 문제해결력 교수 · 학습 및 평가를 위한 PISA와 ATC21S의 특징 비교 분석. **학습자중심교과교육연구, 14**(9), 439-462.

백석윤(2008). 수학교육의 실천과 연구를 위한 의미있는 시각: 탈구조주의. **한국초등교육, 18**(2), 51-62.

백윤수, 박현주, 김영민, 노석구, 박종윤, 이주연, 정진수, 최유현, 한혜숙(2011). 우리나라 STEAM 교육의 방향. **학습자중심교과교육연구, 11**(4), 149-171.

백윤수, 박현주, 김영민, 노석구, 이주연, 정진수, 최유현, 한혜숙, 최종현(2012). **융합인재교육(STEAM) 실행 방향 정립을 위한 기초 연구**. 연구보고서(한국과학창의재단 2012-12). 서울: 한국과학창의재단.

송민정(2014). 몸, 마음, 내러티브의 만남: 체화된 인지의 내러티브적 이해. **한국혜세학회, 32**, 281-309.

송진웅, 나지연(2014). 창의융합의 과학교육적 의미와 과학 교실문화의 방향. **교과교육학연구, 18**(3), 827-845.

신경인문학연구회(2012). **뇌과학, 경계를 넘다**. 서울: 바다출판사.

신동희(2014). **창조경제와 융합**. 서울: 커뮤니케이션북스.

우선미, 전인호(2012). **RME이론을 기반으로 한 수학교육과 4C-STEAM 연계방안-5학년을 중심으로-**. 2012학년도 한국초등수학교육학회 연구발표대회 논문집.

유지원(2016). 디지털 시대에 최적화된 협력적 문제해결역량 측정도구 개발. **학습자중심교

과교육연구, 16(7), 185-214.

윤경란, 김주후, 허난, 고호경(2017). 드론을 활용한 초등학교 수학 융합 자료 개발 및 적용 결과. **초등수학교육, 20**(3), 225-235.

이동원, 최유현, 박수진, 정정숙(2013). 주제기반 STEAM 교육 프로그램이 초등학생의 융합인재소양에 미치는 효과. **한국실과교육학회지, 26**(1), 195-212.

이모영(2010). 지각에 대한 현상학적 이해와 문화예술교육. **문화예술교육연구, 5**(3), 1-28..

이모영(2012). 왜 시각적 사고(visual thinking)인가?. **문화예술교육연구, 7**(4), 265-285.

이상수(2008). 웹 기반 및 면대면 학습 환경에서의 협력적 CPS와 개별적 CPS가 문제해결과 창의성에 미치는 영향과 패턴 분석. **교육정보미디어연구, 14**(3), 31-60.

이승우, 백종일, 이정곤(2013). 융합인재교육(STEAM)을 적용한 초등 수학영재 교육 프로그램의개발과 적용효과. **초등수학교육, 16**(1), 35-55.

이영의(2008). 분산된 인지와 마음. **철학연구, 36**, 3-30.

이은지(2017). **전개도 접기 과제의 해결전략 연구-안구 운동 분석을 활용하여**. 서울대학교 대학원 석사학위논문.

이정모(2010). '체화된 인지(Embodied cognition)' 접근과 학문간 융합. **서울대학교 철학사상, 38**, 27-66.

이재분(2014). **초·중등학교 교육에서의 융합교육의 방향. 초·중등학교 교육에서 창의·융합인재 양성을 위한 융합교육의 가능성 탐색** (연구자료 ORM 2014-51). 서울: 한국교육과정평가원.

이정모(2011). 창의성 개념의 21세기적 재구성. 한국교육개발원 미래교육기획위원회 (편). **한국교육 미래 비전**. 서울: 학지사.

이종학, 윤마병(2014). 건축을 활용한 초등학교 수학 중심의 융합교육 수업자료 개발. **한국콘텐츠학회논문지, 14**(6), 499-512.

이지원, 박혜정, 김중복(2013). 융합 인재 교육(STEAM) 연수를 통해 교수 · 학습 자료 개발 및 현장적용을 경험한 교사들의 인식 조사. **초등과학교육, 32**(1), 47-59.

이지윤(2015). **3D 입체 변별 과제에서 공간 인지 전략의 유형과 역할: 체화된 3D 거북 표현식과 전략을 중심으로**. 서울대학교 대학원 박사학위논문.

이지윤, 조한혁, 송민호(2013). 공간 시각화 과제에 체화된 거북 스킴 적용에 관한 연구. **수학교육, 52**(2), 191-201.

이혜숙, 임해미, 문종은(2010). 수학과학통합교육의 설계 및 실행에 관한 연구. **수학교육, 49**(2), 175-198.

전미숙, 박문환(2015). 수학 기반 융합인재교육 (STEAM) 프로그램 개발 및 적용-초등학교 1학년을 대상으로. **초등수학교육, 18**(2), 91-106.

정윤회, 김성준(2013). 융합인재교육을 적용한 초등수학 수업자료 개발 연구. **한국학교수학**

회논문집, 16(4), 745-770.

정혜림(2017). **연결큐브 수업에서 거북표현체계의 교육적 활용**. 서울대학교 대학원 석사학위논문.

조지민, 동효관, 옥현진, 임해미, 정혜경(2012). **OECD PISA 2015 협력적 문제해결력 평가 도입에 따른 교육 개선 방안**(2012 KICE 이슈페이퍼 ORM 2012-65-13). 충북: 한국교육과정평가원.

조현정, 류희수(2014). 수학 기반 STEAM 교육 관점에서 학생들의 교과 융합 역량 분석-초등학교 6학년 학생들을 대상으로. **교육과학연구, 45**(2), 49-75.

주미경, 문종은, 송륜진(2012). 수학교과와 융복합교육: 담론과 과제. **학교수학, 14**(1), 165-190.

주미경, 송륜진, 문종은(2013). 수학교과에서의 융복합교육 실행 방안 탐색. **학습자중심교과교육연구, 13**(4), 437-467.

한진수(2015). 넛지를 이용해 초등학교 수학 교과서에 경제 내용 융합하기. **시민교육연구, 47**(1), 247-271.

황선욱, 김남준, 손정숙, 송원회, 이갑정, 최성자, 유경훈(2017). 수학을 기반으로 하는 STEAM 아웃리치 프로그램 개발과 효과성. **수학교육논문집, 31**(4), 389-407.

Berlin, D. F. (1989). The integration of science and mathematics education: Exploring the literature. *School Science and Mathematics, 59*(1), 73-80.

Chaharbaghi, K., & Cripps, S. (2007). Collective creativity: Wisdom or oxymoron? *Journal of European Industrial Training, 31*(8), 626-638.

Cheung, H. H., & Yang, H. L. (2011). Student team projects in information systems development: Measuring collective creative efficacy. *Australasian Journal of Educational Technology, 27*(6), 881-895.

Chiu, M. M. (2008). Effects of argumentation on group micro-creativity: Statistical discourse analyses of algebra students' collaborative problem solving. *Contemporary Educational Psychology, 33*(3), 382-402.

Clark, A., & Chalmers, D. (1998). The extended mind. *Analysis, 58*(1), 7-19.

Dewey, J. (1916). *Democracy and education.* 이홍우 역(1987). **민주주의와 교육.** 서울: 교육과학사.

Drake, S. M., & Burns, R C. (2004). *Meeting standards through the integrated curriculum.* VA: ASCD.

Drapeau, P. (2014). *Sparking student creativity: Practical ways to promote innovative thinking and problem solving.* Alexandria: Association for Supervision & Curriculum Development.

Fogarty, R. (1991). *How to integrate the curricula: The mindful school.* 구자억 역(1998). **교**

사를 위한 교육과정 통합의 방법. 서울: 원미사.

Glavenau, V. P. (2010). Principles for a cultural psychology of creativity. *Culture & Psychology, 16*(2), 147-163.

Griffin, P., & Care, E. (2015). *Assessment and teaching of 21st century skills: Methods and approach*. Dordrecht: Springer

Guilford, J. P. (1950). Creativity. *American Psychologist, 5*, 444-454.

Guilford, J. P. (1986). Structure of intellect. *Psychological Bulletin, 53*, 267-293.

Hanna, S. (2005). Where creativity comes from: The social spaces of embodied minds. *Proceedings of HI '05 Computational and Cognitive Models of Creative Design*.

Hesse, H., CAre, E., Buder, J., Sassenberg, K., Griffin, P. (2015). Framework for teachable collaborative problem solving skills. In P Griffin, E Care (Eds.), *Assessment and teaching of 21st century skills: methods and approach*, (pp.37-56). Dordrecht: Springer.

Huntley, M. A. (1998). Design and implementation of a framework for defining integrated mathematics and science education. *School Science and Mathematics, 98*(6), 320-327.

Hutchinson, E. (1995). *Cognition in the wild*. Cambridge, MA: MIT Press.

Ingram, J, B. (1979). *Curriculum Integration and Life-long Education*. Paris: UNESCO. 배진수, 이영만 역(1995). **교육과정 통합과 평생교육**. 서울: 학지사.

John-Steiner, V. (2006). *Creative collaboration*. NY: Oxford University Press.

Kim, M. K., & Cho, M. K. (2015). Design and implementation of integrated instruction of mathematics and science in Korea. *Eurasia Journal of Mathematics, Science & Technology Education, 11*(1), 3-15.

Kim, M. K., Lee, J. Y., Yang, H., Lee, J., Jang, J. N., & Kim, S. J. (2019). Analysis of elementary school teachers' perceptions of mathematics-focused STEAM education in Korea. *Eurasia Journal of Mathematics, Science & Technology Education, 15*(9), 1-13.

Knorr-Cetina, K. (1999). *Epistemic cultures*. Cambridge, MA: Harvard University Press.

Lonning, R. A., & DeFranco, T. C. (1997). Integration of science and mathematics: A theoretical model. *School Science and Mathematics, 97*(4), 212-215.

Morrison, G, R., Ross, S. M., Kalman, H. K., & Kemp, J. E. (2012). *Designing effective instruction* (7th Ed). NJ: John Wiley & Sons.

Nemirovsky, R., & Ferrara, F. (2009). Mathematical imagination and embodied cognition. *Educational Studies in Mathematics, 70*(2), 159-174.

Nunez, R. E., Edwards, L. D., & Matos, J. F. (1999). Embodied cognition as grounding for situatedness and context in mathematics education. *Educational Studies in Mathematics, 39*(1), 45-65.

OECD (2017). *PISA 2015 Collaborative Problem Solving Framework.* OECD. Retrieved July, 05, 2018, from https://www.oecd.org/pisa/pisaproducts/Draft%20PISA%202015%20Collaborative%20Problem%20Solving%20Framework%20.pdf.

Osgood-Campbell, E. (2015). Investigating the educational implications of embodied cognition: A model interdisciplinary inquiry in mind, brain, and education curricula. *Mind, Brain, and Education, 9*(1), 3-9.

Root-Bernstein, R., & Root-Bernstein, M. (2004). *Artistic scientists and scientific artists: the link between polymathy and creativity*. In sternberg, R. J. et al. (Eds.) Creativity: from potential to realization. 임웅 역(2009). **창의성: 그 잠재력의 실현을 위하여** (pp. 203-242). 서울: 학지사.

Sousa, D. A., & Pilecki, T. (2013). *From STEM to STEAM.* 이정규, 김왕동, 이미경, 변문경 역(2014). **STEAM 융합인재교육의 이론과 실제**. 서울: 다빈치books.

Starco, A. J. (2014). *Creativity in the classroom.* 이남진 역(2015). **창의력 교육 어떻게 할 것인가?**. 서울: 한언.

Sternberg, R. J., Lubart, T. I., Kaufman J. C., & Pretz, J. E. (2005). *Creativity.* In K. J. Holyoak & G. Morrison (Eds.), The Cambridge handbook of thinking and reasoning. NY: Cambridge University Press.

Tan, J. P.-L., Caleon, I. S., Jonathan, C. R., & Koh, E. (2014). A dialogic framework for assessing collective creativity in computer-supported collaborative problem-solving tasks. *Research and Practice in Technology Enhanced Learning, 9*(3), 411-437.

Tan, J. P.-L., Caleon, I., Ng, H. L. Poon, C. L., & Koh, E. (2018). Collective creativity competencies and collaborative problem-solving outcomes: Insights from the dialogic interactions of singapore student teams. In E. Care, P. Griffin, & M. Wilson (Eds.), *Assessment and teaching of 21st century skills: Research and applications* (pp. 95-118). Dordrecht: Springer.

Terman, L. M. (1954). The discovery and encouragement of exceptional talent. *American Psychologist, 9*, 221-230.

Trilling, B., & Fadel, C. (2009). *21st century skills: Learning for life in our times.* San Francisco: John Wiley & Sons, Inc. 한국교육개발원 역(2012). **21세기 핵심역량**. 서울: 학지사.

Watson, J. B. (1913). Psychology as the behaviorist views it. *Psychological Review, 20*, 158-177.

Whitehead, A. N. (1929). *The aims of education and other essays.* New York: The Free Press.

Part II

수학 중심 창의·융합형 수업 설계 및 개발

✣ 창의·융합형 수학 수업 개발 ✣

본 Part에서는 2015 개정 수학과 교육과정 내용을 중심으로 다른 교과와 연계하여 설계 및 개발한 창의·융합형 수업 네 가지를 제시하였다. 본 Part의 구성은 5장 창의·융합형 수학 수업 개발(I) Space Folding Cube, 6장 창의·융합형 수학 수업 개발(II) 위치의 달인, 7장 창의·융합형 수학 수업 개발(III) 음악이 흐르는 수학, 8장 창의·융합형 수학 수업 개발(IV) 골드버그 장치로 이루어졌다. 각 장에서는 각 수업에 대한 개요를 제시하고 수업 형태를 확장형과 일반형으로 구분하여 주요 활동을 소개하였다. 확장형은 4차시의 활동, 일반형은 2~3차시의 활동으로 구성되어 있다. 이를 통해 교사가 학급 상황 및 학습자 수준에 맞추어 수업을 계획하고 실행할 수 있도록 하였다. 또한 교육과정과의 연계성, 활동 사진, 교수학습과정안, 활동지를 순차적으로 제시하여 교사가 실제 수업 적용에 대해 고민해보고 구상할 수 있게 하였다.

본 Part에서 제시하는 수업은 창의·융합형 수업으로서 고정화된 수업이 아니다. 교육과정과의 연계성에서 나타나듯이 수학을 중심으로 다양한 교과가 연계되어 있고 다루는 개념도 여러 학년군에서 찾을 수 있다. 따라서 주어진 아이디어를 바탕으로 한 수업 재구성과 응용 방법이 매우 다양할 것이다. 더불어 학생의 활동 참여가 강조되는 수업으로서 학습자는 능동적으로 학습 활동에 임한다. 이를 통해 학생들은 자신이 알고 있는 지식을 자율적으로 다양하게 사용하는 능력을 신장시킨다. 동시에 자신의 생각과 느낌을 표현하고 다른 사람과 공유함으로써 의사소통 역량을 향상해 나갈 수 있다.

본 Part에서 제시하는 창의·융합형 수학 수업의 키워드(keywords)는 아래와 같다.

순서	수업	키워드(keywords)
1	Space Folding Cube	폴리폼(polyform), 연결, 시간, 공간, 매직 폴딩 큐브(magic folding cube)
2	위치의 달인	공간, 위치, 대칭, 스트링 아트(string art)
3	음악이 흐르는 수학	비, 비율, 비례, 대응, 진동수, 진폭
4	골드버그 장치	각과 각도, 위치, 골드버그 장치

5 창의 · 융합형 수학 수업 개발(I) 〈Space Folding Cube〉

5.1. 수업 개요

본 활동은 점, 선, 면에 대한 수학적 이해와 공간과 시간에 대한 과학적 이해를 기반으로 매직 폴딩 큐브(Magic Folding Cube)를 제작하고 큐브의 10개 화면에 태양계의 행성과 자신의 사진 등을 넣어 Space Folding Cube를 완성하도록 구성되었다.

첫 번째 활동에서는 점, 선, 면의 관계를 바탕으로 폴리폼(Polyform)에 대해 탐구해본다. 먼저 시각 자료(사진, 영상)를 통해 점, 선, 면의 관계를 파악하고 폴리폼의 개념과 유형을 알아본다. 그 뒤 4D 프레임을 활용하여 여러 가지 폴리스틱(Polystick)을, 정사각형 종이를 활용하여 다양한 폴리오미노(Polyomino)를 만들어본 후 이들의 성질과 관계를 찾아본다.

두 번째 활동에서는 생활에서 도형 연결 사례를 탐구해본다. 도형 연결 사례는 공간과 시간으로 나뉜다. 먼저 공간과 관련하여, 실생활 속 공간 절약 가구를 중심으로 사례를 살펴본다. 다음으로 시간과 관련하여, 영화 '닥터 스트레인지'와 '인터스텔라', 드라마 '닥터 후' 등에서 나타나는 시간과 공간의 연결 사례를 보고 '연결' 개념에 대해 탐색해본다.

바탕으로 구조를 직접 만들어 본 후 구조물에 태양계 행성과 자신의 사진 라벨을 붙여본다. 매직 폴딩 큐브는 기본적으로 10개의 화면(畫面)을 갖고 있다. 따라서 8개의 태양계 행성 모습을 차례로 완성해가며 우리가 살고 있는 지구가 포함된 태양계의 구성을 익혀보고, 끝으로 그 공간 속에 살고 있는 '나'의 모습을 붙여봄으로써 '앎'을 체화한다.

마지막으로 스페이스 폴딩 큐브 전시회를 한 후 또 다른 매직 폴딩 큐브를 만든다면 어떻게 구성할지 자신의 생각을 정리하여 간단히 발표하고 전체 활동 소감을 나누며 마무리한다.

수업 관련 개념

1. 폴리폼(Polyform): 주어진 기본 도형을 여러 개 연결시켜서 만든 모양
2. 폴리스틱(Polystick): 선분을 기본 도형으로 하는 폴리폼
3. 폴리오미노(Polyomino): 정사각형을 기본 도형으로 하는 폴리폼
4. 매직 폴딩 큐브(Magic Folding Cube): 정육면체의 연결 상태를 이용하여 다양한 그림이 나올 수 있게 한 큐브

[확장형: 4차시 수업 내용]

	차시	주요 활동 내용
수업 내용	1	❖ **점, 선, 면의 관계를 바탕으로 폴리폼 이해하기** - 점, 선, 면의 관계 이해하기 - 폴리폼의 개념 및 유형 이해하기 - 다양한 재료를 활용하여(4D 프레임, 색종이 등) 폴리폼 탐구하기
	2	❖ **생활에서 발견한 똑똑한 도형 연결** - 도형 연결 사례 탐구1: 공간 속 도형 연결 - 도형 연결 사례 탐구2: 시간 속 도형 연결
	3	❖ **매직 폴딩 큐브(Magic Folding Cube)와 태양계 행성** - 매직 폴딩 큐브 원리 이해 - 매직 폴딩 큐브 구조 만들기 - 매직 폴딩 큐브에 태양계 행성 순서에 따라 행성 사진 및 자기 사진 라벨(스티커) 붙이기
	4	❖ **Space Folding Cube 전시회** - Space Folding Cube 전시회 - 내가 매직 폴딩 큐브 디자이너라면? - 활동 소감 나누기
준비물	4D 프레임, $\frac{1}{4}$크기 색종이(또는 학 종이), 임시고정 스프레이 접착제, 4절 도화지(또는 전지), 1인당 3cm 쌓기나무 8개, 테이프	

[일반형: 2차시 수업 내용]

	차시	주요 활동 내용
수업 내용	1	❖ **폴리폼 이해 및 탐구하기** - 폴리폼의 개념 및 유형 이해하고 탐구하기 - 생활 속 도형 연결 사례 탐구하기
	2	❖ **우주를 담음 매직 폴딩 큐브(Magic Folding Cube)** - 매직 폴딩 큐브의 원리 이해하기 - 매직 폴딩 큐브 제작과 태양계 행성 사진으로 디자인하기 - 매직 폴딩 큐브 전시회와 소감 나누기
준비물	이쑤시개, 스티로폼 공, 색종이, 재접착 풀, 4절 도화지, 1인당 3cm 쌓기나무 8개(혹은 정사각형 전개도-고학년), 테이프	

5.2. 교육과정과의 연계성

<수학>

▶ **해당 학년군** : 3-4학년군

- 2학년 1학기 여러 가지 도형
- 3학년 1학기 평면도형
- 3학년 2학기 원
- 4학년 2학기 사각형, 다각형

수학적 추론 능력

- 구체물 조작을 통해 점, 선, 면, 입체 개념을 추론
- 도형의 연결을 통해 입체와 공간개념을 추론

개념 및 원리의 이해

- 주변의 여러 모양은 평면도형과 입체도형으로 범주화 되고, 각각의 고유한 성질을 가짐
- 시각과 시간 개념을 '연결성' 측면에서 이해

문제해결 및 의사소통

- 점, 선, 면(평면도형)을 활용하여 마법진을 그림
- 수학적 개념을 마법진 작품으로 표현
- 수학적 개념을 적용하여 제작한 작품을 설명

+

<과학>

▶ **해당 학년군** : 3-4학년군, 5-6학년군

- 3학년 1학기 과학자는 어떻게 탐구할까요?, 지구의 모습
- 5학년 1학기 태양계와 별

기본 개념 이해

- 태양계의 의미와 구성원 이해
- 생활의 장으로서의 공간과 시간의 개념 이해

현상에 대한 관심

- 생활 주변에는 시간, 공간 등 다양한 속성이 존재
- 다양한 공간 절약 사례를 통해 수학·과학 개념을 확인

과학적 탐구 능력

- 실제적인 자료와 사례 속에서 개념의 적용을 확인
- 모형을 개발하고 이를 활용하여 결과물을 제작
- 수행 결과물을 공유하고 개선방향을 토의

▌활동 사진

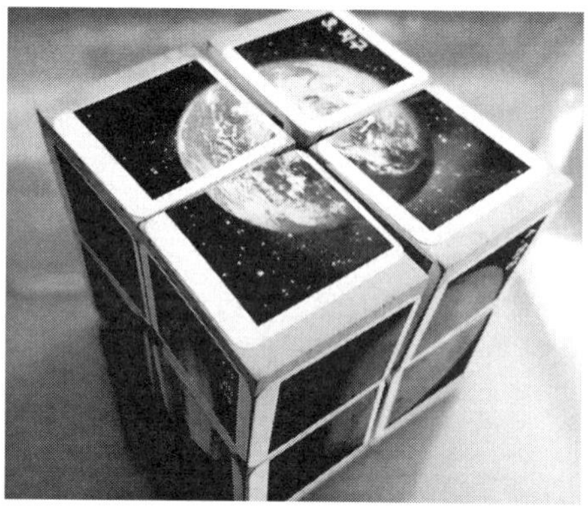

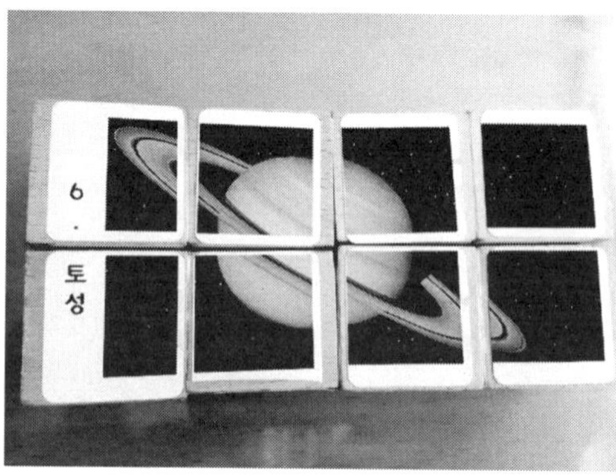

5.3. 교수학습 과정안

〈1차시〉

활동명	조물조물 점, 선, 면 놀이
활동주제	점, 선, 면의 관계를 바탕으로 폴리폼 이해하기
학습목표	1. 점, 선, 면의 관계 이해할 수 있다. 2. 폴리폼의 개념 및 유형 이해하고 다양한 재료로 탐색할 수 있다.
수업흐름	**교수학습 활동 내용 및 수업의 전개**
도입	**◈ 점, 선, 면 퀴즈** - 모둠 친구들과 함께 제시되는 사진과 영상 속에서 점, 선, 면을 찾고 퀴즈를 풀기 - 처음 만난 모둠 친구들과 친해지기
전개	**◈ 점, 선, 면 관계 탐색** - 점이 모여서 선을 만들고 선이 모여 면을 만드는 관계를 영상자료를 통해 확인하기 **◈ 폴리스틱 탐구** - 4D 프레임을 활용하여 1개, 2개, 3개짜리 폴리스틱을 모든 경우의 수로 만들기 - 선과 선이 만나 점이 만들어지는 것, 선과 선이 이어지는 다양한 모양을 탐색하기 - 평면도형을 구성하는 요소인 점과 선을 이해한다. - 모둠별로 제작한 폴리스틱을 보며 생활 속 점과 선의 연결 사례를 생각해보기 (창문 틀, 격자, 컴퍼스, 손톱깎이, 시소, 지렛대, 핀셋, 대걸레 등) **◈ 폴리오미노 탐구** - 정사각형을 모아 만드는 폴리오미노를 만든다. - 1개, 2개, 3개, 4개로 만들 수 있는 모든 경우의 수를 생각하여 4절 도화지에 폴리오미노 붙이기 - 면과 면이 만나는 지점에 모서리가 생기고, 모서리가 만나는 지점에 생기는 점을 확인하기 - 입체를 구성하는 점, 선, 면의 요소를 이해하기 - 테트리스와 도미노, 디자인 의자, 전개도 등 생활 속에 숨겨진 폴리오미노에 대해 이야기하기
정리	**◈ 폴리폼 탐색** - 폴리스틱과 폴리오미노 개념 재확인 - 다른 모양의 폴리폼 사례 확인, 추가 탐구 내용 생각하기 (폴리헥사곤, 폴리아몬드)

<2차시>

활동명	시간과 공간의 기차놀이
활동주제	생활에서 발견한 공간과 시간의 연결 사례 탐색하기
학습목표	1. 도형의 연결을 통해 생기는 공간과 공간의 연결 사례 탐색할 수 있다. 2. 연속되는 시간의 흐름에 대한 탐구
수업흐름	**교수학습 활동 내용 및 수업의 전개**
도입	**◈ 나는 누구, 여긴 어디?** - 집에서 지금 수업장소까지 오는 데 걸린 시간과 거쳐 온 공간에 대해서 이야기하기 - 나의 생활은 시간과 공간의 연결임을 이해함
전개	**◈ 공간의 기차놀이** - 점-선-면이 순차적으로 쌓여 입체를 구성하고 공간이 함께 놓여 더 큰 공간을 만드는 사례 찾기 예) 우유곽, 택배상자, 내 방, 우리 집, 아파트, 교실, 학교 등 - 다양한 공간 절약 가구를 보며, 점-선-면-입체의 연결 방법에 따라 공간이 달라짐을 이해하기 - 공간을 더 크게 확장하여 국가-세계-우주까지 이어지는 내가 속한 공간의 개념 짚어보기 **◈ 시간의 기차놀이** - 공상과학 영화에서 시간을 조정하는 영상을 시청하며 시간의 흐름에 대하여 이해하기 - 건축 시뮬레이션 관련 영상을 시청하며 시간의 흐름에 따라 도형이 연결되고 공간이 만들어지는 사례를 탐색하기
정리	**◈ 시간과 공간 속의 나** - 우리는 시간과 공간 속에서 생활하고 있으며, 각각은 연결되면서 변화함을 이해하기

〈3차시〉

활동명	시공간의 우주를 담은, 매직 폴딩 큐브
활동주제	매직 폴딩 큐브를 제작하고 태양계 행성을 주제로 완성하기
학습목표	1. 매직 폴딩 큐브의 원리를 이해하고 제작할 수 있다. 2. 매직 폴딩 큐브에 행성 사진을 붙이고 우리가 사는 공간의 개념을 우주까지 확장할 수 있다.
수업흐름	**교수학습 활동 내용 및 수업의 전개**
도입	**◈ 폴리오미노 확장하기** - 정사각형을 연결하여 만든 정육면체 이해하기 - 정육면체를 연결하면 무엇이 만들어질지 예상하기
전개	**◈ 매직 폴딩 큐브 파헤치기** - 매직 폴딩 큐브의 원리 이해하기 - 정사각형 (6)개로 이루어진 정육면체 - 정육면체 (8)개로 이루어진 매직 폴딩 큐브 - 대형 폴딩 큐브를 직접 조작하며 만들어지는 면의 개수 확인하기 (각 면에 숫자 쓰며 확인하기) **◈ 매직 폴딩 큐브 제작하기** - 한 변이 3cm인 정육면체 원목 블럭으로 매직 폴딩 큐브 제작하기 - 모둠별로 주어진 설명서와 실물 화상기에 보이는 교사의 제작과정을 한 단계씩 따라가며 만들기 (테이프를 양쪽으로 붙이게 하여 단단히 연결되도록 주의) **◈ 우주공간 탐구하고 스페이스 폴딩 큐브 완성하기** - A4 라벨지에 면의 번호에 따라 행성 라벨지를 붙이고 완성하기 행성을 붙이는 순서는 상관없으나, 매직큐브를 순차적으로 변형해가며 한 종류씩 붙인다. (고학년의 경우에는 열리는 순서에 따라 행성 순서를 맞추어 배치할 수 있도록 고려한다.) - 자신의 사진을 함께 부착함으로써 내가 속한 공간과 그 규모, 연결성 등에 대하여 다시 한 번 생각해보고 학습한 내용을 체화한다.

<4차시>

<table>
<tr><td>활동명</td><td>스페이스 폴딩 큐브 박람회</td></tr>
<tr><td>활동주제</td><td>직접 제작한 매직 폴딩 큐브 작품을 전시하고 설명하기</td></tr>
<tr><td>학습목표</td><td>1. 스페이스 폴딩 큐브 제작 과정을 수학·과학적 이해를 담아 설명할 수 있다.
2. 다른 친구들의 작품 설명 속에서 수학·과학적 내용을 연결 지어 이해할 수 있다.</td></tr>
<tr><td>수업흐름</td><td>교수학습 활동 내용 및 수업의 전개</td></tr>
<tr><td>도입</td><td>◈ 스페이스 폴딩 큐브 박람회 안내
- 자신이 제작한 스페이스 폴딩 큐브를 전시하고 설명하는 활동 안내
- 활동 과정 안내
* 설명서 제작 → 팀별 순회 전시 및 관람 → 후기 나누기</td></tr>
<tr><td>전개</td><td>◈ 스페이스 폴딩 큐브 설명서 제작하기
- 매직 폴딩 큐브 제작 과정을 학습한 수학과 과학의 원리를 사용하여 설명하기
- 제작 할 때 어려웠던 점, 배운 점 적어보기
- 어떠한 의미를 담아 스페이스 폴딩 큐브를 제작했는지 개인적인 의미부여 설명하기
- 추가로 제작하고 싶은 폴딩큐브의 주제에 대해 설명하기
- 다른 종류의 폴리폼을 활용한 작품을 구상하고 제작 계획 세워보기

◈ 스페이스 폴딩 큐브 박람회
- 모둠에서 2명씩 시간팀 공간팀으로 나누기
- 1회차 전시는 시간팀이 설명하고 공간팀이 관람하기
- 2회차 전시는 공간팀이 설명하고 시간팀이 관람하기
- 관람을 다니면서 개인별로 받은 5개의 스티커를 우수작품 5개에 투표하기
* 몰표 금지
* 채점 기준 제시
- ‘오늘 배운 수학·과학적 내용이 포함되어있는가?’
‘행성과 우주공간에 대하여 설명할 수 있는가?’
‘다양한 점, 선, 면 요소를 함께 사용하고 있는가?’
‘아름다운가?’ 등
- ‘추가로 제작하고 매직폴딩큐브의 주제에 대하여 구체적으로 설명하였는가?’</td></tr>
<tr><td>정리</td><td>◈ 스페이스 폴딩 큐브 박람회 후기 남기기
- 모든 팀 관람이 끝난 후 우수작을 선발하고 어떤 점이 잘 되었는지, 활동 후 소감 등 이야기 나누기
- 더 알아보고 싶거나 탐구하고 싶은 내용 생각해보기</td></tr>
</table>

▌활동지

<Space Folding Cube>	**DIY Folding Cube**	이름 ( )

▣ **매직 폴딩 큐브를 하나 더 만든다면, 어떤 주제를 담고 싶은가요? 이번 시간에 배운 공간의 연결과 시간의 연결 등에 대해 떠올리며 직접 10개의 면을 디자인해 봅시다. 그리고 제목도 붙여 봅시다.**

1) 주제 :

2) 주제와 관련된 내용이나 장면 10가지를 적고, 수학·과학 등 관련되는 부분이 있는지 써 봅시다.

번호	주제와 관련된 내용이나 장면	수학 · 과학과 관련되는 내용
1		
2		
3		
4		
5		
6		
7		
8		
9		
10		

3) 나만의 폴딩큐브에 이름을 붙여 봅시다. ____________________

6 창의 · 융합형 수학 수업 개발(Ⅱ) 〈위치의 달인〉

6.1. 수업 개요

본 프로그램은 수학에서의 '위치' 개념을 초등학생들에게 다양한 방식으로 소개하기 위해 계획하였다. 본 프로그램에서 다루는 '좌표' 개념은 초등학교에 직접적으로 제시되지는 않는다. 하지만, 최근 코딩 교육이 강조되면서 학생들이 좌표평면을 초등학교에서부터 접하고 있으며, 그래프를 그릴 때 수치를 정확하게 표시하는 것, 수직선에 값을 표시하는 것, 지도에서의 방위 등 초등학교에서도 다양하게 '위치'를 경험하게 된다. 중학교에서는 좌표평면과 그래프, 함수가 연결되는데 초등학교에서 좌표에 대한 개념 없이 그래프와 함수를 바로 연결 짓는 것은 쉽지 않은 일이다. 이에 따라 본 프로그램에서는 초등학생들의 수준에 맞추어 '위치'를 표시하는 방법을 '좌표'와 연결하여 소개하고자 한다.

첫 번째 활동에서는 점, 선, 면을 이용하여 위치를 표시하는 다양한 방법을 알아본다. 이를 통해 학생들은 자연스럽게 '좌표'의 개념을 이해할 수 있다.

두 번째 활동에서는 '바둑'을 수학적인 활동과 연결하여 안내하고자 하였다. 짧은 시간에 바둑의 본래 규칙과 게임 방법을 학생들에게 안내하기에는 무리가 있기에, 간단하게 소개만 하고, 이를 '좌표'와 관련된 활동으로만 연결하여 소개한다. 본 프로그램에서의 '바둑'은 학생들이 즐겁게 '위치'에 대한 감각을 익히는 것이 목표이다. 학급에서 시간 확보가 가능하다면 바둑의 규칙을 차근차근 익혀보는 것도 수학적인 감각을 키우는 데 도움이 될 것이다.

세 번째 활동에서는 '위치'를 규칙에 따라 자리에 '대응'시키는 관점에서 학습이 이루어진다. '위치'는 '대칭'과도 연결하였는데, 본 프로그램은 중학년을 대상으로 실시하였기 때문에 '선대칭'만 다루었으나 고학년에서는 '점대칭'도 다룰 수 있을 것이다. 본 프로그램은 '도형'보다는 '점'과 같은 '위치'가 대칭되는 '자리'가 어디인지 찾는 관점에서 내용을 제시하였다. '대칭'의 관한 학습은 한국에서는 5학년에 제시되나 외국의 사례에서는 3학년부터 제시되기도 하며, 이러한 경우 '거울'을 통해 '대칭'을 체험하도록 안내하고 있기에 본 프로그램에서는 이를 참고하여 기획하였다.

네 번째 활동에서는 학습 내용을 마무리하면서 배운 개념을 '스트링아트(string art)'를 통해 조작적으로 표현하는 활동을 진행한다. ‘스트링아트’도 많이 알려진 일반적인 활동이나, 이를 수학적으로 활용할 수 있도록 고안하였다. 이후 자신이 완성한 ‘스트링아트’를 발표하고 다른 친구들과 개념을 정리하고 아이디어를 나누며 수업을 마무리한다.

공간적인 감각을 키우기 위해서는 다양한 체험이 중요하며, 본 프로그램은 다양한 교과 학습을 위한 기초적인 기능이 습득되리라 기대한다.

[확장형: 4차시 수업 내용]

	차시	주요 활동 내용
수업 내용	1	◈ 공간과 위치 - 점, 선, 면을 이용하여 위치를 표시하는 다양한 방법 알아보기 (좌표의 개념)
	2	◈ 체험! 수학 바둑 - 바둑돌 규칙을 이해하기 - 좌표평면으로 바둑판을 이해하고 바둑돌의 위치 나타내기 - 줄바둑놀이, 아바타 오목 해보기 - 바둑돌 이동 규칙을 변형하여 〈나만의 바둑 놀이〉 만들어보기
	3-4	◈ 대칭이 되는 위치 - 〈거울속으로〉 동화 살펴보면서 대칭을 느끼며, 거울로 대칭과 관련된 활동 하기 - 대칭의 종류를 살펴보면서, 선대칭의 위치로 대상을 움직이는 활동을 함 (바둑판, 페그보드, 기하판, 컨트롤 브이 보드게임) - 실생활에서 볼 수 있는 대칭 살펴보기 ◈ 스트링아트 - 점과 선의 위치로 만들어가는 나만의 스트링아트
준비물	바둑판(개인용), 지우개 달린 보드마카(검은색), 대칭거울/거울, 페그보드, 컨트롤 브이 보드게임, 스트링아트 재료(EVA판, 못, 실, 도안, 테이프, 가위)	

[일반형: 2차시 수업 내용]

활동	세부 활동 내용	준비물
체험 수학 바둑!	**1) 줄바둑놀이** - 수학바둑판에 편을 갈라 바둑돌(혹은 공기돌도 대체 가능)을 위치시키고, 규칙에 따라 상대방의 말을 잡는 놀이 - 놀이를 할 때, '좌표'를 말하면서 바둑돌 놓기 규칙을 추가하여 진행하면 좌표 익히기를 함께 수행할 수 있음	수학바둑판, 바둑돌 혹은 공기돌과 같은 '말'표시 가능한 것
	2) 아바타 오목 놀이 - 2:2 혹은 그 이상의 놀이도 가능함. 1명은 조종사 역할, 나머지는 아바타 역할을 맡아서 조종사가 '좌표'를 말하면, 아바타가 그대로 두도록 함. 아바타가 조종사의 말을 듣고 두지 못할 때, 상대방이 이를 지적하면 상대방이 돌을 가져갈 수 있음 (혹은 지울 수 있음)	바둑돌, 바둑판 혹은 수학바둑판, 보드마카
	3) 대형 바둑 놀이 - 줄고누, 아바타 오목 놀이 모두 대형 바둑 놀이판에서 학급 전체 학생과 할 수도 있음. 줄고누의 경우 1명씩 돌아가면서 위치 옮기기, 아바타 오목 놀이의 경우 1명은 조종사, 나머지는 모두 아바타가 되어 돌아가면서 바둑돌 두기를 할 수 있음	대형바둑놀이 판, 대형바둑알
〈거울속으로〉 독서 연계 활동	**1) 나는 '거울'이다** - 학급의 반을 나눠서(예를 들어, 여자는 '거울') 거울 역할을 부여하고, 노래를 틀면 돌아다니다가 노래가 멈추면 '거울' 역할을 맡은 친구들은 근처 친구들의 행동과 표정을 거울에 비친 모습으로 따라하기	동요 등 노래
	2) '거울속으로' 책 따라 만들기 - 〈거울속으로〉 책과 같이 가운데가 접히는 부분을 대칭축으로 하여 나만의 이야기책 만들어보기, 내가 〈거울속으로〉의 주인공이라면 어떤 이야기가 펼쳐질까? 상상하여 다르게 만들어보기	종이책, 색연필/사인펜
	3) 실로 만드는 '데칼코마니' - 물감을 짜서 접는 형태의 데칼코마니를 많이 만들었다면, 실을 물감에 묻혀 반으로 접힌 종이에 넣고 실을 움직여 데칼코마니를 만들어봄	도화지, 실, 물감, 붓, 물통
	4) 거울에 비친 모양/글자를 맞춰라 ! - '대칭거울'이 있다면 '대칭거울'을 이용하여 거울에 비치는 다양한 대칭 모양/글자를 그려보기 - 일반 '거울'로 대칭이 되는 모습을 확인하여 그리기	활동지, 대칭거울 혹은 일반거울

활동	세부 활동 내용	준비물
대칭놀이	**1) 기하판 활용** - 기하판의 가운데를 고무줄로 표시하여 대칭축을 만들고 선대칭 도형을 만들어보기 - 선대칭도형의 일부만 완성하고, 나머지를 친구들이 완성하는 방식으로 놀이 활동 가능 - 좌표평면과 같이 기하판에 4분면을 만들고, 대칭이 되는 모습을 4분면에 모두 나타낼 수 있음(심화). 이러한 경우 점대칭이 되는 곳은 어디인지 확인	기하판(지오보드), 고무줄
	2) 대칭이 되는 그림 - 격자무늬 활동지 칸에 색칠을 하면서 대칭이 되는 모양을 완성해보기 - 대칭의 절반만 완성하여 친구와 교환하여 나머지 대칭 만들어보기	활동지, 색연필, 혹은 싸인펜
	3) 수학바둑판을 활용한 대칭놀이 - 수학바둑판에 '좌표'를 이야기하면 해당 좌표에 '대칭'이 되는 좌표를 말해보기 (처음에는 좌, 우만 하다가 익숙해지면 4분면 모두 말해보기로 확장해보기) - 각자 '좌표'를 찍고 친구들에게 문제를 내는 형식으로 대칭이 되는 좌표를 찍어보는 놀이 - 바둑판에 '점'과 '선'을 이용하여 모양을 그리고, 나머지 모양을 완성하는 방식으로 확장할 수 있음	수학바둑판, 보드마카
	4) 대칭 자리를 빨리 찾아라! - 학급에서 하는 단체 놀이로 가능. 선생님이 주는 시간 안에 서로 대칭이 되는 위치를 빨리 찾아 앉으면 미션 성공! - 교실의 가운데를 '대칭축'으로 제시하고, 자리를 대칭 형태로 위치시켜 게임 진행 - 학생들은 반을 나누어 좌, 우로 배치. 시간을 Start하면 한쪽 편에 있는 학생이 아무 자리나 앉음. 다르쪽 편의 학생은 이를 보고 대칭이 되는 자리에 앉음. 그 뒤로 순서대로 같은 방식으로 진행. 시간 제한 안에 모두 대칭이 되는 자리에 앉으면 미션 성공! - 홀수번인 경우, 1명은 대칭의 위치에 잘 앉았는지 심판을 보거나, 교사 재량에 따라 다른 역할 부여 가능.	학생 자리를 대칭 놀이 가능한 형태로 배열

활동명	활동 내용	준비물
대칭놀이	5) 〈컨트롤 브이〉 보드게임 - 〈컨트롤 브이〉 보드게임을 활용하여 선대칭, 점대칭에 관한 놀이 가능 - 중학년은 선대칭 수준으로, 고학년은 점대칭 수준까지 놀이 가능(수준에 따라 중학년도 점대칭 놀이는 가능)	〈컨트롤 브이〉 보드 게임
스트링아트	〈스트링아트 활동 단계〉 1단계: 완성된 도안을 주고, 그대로 못을 꽂아 만들기 2단계: 그림을 제시하되, 못을 꽂을 위치를 펜을 이용하여 점으로 표시하도록 하고, 해당 위치에 못을 꽂아 만들기 3단계: 내가 만들고 싶은 도안을 그리고, 못을 꽂을 위치를 펜을 이용하여 점으로 표시하고, 해당 위치에 못을 꽂아 스트링아트 완성하기	EVA판, 실, 못, 도안
	1) 대칭 스트링아트 - 스트링아트 도안을 반쪽만 제시하고, 나머지 반쪽의 도안을 완성하는 형태로 스트링아트 활동 가능 - 수준이 가능한 경우, 빈 도안에 '대칭'이 되는 모양으로 도안을 완성하여 스트링아트를 하도록 하는 것도 가능	격자도안 혹은 반만 그려진 도안, 스트링아트 재료
	2) 실과 바늘로 만드는 스트링아트 - EVA(스폰지)가 없다면, 두꺼운 도화지에 바늘과 실로 만드는 방식도 가능	도화지, 실, 바늘 (기성품 만들기 세트도 있음)

6.2. 교육과정과의 연계성

<과학>

▶ 초등학교 3~4학년군
- 재미있는 나의 탐구 (3-2, 4-2)
- 그림자와 거울(4-2)

<사회>

▶ 초등학교 3~4학년군
- 우리 고장의 모습(3-1)
- 지역의 위치와 특성(4-1)

▶ 초등학교 5~6학년군
- 국토와 우리 생활(5-1)
- 세계 여러 나라의 자연과 문화(6-2)

\+

<수학>

▶ 초등학교 1~2학년군
- 여러 가지 모양(1-1, 1-2)
- 여러 가지 도형(2-1)
- 표와 그래프(2-2)

▶ 초등학교 3~4학년군
- 평면도형(3-1)
- 평면도형의 이동(3-2)
- 다각형(4-2)

▶ 초등학교 5~6학년군
- 규칙과 대응(5-1)
- 합동과 대칭(5-2)
- 여러 가지 그래프(6-1)
- 공간과 입체(6-2)

\+

<실과>

▶ 초등학교 5~6학년군
- 소프트웨어와 생활 (6학년)

<미술>

▶ 초등학교 3~4학년군
- 자신의 감각, 대상의 탐색
- 미술과 생활
- 상상과 관찰
- 조형 요소

▶ 초등학교 5~6학년군
- 자신과 대상
- 미술과 타교과
- 조형 원리

수학적 추론 능력
- 다양한 사례 속에서 위치와 좌표 개념 추론
- 위치가 다양하게 변화하는 관계 속에서 '대칭'의 특징을 인식하고 예측

개념 및 원리의 이해
- 점, 선, 면에 대한 도형의 기초 개념 이해
- 대상이 위치하는 자리와 방향에 대한 개념 이해
- '대칭'에 대한 개념 이해

문제해결 및 의사소통
- 점과 선을 이용하여 도안을 구성하고, 스트링아트로 표현하기
- 좌표를 보고 좌표평면에 위치를 표시하기
- 대칭이 되는 위치를 다양한 방식으로 표현하기

\+

기본 개념 이해
- 거울은 비추는 대상의 상하를 바꾸지는 않지만 좌우를 바꾸어 보이게 하는 성질이 있음을 이해

현상에 대한 관심
- 실생활 속에 '위치'와 관련된 다양한 상황에 대한 관심
- 다양한 공간에서의 '위치' 변화를 통해 수학·과학 개념을 확인

과학적 탐구 능력
- 거울을 통한 다양한 대칭의 사례를 탐구하고 개념을 응용하여 대칭 무늬 만들고, 완성하기

▌활동 사진

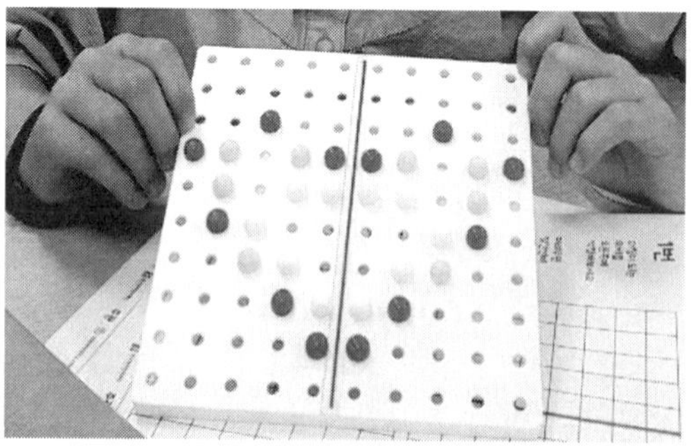

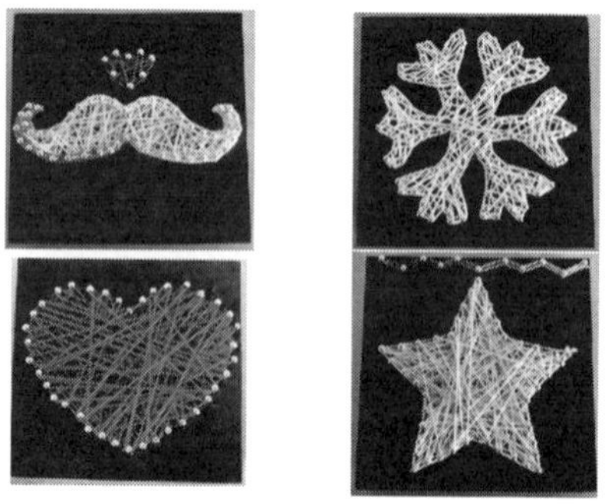

6.3. 교수학습 과정안

〈1차시〉

활동명	공간과 위치
활동주제	공간을 만들어내는 점, 선, 면의 개념을 통해 '위치'의 개념을 확인하고, 이를 '좌표평면' 개념에 대한 이해로 확장하기
학습목표	1. 점, 선, 면의 개념을 이해하고, '위치'를 나타내는 '좌표평면'을 이해할 수 있다. 2. 좌표평면에 위치한 점을 보고 '좌표'를 쓰고 읽을 수 있다.
수업흐름	**교수학습 활동 내용 및 수업의 전개**
도입	◈ **'위치'의 개념 알기** - '자리'나 '장소'로서의 위치 개념을 이해하고, 내가 앉은 위치(자리)를 어떻게 설명할 수 있을지 생각해보기 - 어떻게 하면 '자리'를 효과적으로 설명할 수 있을까? → 데카르트의 좌표평면 소개
전개	◈ **'위치'를 표시하는 방법** - 좌표평면에서 (,) 좌표의 의미, 방향을 표시하는 방법 소개 - 좌표평면에 '위치'를 표시하는 방법 → 데카르트의 파리잡기 게임 - 방향에 관한 다양한 표현 - 수학에서 다루는 '위치' 개념
정리	◈ **'위치'를 표시하는 방법** - 일상생활에서 이용되는 좌표 : 핸드폰 위치추적, 내비게이션(GPS), 마우스 사용 - EBS MATH 〈내 몸의 좌표〉 : 우리 몸을 하나의 좌표로 본다면? 애니메이션이나 영화를 만들 때 이용되는 좌표, 뇌 속의 종양도 좌표로 확인하여 치료함

〈2차시〉

활동명	체험! 수학 바둑
활동주제	바둑과 관련된 위치 규칙을 알아보고, 〈수학 바둑판〉으로서 좌표평면 개념을 이해하여 바둑놀이하기
학습목표	1. 〈수학 바둑판〉을 좌표평면 인식하여 바둑돌의 위치를 나타낼 수 있다. 2. 나만의 위치 변화 규칙을 적용하여 나만의 바둑게임을 만들어본다.
수업흐름	교수학습 활동 내용 및 수업의 전개
도입	**◈ 바둑이란?** - 바둑: 흑돌과 백돌을 바둑판 위에 번갈아 두며 '집'을 많이 짓도록 경쟁하는 게임 - 바둑판의 구성, 영역, 명칭, 바둑돌을 두는 위치 - 바둑판에서의 바둑돌의 위치를 어떻게 나타낼 수 있을까? (기존바둑판 vs 수학바둑판)
전개	**◈ 바둑돌의 위치를 표시해보자** - 바둑돌의 위치를 좌표평면을 이용하여 표시해보기 **◈ 좌표로 즐기는 바둑놀이** - 줄바둑놀이: 1:1로 하는 게임. 바둑돌을 번갈아 놓으면서 자신이 놓은 바둑알의 좌표를 말함. 좌표를 말하지 못하면 바둑판에 놓았던 바둑알은 무효가 됨(바둑돌을 움직이기 전 자리에 다시 위치시키고 기회는 넘어감) - 아바타 오목 바둑: 2:2로 하는 게임, 1명은 좌표를 말하면(조종사), 다른 1명은 좌표대로 오목을 두어야 함(아바타). 좌표대로 바둑돌을 두지 못하는 경우 바둑판에 놓은 바둑알은 상대편이 가져감. 가장 먼저 5줄을 완성하는 팀이 우승.
정리	**◈ 내가 만드는 바둑놀이** - 기존의 위치 규칙을 수정하거나 변화, 혹은 새로 만들어 간단하게 할 수 있는 바둑놀이 만들기

〈3~4차시〉

활동명	대칭이 되는 위치
활동주제	'거울'을 이용하여 대칭의 개념 중 '선대칭'을 이해하고, 다양한 대칭놀이를 체험하기
학습목표	1. '거울'을 이용하여 선대칭의 개념을 이해하고, 선대칭의 위치를 표시할 수 있다. 2. 대칭과 관련된 다양한 놀이를 통해 '대칭'을 체험할 수 있다. 3. 스트링아트를 통해 점의 '위치' 표시(못)를 이용하여 다양한 작품을 만들 수 있다.
수업흐름	**교수학습 활동 내용 및 수업의 전개**
도입	**◈ '거울 속으로' 이야기 살펴보기** - 〈거울 속으로〉 그림책을 살펴보면서 '거울'로 대칭이 되는 위치를 자연스럽게 이해한다. (거울에 비치는 상으로 올바르지 않은 그림도 확인)
전개	**◈ 거울로 체험하는 대칭** - 거울을 활동지에 비춰보면서 나타나는 모양을 그리기 - 얼굴의 반쪽으로 '대칭'이 된 얼굴 확인해보기 - 몸으로 하는 거울 놀이: 2명씩 짝을 지어 가위바위보를 하고, 진 사람이 이긴 사람의 동작을 거울처럼 똑같이 따라하기('그대로 멈춰라' 스타일로 노래를 틀다가 멈추면 만나는 친구와 놀이하기) - 거울에서 살펴볼 수 있는 대칭의 특징 확인하기(상하는 바뀌지 않고, 좌우가 바뀜) **◈ 위치가 대칭된다고?** - 선대칭의 개념을 확인하고, 활동지를 통해 대칭이 되는 위치 찾아보기 (대응점, 대응각, 대응변의 용어를 사용하여 지도하지 않음) - 교실에서 나의 자리와 대칭이 되는 위치 찾아보기 - 〈수학 바둑판〉을 이용하여 바둑판에서 대칭이 되는 위치 표시하기 (대칭축이 1개일 때, 대칭축이 2개일 때)

<table>
<tr><td>전개</td><td>◈ 다양한 대칭놀이 체험하기
- 바둑판을 이용한 대칭놀이: 바둑판에 점을 찍고, 1:1로 친구와 문제를 교환하여 대칭이 되는 점을 찍음. 난이도를 높이면 점을 2개, 3개, 5개까지 찍어서 대칭 문제를 냄
- 1단계 페그보드 놀이: 페그를 절반만 꽂아 나머지를 친구가 완성하도록 하기
- 2단계 페그보드 놀이: 가로, 세로 기준선을 꽂고(대칭축) 4개면 중 1개면에 페그를 꽂아 친구들이 나머지 면에 대칭을 완성하도록 하기
- 〈컨트롤 브이〉 보드게임: 선대칭 규칙을 적용하여 컨트롤 브이 게임하기(3~4인)

◈ 나만의 스트링아트 만들기
- 평면 위에 점, 선을 이용하여 면을 만들어내는 방식으로 표현하는 스트링아트 소개 (못 = 점, 선 = 실, 실이 겹치고 겹쳐 면을 만들어냄)
- 스트링아트의 원리(도안 그리는 방법, 못을 꽂는 방법, 실을 감는 다양한 방법)
- 나만의 스트링아트 작품 만들기</td></tr>
<tr><td>정리</td><td>◈ 서로의 작품을 감상하고 ‘점’을 위치시키는 방법에 대한 토의
- 서로 만든 작품을 감상하기
- 점을 위치시킬 때, 어떠한 점을 주의해야 하는지, 만들면서 어려웠던 점 나누기

◈ 우리 주변에서 볼 수 있는 대칭
- 〈대칭의 힘〉 영상을 보면서 우리 생활 주변의 대칭에 대해 생각해보기
- 우리 주변의 대칭에 관심을 가지고 탐구해보기</td></tr>
</table>

활동지

<위치의 달인>

좌표평면이란 무엇일까?

이름 (   )

▣ 내가 알고 있는 '위치' 에 관한 표현은 무엇이 있을까요?

* 위치란? 사물이 일정한 곳에 (   )를 차지함. 또는 그 (   )나 (   )

▣ 세상의 어떤 점의 위치도 나타낼 수 있다는 마법의 도구는 무엇일까요?

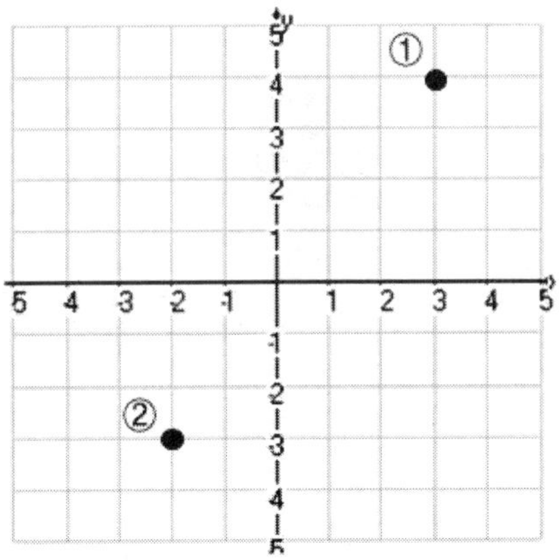

1) 누가 만들었을까요? (   )

2) 점의 위치를 어떻게 표현할까요? (   )로 표현

(□ , △)

( )줄	( )줄
( )쪽 :	( ) :
( )쪽 :	( ) :

□컴마 △라고 읽습니다

▣ 좌표평면에 있는 점을 좌표로 나타내 봅시다.

1) ①번 점을 좌표로 나타내어 봅시다. (,   )

2) ②번 점을 좌표로 나타내어 봅시다. (,   )

3) 내가 나타내고 싶은 점을 그리고, 좌표로 나타내 봅시다. (,   )

<위치의 달인>

바둑의 규칙을 배워요

이름 (   )

▣ 바둑판에 대해 알아봅시다.

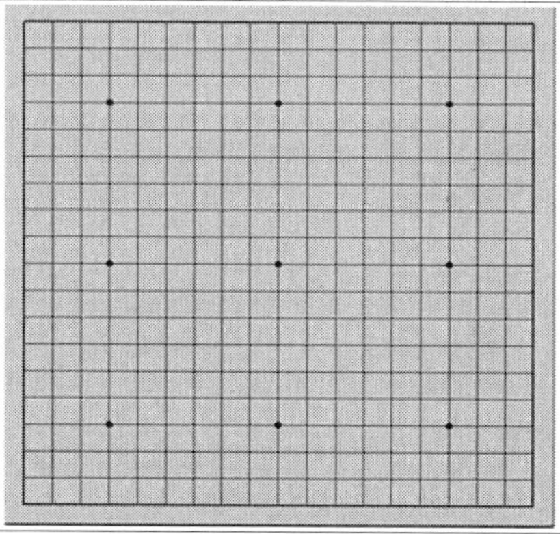

바둑판은 가로 (   )줄, 세로 (   )줄입니다

(   ) 혹은 (   )

: 바둑판 중앙에 있는 점

(   ) : 바둑판 위의 9개의 점

(   ) : 귀퉁이에 있는 공간

(   ) : 귀와 귀 사이 가장자리 공간

(   ) : 귀와 변을 제외한 가운데 공간

▣ 바둑돌은 어디에 둘까요? (바둑알을 1개 표시해 봅시다)

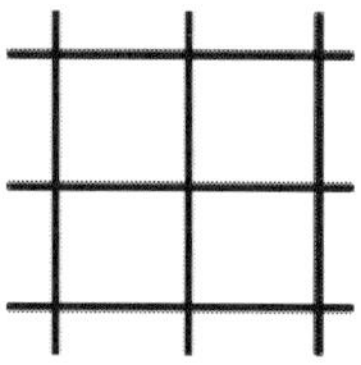

선과 선이 만나는 (   )에 둔다

총 (   )곳에 둘 수 있다

흑돌 (   )개

백돌 (   )개

▣ 바둑알을 두는 규칙은?

1) 흑이 먼저, 그 다음에 백이 1알씩(   ) 가면서 둔다.
2) 바둑알을 일단 놓으면, 자리를 (   ) 수 없다.
3) 바둑은 (   )을 많이 만드는 사람이 승리하는 게임이다.
4) 바둑알은 (   ), (   ), (   ), (   )(으)로 1칸씩 움직이며 (   )으로 못 움직인다.
5) 다른 알에 가로막혀 움직일 수 없으면 돌을 (   ) 한다.

<위치의 달인>

재미있는 수학 바둑 놀이

이름 (   )

〈줄바둑놀이 방법〉

1. 바둑판에 바둑알을 5개씩 올려놓습니다.
2. 바둑돌을 오른쪽, 왼쪽, 위, 아래로 움직여서 상대방의 돌을 잡습니다.

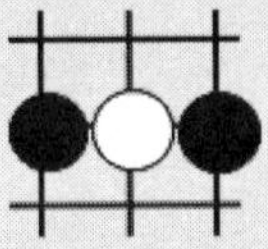

예) 상대방의 바둑돌에 끼이면 잡힙니다.
검은색 돌 사이에 흰색 돌이 끼여서 잡혔습니다.

3. 바둑돌은, 방해물만 없으면 오른쪽, 왼쪽, 위, 아래로 몇 칸이든 갈 수 있습니다.

〈아바타 오목 놀이〉

1. 1명은 아래 활동지에 좌표를 쓰고, 다른 1명은 좌표를 보고 그대로 바둑돌을 둡니다.
2. 좌표대로 두지 못하면 올려놨던 바둑돌은 무효가 됩니다.
   바둑돌은 두지 못한 채, 상대편으로 기회가 넘어갑니다.
3. 바둑돌을 연속으로 가로, 세로, 대각선으로 5개를 먼저 둔 팀이 승리!

〈1 Round〉

1	(,)	11	(,)
2	(,)	12	(,)
3	(,)	13	(,)
4	(,)	14	(,)
5	(,)	15	(,)
6	(,)	16	(,)
7	(,)	17	(,)
8	(,)	18	(,)
9	(,)	19	(,)
10	(,)	20	(,)

〈2 Round〉

1	(,)	11	(,)
2	(,)	12	(,)
3	(,)	13	(,)
4	(,)	14	(,)
5	(,)	15	(,)
6	(,)	16	(,)
7	(,)	17	(,)
8	(,)	18	(,)
9	(,)	19	(,)
10	(,)	20	(,)

<위치의 달인>

거울을 비춰보아요1

이름 ( )

▣ 대칭거울을 비춰보고 거울에 보이는 대로 왼쪽에 글자를 쓰거나 그림을 그려 완성하세요.

거울 두는 곳

〈거울에 비친 모습〉

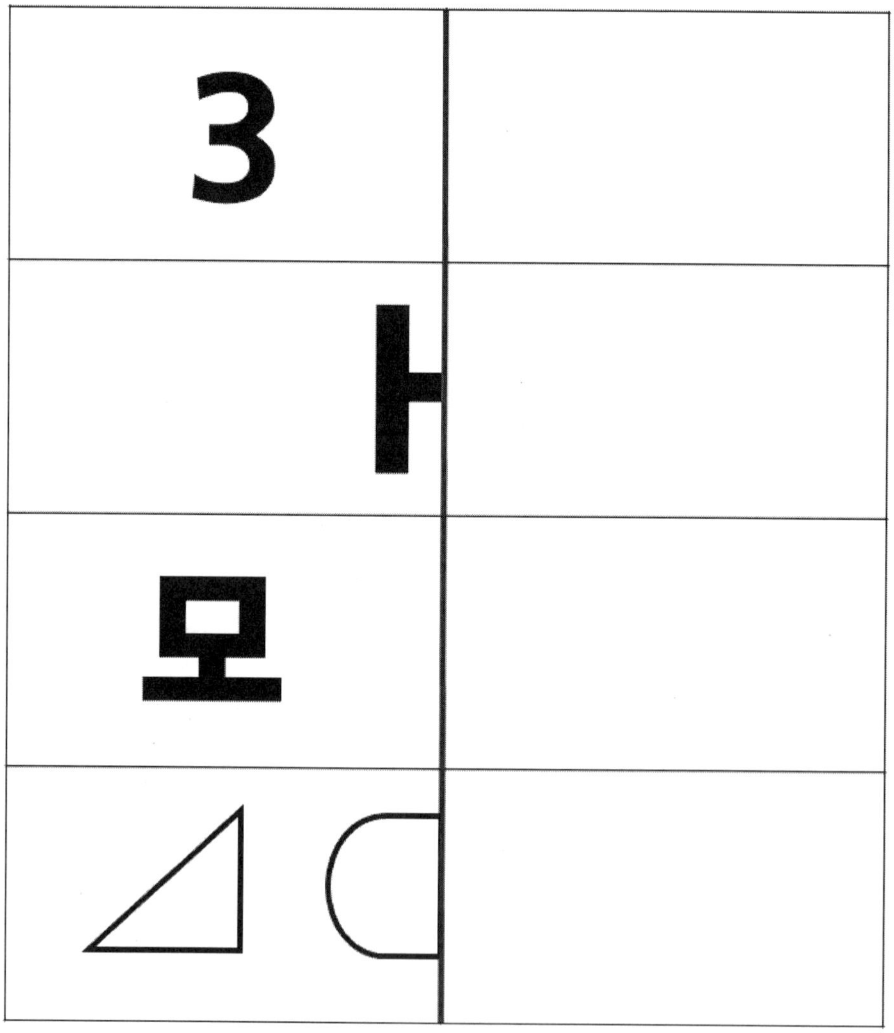

<위치의 달인>

거울을 비춰보아요 2

이름 (   )

▣ **대칭거울로 확인하고 싶은 모양이나 문자를 자유롭게 그리고, 거울에 비친 모습을 그려봅시다.**

〈내가 그린 모양/문자〉	거울 두는 곳	〈거울에 비친 모습〉

<위치의 달인>

거울을 비춰보아요 3

이름 (   )

▣ **대칭거울로 대칭거울을 비추어도 변하지 않을 것 같은 모양을 그려보고, 실제로 그러한지 확인해봅시다.**

〈내가 그린 모양/문자〉	거울 두는 곳	〈거울에 비친 모습〉

<위치의 달인>

대칭이 되는 위치를 찾아요 1

이름 (　　　　　　　)

▣ 대칭이 되는 위치를 찾아 색을 칠해봅시다.

1번

대칭이 되는
위치를
오른쪽에
색칠해보세요

어려우면
빨간선에
거울을 비춰봅니다

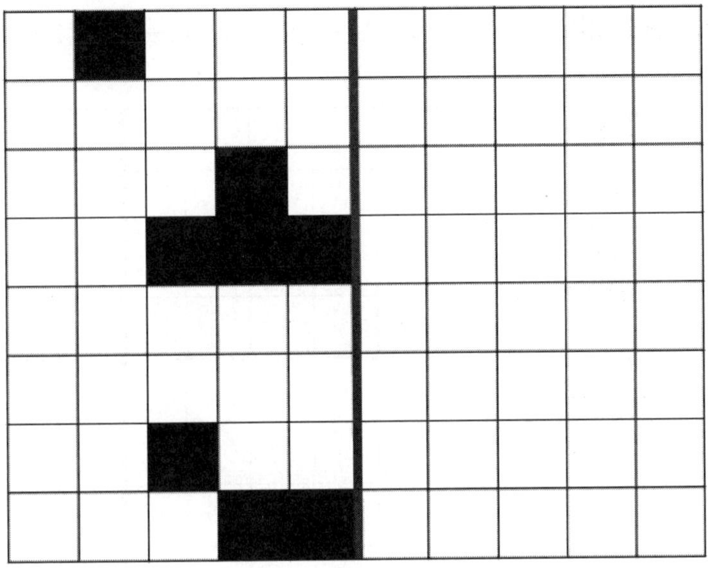

2번

왼쪽과 오른쪽의
색을 보고
대칭이 되는 위치에
색을 칠해보세요

어려우면
빨간선에
거울을 비춰봅니다

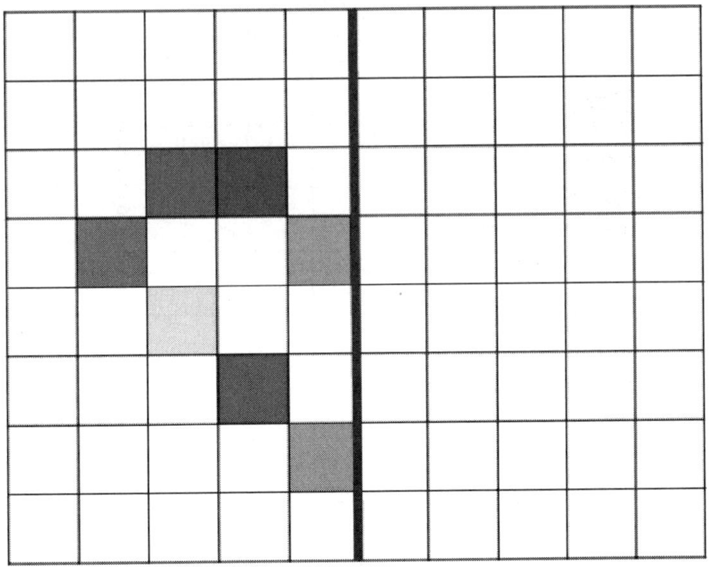

<위치의 달인>

대칭이 되는 위치를 찾아요 2

이름 (   )

▣ **한쪽 면에만 칸을 자유롭게 색칠해보세요.**

옆 혹은 앞의 친구와 바꾸어서 대칭이 되는 칸을 색칠하여 완성해봅시다.

1번

대칭이 되는
위치를
오른쪽에
색칠해보세요

어려우면
빨간선에
거울을 비춰봅니다

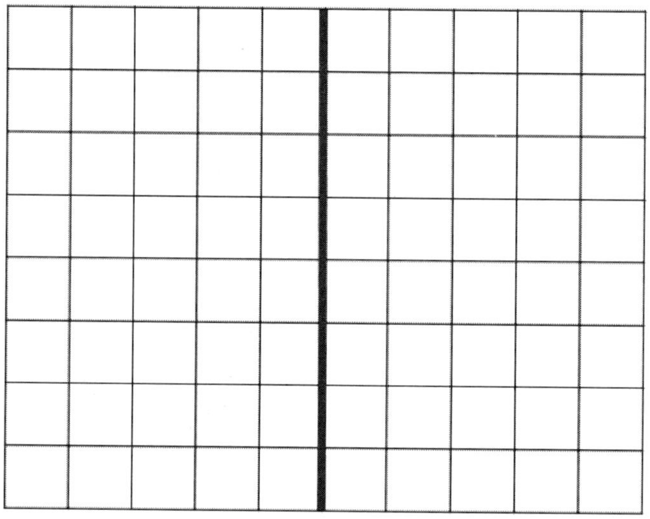

2번

왼쪽과 오른쪽의
색을 보고
대칭이 되는 위치에
색을 칠해보세요

어려우면
빨간선에
거울을 비춰봅니다

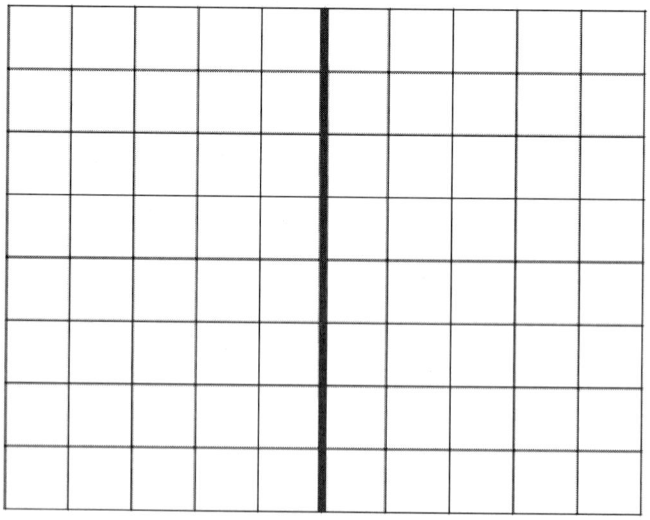

<위치의 달인>

재미있는 대칭

이름 (　　　　　　)

▣ **선생님이 주는 거울, 혹은 대칭거울을 이용하여 건물이나 물건 등의 모습을 살펴봅시다.**

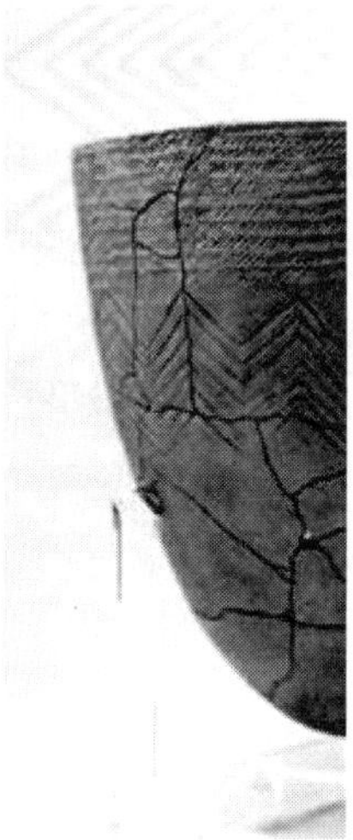

*출처: 한국관광공사

7 창의 · 융합형 수학 수업 개발(Ⅲ) 〈음악이 흐르는 수학〉

7.1. 수업 개요

첫 번째 활동에서는 음악과 수학의 관계에 대한 기초적인 탐구를 실행한다. 먼저 음악과 관련된 수학자들을 소개하며 이들의 사례를 사진 및 영상 자료를 통해 스토리텔링(storytelling)한다. 그리고 화음, 화성에 포함된 수학적 원리를 탐구한다. 가온다(C4)의 진동수 256Hz를 중심으로 하여 음과 진동수 사이의 관계를 살펴보고 리듬을 구현하는 경우의 수를 알아본다. 마지막으로 5도권에 대해 살펴보며 비율 음계, 로그 음계의 원리를 파악한다.

두 번째 활동에서는 고무줄 가야금을 제작하여 진동수와 진폭에 따른 소리 변화를 수학적으로 탐구한다. 현이 있는 악기의 구조와 원리를 살펴본 후 교구를 활용하여 고무줄 가야금을 직접 제작해본다. 고무줄 가야금의 소리를 바탕으로 진동수와 진폭에 따른 음의 차이를 경험해보며 그 관계를 수학적으로 표현한다. 그 뒤 악기에 담긴 수학과 과학의 원리를 적용하여 소리를 조정해본다.

세 번째 활동에서는 크로아티아 자다르의 '바다 오르간'을 소재로 하여 자연과 인문환경이 이루어낸 예술로서의 소리를 사례 탐구한다. 이후 물의 높낮이와 양에 따른 음정의 차이를 실험을 통해 탐구해본다. 실험을 할 때 소집단별 세 가지 과제가 주어진다. 첫 번째 과제는 물의 양(동일한 용량 및 형태의 병에 채워진 물의 높낮이)에 따른 음정 차이를 탐구하는 것이다. 두 번째 과제는 물의 양(높낮이)을 자유롭게 조절해보며 8개의 음(도, 레, 미, 파, 솔, 라, 시, 도)을 구성하는 것이다(단, 이때 음은 절대음이 아닌 상대음이다). 두 번째 과제는 비, 비율, 비례에 대한 개념을 바탕으로 음(音)과 물의 양의 관계를 탐구하는 것이다. 세 번째 과제는 소집단에서 찾은 음을 바탕으로 간단한 곡을 연주하는 것이다. 이후 각 소집단에서 찾은 음들을 모두 모아 음별로 분류한 후 높고 낮음에 따라 순서를 정한다. 이를 통해 수학과 과학의 개념을 바탕으로 음정과 음계를 이해할 수 있다.

네 번째 활동에서는 Music Lab을 활용하여 디지털 기술을 활용한 음악을 경험해본다. 각 음계가 어떻게 나타나는지 직접 조작해보며 규칙(패턴)을 설정하여 나만의 음악을 제작한다. 이후 음악을 발표하고 규칙(패턴)을 설명하는 '작은 음악회'를 하며 수업을 마무리한다.

[확장형: 4차시 수업 내용]

	차시	주요 활동 내용
수업 내용	1	❖ **음악의 친구, 수학!** - 음악을 사랑한 수학자: 피타고라스, 플라톤, 어거스틴, 오일러, 라이프니츠, 메르센, 페르 엔플로 - 화음, 화성, 5도권
	2	❖ **과학, 음악 그리고 수학 Ⅰ** - 고무줄 가야금 만들기 또는 빨대 팬파이프 만들기 - 가야금 소리의 수학적 탐구: 진동수(Hz)와 음의 높낮이, 진폭과 음의 크기
	3	❖ **과학, 음악 그리고 수학 Ⅱ** - 사례 탐구: 크로아티아 자다르 '바다 오르간'(자연 & 인문 환경이 이루어낸 예술) - 유리병 연주 실험 1: 물의 양(높낮이)에 따른 음정 차이 탐구 - 유리병 연주 실험 2: '도레미파솔라시도' 음계 찾기 - 유리병 연주 실험 3: 비, 비율, 비례 개념을 바탕으로 음(音)과 물의 양의 관계 탐구하기 - 음계를 활용하여 간단한 곡 연주하기
	4	❖ **디지털 기술, 음악 그리고 수학** - Google Music Lab 소개 및 탐구 - Music Lab으로 음악 만들기
준비물	활동 1: 학습지, PPT, 동영상 자료 활동 2: 유리병(180ml~200ml 사이), 막대(나무젓가락 또는 실로폰 채) 활동 3: 하드보드지 16절, 나무젓가락, 고무줄, 가위 활동 4: 컴퓨터/태블릿pc/휴대전화, 이어폰	

[일반형: 3차시 수업 내용]

	차시	주요 활동 내용
수업 내용	1	❖ **화성학과 수학** - 음악을 사랑한 수학자: 피타고라스, 플라톤, 어거스틴, 오일러, 라이프니츠, 메르센, 페르 엔플로 - 화음, 화성: 진동수(Hz)와 음의 높낮이, 옥타브, 리듬을 만드는 경우의 수 - 5도권
	2	❖ **과학, 음악 그리고 수학** - 고무줄 가야금 만들기 또는 빨대 팬파이프 만들기 - 비, 비율, 비례를 활용하여 유리병 연주 실험 탐구하기
	3	❖ **디지털 기술, 음악 그리고 수학** - Google Music Lab 소개 및 탐구 - Music Lab으로 음악 만들기
준비물	활동 1: 학습지, PPT, 동영상 자료 활동 2: 하드보드지 16절, 나무젓가락, 고무줄, 가위 활동 3: 컴퓨터실 공간 예약 또는 스마트폰/스마트패드, 이어폰	

7.2. 교육과정과의 연계성

〈수학〉		〈과학〉		〈음악〉
▶ **해당 학년군** : 5-6학년군 - 4학년 1학기 규칙찾기 - 5학년 1학기 약수와 배수, 규칙과 대응 - 6학년 1학기 분수의 나눗셈, 소수의 나눗셈, 비와 비율 - 6학년 2학기 비례식과 비례배분		▶ **해당 학년군** : 3-4학년군 5-6학년군 - 3학년 2학기 소리의 성질 - 5학년 1학기 과학자는 어떻게 탐구할까요? - 6학년 1학기 과학자처럼 탐구해 볼까요? **〈실과〉** ▶ **초등학교 5~6학년군** - 소프트웨어와 생활(6학년)		▶ **해당 학년군** : 5-6학년군 - 5학년 마음을 열며(계이름과 음이름) - 6학년 느낌을 담아(현악기와 친해지기) 즐겁게 신나게(주요 3화음) 함께 나누며(장음계와 단음계)
수학적 추론 능력 - 구체물 악기와 디지털 악기 조작을 통해 소리에 담긴 비와 비율, 비례 배분 원리 추론 **개념 및 원리의 이해** - 음계의 원리를 '비율'과 '비례' 측면에서 이해 - 음악에 담긴 '규칙'과 '대응' 개념 이해 **문제해결 및 의사소통** - 실험 자료의 표현 및 토의 - 수학적 개념을 적용하여 제작한 작품을 설명	+	**기본 개념 이해** - 소리의 전달 원리 이해 - 진동 수와 진동 폭의 개념 이해 **현상에 대한 관심** - 생활 주변에서 들을 수 있는 소리 및 음악 사례에서 과학적 개념 및 원리 찾기 **과학적 탐구 능력** - 실험 설계와 실행을 통한 개념 적용 - 원리를 적용한 구체물 제작 및 결과 토의	+	**표현** - 여러 구체물 악기로 다양한 음색 표현하기 - 디지털 악기로 작곡하여 표현하기 **감상** - 다른 사람의 연주 감상하기 - 다른 사람이 작곡한 곡 감상하기 **생활화** - 생활 속에서 음악을 활용하기 - 컴퓨터를 활용하여 음악 작곡하기

▌활동 사진

7.3. 교수학습 과정안

〈1차시〉

활동명	음악의 친구, 수학!
활동주제	수학으로 음악 이해하기
학습목표	1. 음악을 수학적으로 탐구한 수학자를 설명할 수 있다. 2. 화음, 화성에 담긴 수학적 원리를 탐구할 수 있다.
수업흐름	**교수학습 활동 내용 및 수업의 전개**
도입	**◈ 수학자의 공통점** - 수학자 피타고라스, 플라톤, 어거스틴, 오일러, 라이프니츠, 메르센, 페르 엔플로의 공통점 찾기
전개	**◈ 음악을 사랑한 수학자** - 음악을 연구한 수학자들에 대해 살펴보기 1. 피타고라스: 소리 높낮이를 수학적 문제라고 인식하고 수들 사이의 관계를 평균으로 설명함. 2. 플라톤: 음악에 관한 수의 비례에 대해 말함 3. 어거스틴: 음악을 'science of rhythm'으로 여기며 수학과 긴밀히 연계되는 분야로 이해함. 수학적, 이성적 이해 없이 음악을 듣는 것은 짐승이 음악을 듣는 것과 다르지 않음. 4. 오일러: 음악에 관한 저서 'Tentamen novae theoriae musicae' 등을 발표하며 남다른 관심을 가짐, 불협화음을 비율로 표현할 수 있다고 봄. 5. 라이프니츠: 음악은 사람이 셈을 하고 있다는 사실을 인지하지 못하면서 셈을 질기는 것임. 6. 메르센: '음향학의 아버지'로 불리며 평균율 이론서를 집필함. 평균율에 대해 연구함. 7. 페르 엔플로: 콘서트홀에서 피아노 독주회를 여는 등 음악가로서 명성을 떨친 수학자임. 〈출처: 수학 IN 음악, 소수는 어떻게 사람을 매혹하는가?, 일상에 숨겨진 수학 이야기〉

전개	◈ **화음과 화성** - 진동수(Hz)에 대해 알아보기 - 가온다(C4)의 진동수 살펴보기 - 진동수 사이의 관계 탐구하기: 옥타브와 진동수의 관계(배수, 비율), 완전 5도와 완전 4도(비) - 음정에 대해 알아보기 - 음계에 대해 알아보기 ◈ **5도권** - 선형적 음계(비율에 의한 음계) - 로그 음계 - 평균율과 조바꿈
정리	◈ **음악과 수학의 관계 이해하기** - 수학자와 음악, 화음과 화성과 관련된 수학에 대한 퀴즈 맞히기 - 활동을 통해 알게 된 점, 느낀 점, 더 알고 싶은 점 발표하기

<2차시>

활동명	과학, 음악 그리고 수학 Ⅰ
활동주제	수학과 과학 원리를 활용하여 간이 악기 만들기
학습목표	1. 간이 악기를 만들어 음의 차이를 탐구할 수 있다. 2. 음의 차이와 진동수, 진폭 간의 관계를 수학적으로 표현할 수 있다.
수업흐름	**교수학습 활동 내용 및 수업의 전개**
도입	**◈ 음악의 담긴 수학, 과학** - 선율에 담긴 수학과 과학 원리에 대한 영상보기 (출처: 음악의 아름다운 선율이 수학과 연관이 있다? / YTN 사이언스 https://www.youtube.com/watch?v=ZMNT8k2xNM0) - 악기(현악기, 핸드벨 등)에 담긴 수학과 과학의 원리 및 개념 추론하기
전개	**〈선택 활동1〉** **◈ 고무줄 가야금 만들기** - 교구(종이 상자, 액상형 접착풀, 수수깡, 고무줄 등)를 활용하여 고무줄 가야금 만들기 **◈ 고무줄 가야금에 담긴 수학과 과학 원리 탐구하기** - 고무줄 가야금에서 소리가 나는 이유를 추론하여 발표하기 - 고무줄 가야금 구조 탐구하기 - 음의 차이(높낮이, 크기)가 발생하는 이유를 추론하여 발표하기: 진동수, 진폭과 비례 개념 활용 **〈선택 활동2〉** **◈ 빨대 팬파이프 만들기** - 교구(빨대, 자, 아이스크림 막대, 테이프)를 활용하여 빨대 팬파이프 만들기 **◈ 빨대 팬파이프에 담긴 수학과 과학 원리 탐구하기** - 빨대 팬파이프에서 소리가 나는 이유를 추론하여 발표하기 - 빨대 팬파이프 구조 탐구하기 - 음의 차이(높낮이, 크기)가 발생하는 이유를 추론하여 발표하기: 진동수, 진폭과 비례 개념 활용 **◈ 악기 구조 사례 탐구하기** - 수학과 과학의 개념을 바탕으로 현악기(바이올린, 비올라, 첼로, 콘트라베이스 등)의 소리 차이 탐구
정리	**◈ 음악에 담긴 수학과 과학** - 활동을 통해 알게 된 점, 느낀 점, 더 알고 싶은 점 발표하기

<3차시>

활동명	과학, 음악 그리고 수학 II
활동주제	수학과 과학으로 음정과 음계 탐구하기
학습목표	1. 수학과 과학의 개념을 바탕으로 음정을 이해할 수 있다. 2. 수학과 과학의 개념을 바탕으로 음계를 찾을 수 있다.
수업흐름	**교수학습 활동 내용 및 수업의 전개**
도입	**◈ 바다 오르간 감상** - 크로아티아 자다르 지역의 '바다 오르간' 소리 감상하기 - '바다 오르간'의 원리를 추론하여 발표하기
전개	**◈ 구조와 매체에 의한 소리** - '바다 오르간'의 원리 이해하기 - 구조와 매체로 소리를 만드는 사례 탐구하기 **◈ 유리병 연주 실험1** - 유리병 연주 영상 보기 (출처: [Canon] 캐논 EOS 70D 글라스 하프 광고 영상 (Full ver.) / 캐논TV - Canon Korea https://www.youtube.com/watch?v=PIQibWaPAcM) - 물의 양(동일한 용량, 형태의 병에 채워진 물의 높낮이)에 따른 음정 차이 탐구하기 - 모둠에서 발견한 내용 정리하기 - 음정 차이 탐구 결과 발표하기 **◈ 유리병 연주 실험2** - 물의 양(동일한 용량, 형태의 병에 채워진 물의 높낮이)을 조절하여 '도', '레', '미', '파', '솔', '라', '시', '도' 음 만들기 - 각 모둠에서 만든 8개의 음 감상하며 공통점과 차이점 탐구하기 - 탐구 결과 발표하기 - 모둠별로 만든 8개의 음을 각각 모아 낮은음과 높은음으로 분류하기
정리	**◈ 음악에 담긴 수학과 과학** - 활동을 통해 알게 된 점, 느낀 점, 더 알고 싶은 점 발표하기

<4차시>

활동명	디지털 기술, 음악 그리고 수학
활동주제	Google Music Lab을 활용하여 작곡하기
학습목표	1. 디지털 기술로 제작되는 음악을 탐구할 수 있다. 2. 디지털 기술을 활용하여 작곡을 할 수 있다.
수업흐름	교수학습 활동 내용 및 수업의 전개
도입	◈ **디지털 기술로 작곡을?!** - Google Music Lab으로 만든 베토벤 음악 감상하기 (출처: CHROME MUSIC LAB SONG MAKER GOOGLE - BEETHOVEN / Prensa21 https://www.youtube.com/watch?v=gGbuGtk8-5k)
전개	◈ **작곡의 비밀** - 디지털 기술을 활용하여 작곡을 할 수 있는 이유를 추론하여 발표하기 - 디지털 기술을 활용한 음악 작곡 및 연주 사례 탐구하기 ◈ **작곡가 되기** - Google Music Lab 살펴보기 - 'Song Maker' 기초 연습: 내 이름으로 만드는 짧은 곡 - Google Music Lab 활용하여 작곡하기(개인/소집단) ◈ **작은 음악회** - Google Music Lab을 활용하여 내가/소집단이 만든 곡과 곡에 담긴 규칙(패턴) 발표하기
정리	◈ **음악에 담긴 수학과 과학** - 활동을 통해 알게 된 점, 느낀 점, 더 알고 싶은 점 발표하기

활동지

<음악이 흐르는 수학>	**음악의 친구, 수학!**	이름 ( )

▣ 음악에 담긴 수학을 탐구해봅시다.

1. 다음 인물들의 공통점은 무엇일까요? ( )

1. 피타고라스	2. 플라톤	3. 오일러

4. 라이프니츠	5. 메르센	6. 페르 엔플로

* 출처: 구글 이미지

2. 용어를 알아볼까요?

✎ **진동수:**

✎ **진동폭(=진폭):**

✎ **음정:**

✎ **음계:**

<음악이 흐르는 수학>

과학, 음악 그리고 수학

이름 (   )

▣ 음정 차이를 수학과 과학의 개념을 활용하여 탐구해봅시다.

Ⅰ. 빨대 팬파이프

1. 빨대 팬파이프를 만들어봅시다.

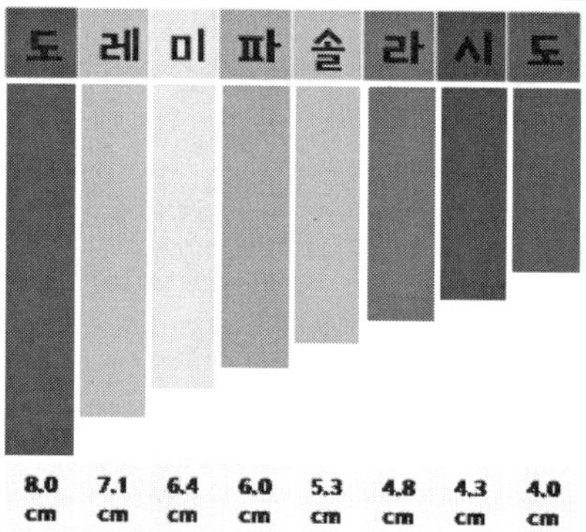

1. 빨대 팬파이프 탐구

✎ 각 음 간의 빨대 길이 차이는 대략 얼마라고 할 수 있나요?

____

2. 음과 빨대 길이의 관계

✎ 빨대 길이가 (길수록 / 짧을수록) 낮은 소리(음)가 납니다.

✎ 빨대 길이가 (길수록 / 짧을수록) 높은 소리(음)가 납니다.

3. 빨대 길이가 음과 빨대 길이의 관계

✎ 진동수가 (많을수록 / 적을수록) 낮은 소리(음)가 나고, 진동수가 (많을수록 / 적을수록) 높은 소리(음)가 납니다.

✎ 빨대 길이에 따라 소리가 다른 까닭은 무엇일까요?

____

Ⅱ. 유리병 연주 실험

1. 우리 모둠에서 찾아낸 음과 유리병에 담긴 물의 양

도	레	미	파	솔
ml	ml	ml	ml	ml

2. 음과 물의 양의 차이

도	차이 ↔	레	차이 ↔	미
ml	ml	ml	ml	ml
미	차이 ↔	파	차이 ↔	솔
ml	ml	ml	ml	ml

*주의점! 소리가 나는 것은 '물' 때문이 아니라 '공기' 때문입니다. (진공 상태에서는 소리가 나지 않아요!)

3. 자료 탐구

✎ 2번의 표를 봅시다. 각 음 간의 물의 양의 차이는 대략 얼마라고 할 수 있나요?

---

4. 음과 물의 양의 관계

✎ 음과 물의 양의 관계를 정리해봅시다.

---

5. 유리병 연주

✎ 탐구한 내용을 바탕으로 유리병 연주를 해봅시다.

1) 우리 모둠에서 연주할 곡 이름:

2) 연주할 곡에 포함된 계이름:

<음악이 흐르는 수학>

과학, 음악 그리고 수학

이름 (   )

▣ 음정 차이를 수학과 과학의 개념을 활용하여 탐구해봅시다.

1. 우리 모둠에서 찾아낸 음과 유리병에 담긴 물의 양

도 (낮은 도)	레	미	파
ml	ml	ml	ml
솔	**라**	**시**	**도 (높은 도)**
ml	ml	ml	ml

*가능한 모둠은 한 옥타브(도-레-미-파-솔-라-시-도)를 찾아보세요.

2. 음과 물의 양의 차이

도 (낮은 도)	차이 ↔	레	차이 ↔	미	차이 ↔	파	차이 ↔
ml	ml	ml	ml	ml	ml	ml	ml
솔	**차이 ↔**	**라**	**차이 ↔**	**시**	**차이 ↔**	**도 (높은 도)**	**차이 ↔**
ml	ml	ml	ml	ml	ml	ml	ml

3-1. 음과 물의 양의 관계: 비율로 나타내기

도 (낮은 도)	비율 (도/레)	레	비율 (레/미)	미	비율 (미/파)	파	비율 (파/솔)
ml		ml		ml		ml	
솔	비율 (솔/라)	라	비율 (라/시)	시	비율 (시/도)	도 (높은 도)	비율 (도/도)
ml		ml		ml		ml	

3-2. 음과 물의 양의 관계: 비율 탐구하기

✎ 각 비율의 특징

-
-
-

✎ 비율을 통해 알 수 있는 것

-
-
-

✎ 음과 물의 양의 관계 정리하기

-
-
-

<음악이 흐르는 수학>

디지털 기술, 음악 그리고 수학

이름 (   )

▣ Google Music Lab을 활용하여 작곡을 해봅시다.

💻 들어가기: Chrome(크롬) 들어가기 ⇨ 검색창에 'Music Lab' 치기 ⇨ 'Music Lab' 입장하기

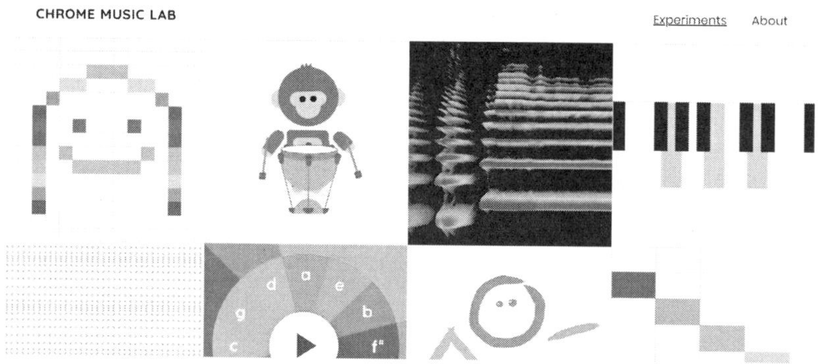

1. 'Song Maker'에서 내 이름을 써봅시다.

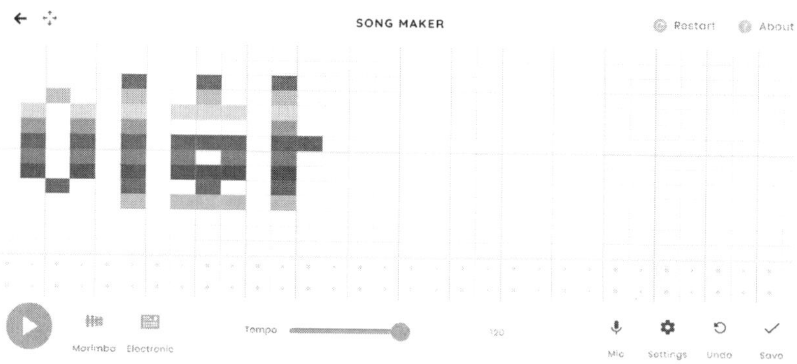

☺ 다 지우고 다시 하고 싶을 때: 오른쪽 위의 'Restart' 누르기 ⇨ Restart

☺ 방금 한 것만 지우고 싶을 때: 오른쪽 아래의 'Undo' 누르기 ⇨ Undo

☺ 저장하고 싶을 때: 오른쪽 아래의 'Save' 누르기 ⇨ Save

2. 규칙과 패턴을 활용하여 나만의 곡을 작곡해봅시다.

***모둠 친구들과 같이 작곡해도 됩니다!**

✎ **곡명(곡 제목):**

✎ **사용한 규칙과 패턴 (그림, 글, 숫자 등 내가 표현하고 싶은 방식으로 표현하기)**

8 창의·융합형 수학 수업 개발(Ⅳ) 〈골드버그 장치〉

8.1. 수업 개요

골드버그 장치는 다양한 방식으로 활용되는 수업 주제이다. 어떤 부분에 초점을 맞추는지에 따라 수업의 방향이 달라지는데, 본 수업에서는 각과 각도, 속력 개념을 중점으로 하여 수업이 전개된다. 전체 수업은 소집단 활동으로 진행되며 구성원 간 협력이 강조된다.

첫 번째 활동에서는 골드버그 장치의 의미를 이해하고 과제(15초에 목표 지점에 도달하기)를 확인한다. 학생들은 골드버그 장치 과제 해결을 위해 주어진 데이터를 활용하는 연습 활동을 수행한다. 골드버그 장치에서 쇠구슬이 내려오는 시간을 레일의 각도와 길이를 달리하여 측정해본다. 레일의 길이가 동일할 때 10°, 15°, 30°, 45°도 등 다양하게 각도를 조절하여 쇠구슬이 도착 지점에 도달하는 시간을 측정해보고, 각도가 동일할 때 레일의 길이를 다르게 하여 쇠구슬이 도착 지점에 도달하는 시간을 측정해본다. 이후 실험한 데이터를 바탕으로 쇠구슬의 도달 시간 10초를 구성하는 구성 요소를 조합하여 정리한 후 실험 결과를 발표한다. 이를 통해 골드버그 장치 제작을 위해 고려할 점을 탐구하고 공유한다.

두 번째 활동에서는 골드버그 장치 재료를 탐색하고 골드버그 장치 설계 작업을 수행한다. 골드버그 장치를 구성하는 재료가 특성에 따라 시간 기록에 미칠 영향에 대해 생각해본 후, 재료를 실제로 설치하여 각 재료의 소요 시간을 알아본다. 또한 도미노, 지그재그, 롤러코스터 등 골드버그 장치에 사용될 수 있는 것들을 찾아본다. 다음으로 각도 및 길이 실험과 재료별 시간 측정 데이터를 활용하여 골드버그 장치 설계 작업을 시작한다. 계획서를 작성한 후 소집단별로 발표하고 수정 및 보완 작업을 한다.

세 번째 활동에서는 골드버그 장치를 제작한다. 주어진 레일을 설계에 따라 각도를 재어가며 설치한다. 이후 모둠별로 골드버그 장치 작동 시간을 측정한다. 설계 시 예상한 대로 실행이 되는지 확인한 후 골드버그 장치를 수정 및 보완한다. 이때 예상과 차이가 나는 점에 대해 왜 그런지 충분히 토의하며 PMI 기법을 사용하여 장치의 수정과 보완을 해나간다.

네 번째 활동에서는 소집단별로 제작한 골드버그 장치를 배열하여 실행해본다. 사전에 주어진 과제(15초에 목표 지점에 도달하기)를 가장 잘 수행할 것 같은 장치를 예상하여 투표해 본 후 소집단별 골드버그 장치를 실행한다. 실행 시 시간을 측정하고 왜 이러한 결과가 나왔는지 토의를 진행한다. 그 과정에서 과제 조건을 충족시키는 데 가장 중요한 역할을 한 부분을 찾아본다. 마지막으로 새로운 골드버그 장치 제작 시 주의해야 할 점을 탐구하고 발표하며 아이디어를 공유한다.

[확장형: 4차시 수업 내용]

	차시	주요 활동 내용
수업 내용	1	❖ **골드버그 장치 이해 및 기본 데이터 수집** - 골드버그 장치 의미 이해하기 - 골드버그 과제 확인하기(15초에 목표 지점 도달하기) - 소집단별 각도와 길이에 따른 쇠구슬이 내려오는 시간 측정 - 실험 결과 발표
	2	❖ **골드버그 장치 재료 탐색 및 설계** - 골드버그 장치 제작 시 필요한 재료 탐색하기 - 재료를 설치하여 재료마다 소요되는 시간 데이터 수집하기 - 골드버그 장치 계획서 작성 및 발표하기
	3	❖ **골드버그 장치 제작** - 계획서에 따라 소집단별 골드버그 장치 제작하기 - 골드버그 장치 시험 작동해보기 - 골드버그 장치 수정 및 보완하기
	4	❖ **골드버그 장치 발표 및 평가** - 소집단별 골드버그 장치의 특징 발표하기 - 골드버그 장치 작동 시간 측정하기 - 골드버그 장치 실행 결과에 대한 전체 토의 및 평가하기
준비물	활동 1: 학습지, PPT, 동영상 자료, 골드버그 장치 및 쇠구슬 활동 2: 골드버그 장치 재료(롤러코스터, 도미노/카프라, 쇠구슬), 가위, 테이프 활동 3: 골드버그 장치 재료(롤러코스터, 도미노/카프라, 쇠구슬), 가위, 테이프 활동 4: 학습지, 골드버그 장치	

[일반형: 3차시 수업 내용]

<table>
<tr><td rowspan="4">수업 내용</td><td>차시</td><td>주요 활동 내용</td></tr>
<tr><td>1</td><td>❖ 골드버그 장치 이해 및 탐색
- 골드버그 장치 의미 이해하기
- 소집단별 각도와 길에 따른 쇠구슬이 내려오는 시간 측정 및 재료 탐색</td></tr>
<tr><td>2</td><td>❖ 골드버그 장치 설계 및 제작
- 소집단별 골드버그 장치 설계하기
- 설계에 따라 골드버그 장치 제작하기</td></tr>
<tr><td>3</td><td>❖ 골드버그 장치 실행 및 평가
- 소집단별 골드버그 장치 실행하기
- 골드버그 장치 실행 결과에 대한 전체 토의 및 평가하기</td></tr>
<tr><td>준비물</td><td colspan="2">활동 1: 학습지, PPT, 동영상 자료, 골드버그 장치 재료(롤러코스터, 도미노/카프라, 쇠구슬), 쇠구슬
활동 2: 골드버그 장치 재료(롤러코스터, 도미노/카프라, 쇠구슬), 가위, 테이프
활동 3: 학습지, 골드버그 장치</td></tr>
</table>

8.2. 교육과정과의 연계성

〈수학〉		〈과학〉
▶ **해당 학년군** : 5-6학년군 - 4학년 1학기 각도 - 5학년 1학기 규칙과 대응 - 5학년 2학기 평균과 가능성 - 6학년 1학기 비와 비율 여러 가지 그래프 - 6학년 2학기 비례식과 비례배분	+	▶ **해당 학년군** : 3-4학년군 5-6학년군 - 4학년 1학기 물체의 무게 - 5학년 2학기 물체의 운동 - 6학년 1학기 과학자처럼 탐구해 볼까요?
수학적 추론 능력 - 골드버그 장치에서 레일의 각도와 길이에 따른 시간을 측정해보면서 조건 변화에 따른 결과 추론 **개념 및 원리의 이해** - 각과 각도에 대한 개념 이해 및 원리 적용 - 자료(데이터) 수집 및 정리에 대한 이해 **문제해결 및 의사소통** - 실험 자료의 표현 및 토의 - 수학적 개념을 적용하여 제작한 골드버그 장치에 대한 설명	+	**기본 개념 이해** - 물체에 따른 운동의 차이 이해 - 물체의 빠르기 비교에 대한 이해 **현상에 대한 관심** - 생활 주변에서 찾을 수 있는 물체의 운동 관련 과학적 개념 및 원리 찾기 **과학적 탐구 능력** - 실험 설계와 실행을 통한 개념 적용 - 원리를 적용한 골드버그 장치 제작 및 결과 토의

▌활동 사진

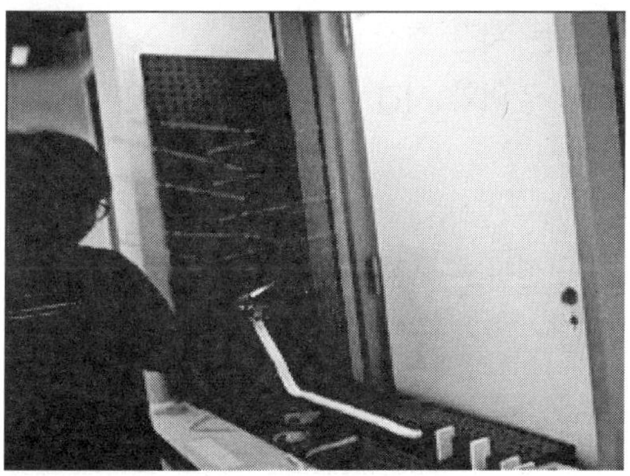

8.3. 교수학습 과정안

<1차시>

활동명	골드버그 장치 이해 및 기본 데이터 수집
활동주제	골드버그 장치 이해하고 실험하기
학습목표	1. 골드버그 장치 원리에 대해 설명할 수 있다. 2. 골드버그 장치 레일의 길이와 각도에 따라 쇠구슬이 내려오는 시간을 측정하여 정리할 수 있다.
수업흐름	**교수학습 활동 내용 및 수업의 전개**
도입	**◈ 일상생활 속 장치에서의 '효율성' 생각해보기** - 낙하가 이루어지는 장치에서의 효율성 탐색 - 효율성과는 거리가 먼 낙하장치에 관하여 탐색해보기
전개	**◈ 골드버그 장치 의미 이해** - 골드버그 장치 관련 동영상 탐색하며 개념과 원리 이해하기 **◈ 골드버그 과제 확인** - 주어진 재료를 사용하여 판의 시작점에서 쇠구슬을 굴려서 15초 안에 목표 지점에 도착하도록 설계하기 **◈ 각도와 길이에 따른 쇠구슬이 내려오는 시간 측정** - 각도: 10도, 15도, 30도, 45도 등 다양한 각도에서 측정 - 길이를 달리하여 동일 각도에서 걸리는 시간 측정 - 기록 내용을 그래프로 그려서 각도와 길이와 시간 사이의 관계 확인 **◈ 미션을 위한 주어진 데이터 활용** - 실험한 데이터를 바탕으로 10초를 구성하는 구성 요소 조합하기
정리	**◈ 모둠별 실험 결과 발표** - 모둠별 결과의 비교 및 토의, 시사점 도출

〈2차시〉

활동명	골드버그 장치 재료 탐색 및 설계
활동주제	골드버그 장치 재료 탐색하고 설계하기
학습목표	1. 골드버그 장치 재료의 특성을 탐색하고 실험할 수 있다. 2. 골드버그 장치를 설계할 수 있다.
수업흐름	교수학습 활동 내용 및 수업의 전개
도입	**◈ 골드버그 장치 제작을 위해 고려해야 하는 점 의견 나누기** - 골드버그 장치 제작을 위해 고려할 점 생각하기 - 골드버그 장치 제작을 위해 고려할 점 발표하기
전개	**◈ 골드버그 장치 재료 탐색하기** - 실제 골드버그 장치를 보고, 필요한 재료에 관해 생각해보기 - 재료가 시간 기록에 미칠 영향에 관하여 토의하고 발표하기 - 재료를 실제로 설치하고 각 재료마다 소요되는 시간 데이터 수집하기 - 도미노, 지그재그, 롤러코스터 등 골드버그 장치에 사용될 수 있는 물체 찾아보기 **◈ 골드버그 장치 설계하기** - 각도, 길이 실험과 재료별 시간 측정 데이터를 활용하여 골드버그 장치 설계하기 - 계획서 발표 및 질의응답 - 계획서 수정 및 역할 분담하기 - 보완할 점 발견하기, 재료 및 설계 세부사항에 관하여 검토하기
정리	**◈ 문제점 예상하기** - 예상되는 문제점을 미리 토의하기

<3차시>

활동명	골드버그 장치 제작
활동주제	골드버그 장치 제작하기
학습목표	수학과 과학의 개념을 바탕으로 골드버그 장치를 제작할 수 있다.
수업흐름	교수학습 활동 내용 및 수업의 전개
도입	**◈ 골드버그 장치 계획서 검토 및 과제 확인하기** - 이전 활동에서 작성한 골드버그 장치 계획서 검토하기 - 과제(운동 시간이 15초에 근접한 골드버그 장치 제작하기) 확인하기
전개	**◈ 골드버그 장치 제작하기** - 주어진 레일을 설계된 바에 따라 각도를 재어가며 붙이기 - 계획서와 다르게 진행된 부분에 표시하며 제작하기 **◈ 중간 측정** - 소집단별로 초시계를 사용하여 시간 측정하기 - 예상한 대로 진행되는지 확인하기 - 제작한 장치에서 보완할 점 찾기 **◈ 골드버그 장치 수정 및 보완하기** - 골드버그 장치 실행 시 예상했던 점과 다른 점을 토대로 왜 다른 결과가 나오는지 토의하기 - PMI 기법을 사용하여 장치 수정 및 보완하기
정리	**◈ 계획서 수정하기** - 최초 계획에서 달라진 부분 수정하기

<4차시>

활동명	골드버그 장치 발표 및 평가
활동주제	골드버그 장치 발표하고 평가하기
학습목표	1. 제작한 골드버그 장치를 발표할 수 있다. 2. 내가 속한 소집단과 다른 소집단이 제작한 골드버그 장치에 대해 평가할 수 있다.
수업흐름	교수학습 활동 내용 및 수업의 전개
도입	◈ **골드버그 장치 갤러리** - 소집단별로 제작한 골드버그 장치를 일렬로 배열하여 감상하기 - 다른 소집단의 골드버그 장치 중 가장 15초에 가까운 기록을 낼 것 같은 골드버그 장치 예상하고 투표하기
전개	◈ **골드버그 장치 발표회** - (소집단별 진행) 제작한 골드버그 장치의 특징 발표하기 - 쇠구슬을 굴려 목표 지점까지 도달한 시간 측정하기 - 결과에 대해 토의하기 ◈ **골드버그 장치 평가회** - 발표 전 투표한 결과와 실제 결과 비교하기 - 조건을 충족시키는 데 가장 중요한 역할을 한 부분 탐색하기 - 골드버그 장치를 제작할 때 겪은 어려움(문제점) 공유하기
정리	◈ **활동 정리 및 발전시키기** - 새로운 골드버그 장치를 제작할 때 주의해야 할 점 정리하기 - 새롭게 제작하고 싶은 골드버그 장치에 대한 의견 나누기

▌활동지

<골드버그 장치 도전!>

ABCDE로 생각하기

이름 (   )

▣ 과제: 쇠구슬이 15초에 가깝게 목표 지점에 떨어지는 골드버그 장치 만들기!

Analyze / Browse	과제를 수행할 수 있는 설계도를 완성하여 봅시다. 골드버그 장치를 제작하기 위해 주어진 조건들은 무엇입니까? 지난 시간에 모둠별 발표를 통해 장치들로부터 얻은 정보는 무엇인가요?

▣ 골드버그를 제작하기 위해 모둠에 주어진 조건은 무엇입니까? (주어진 재료 외에 모둠별 재료가 있다면 해당 재료와 관련된 내용도 함께 적습니다)

▣ 각 모둠별 발표를 통해 장치들로부터 얻은 정보 중 골드버그 제작에 유용한 정보는 무엇이었나요?

▣ 모둠별로 논의한 설계도 중 수정해야겠다고 생각한 부분이 있나요? 왜 수정이 필요하다고 생각했나요? 수정을 하기 위해서 참고한 자료가 있나요?

▣ 과제 해결을 위해 필요한 수학적 지식, 혹은 이와 관련된 다른 교과의 지식은 무엇이 있나요?
(나중에 골드버그 장치를 만들다가 떠오르는 내용이 있다면 추가로 적어도 좋습니다.)

Browse	협력적으로 과제를 수행하기 위해 필요한 것은 무엇인가요?

▣ 모둠에서 역할을 나누어 맡아봅시다. 예시에 제시된 표에 이름을 적어 넣어도 좋고, 모둠별로 역할을 새로 정하여 아래 빈칸에 적어넣어도 좋습니다.

예시)

역할	이름
설계도 확인 및 수정	
골드버그 부품 관리	
시간 측정	
쇠구슬 굴리기	

모듈 / 단계	이름

역할	이름

	이름

▣ 모둠 과제 수행 과정에서 협력적으로 문제를 해결할 때 방해 요소는 무엇이었나요? 방해요소를 어떻게 하면 줄일 수 있을까요?

▣ 모둠에서 갈등이 생길 경우 어떠한 방식으로 문제를 함께 해결해나갈지 모둠을 위한 규칙을 정해봅시다.

1	
2	
3	

Create/ Decision-Making	설계도에 따라 장치를 제작해봅시다.

▣ 작성한 설계도에서 수정할 부분이나, 새로 장치를 추가해야 하는 부분이 있다면 다시 기록하여 봅시다.

▣ 설계도를 보면서 장치를 제작하여 봅시다.

- 구슬이 잘 굴러가는 부분과 굴러가지 못하는(계획대로 안되는) 부분을 살펴봅시다.
- 설계도에 계획대로 된 부분(O)과 그렇지 못한 부분(V)으로 표시하여 봅시다.

▣ 수정이 필요한 부분은 어디인가요? 어떻게 고치면 좋을지 가능한 다양한 의견을 써봅시다. 의견 중 가장 적절하여 적용하려고 하는 것에 동그라미를 하고 이유를 적으세요.

<table>
<tr><th>수정이 필요한 부분</th><th colspan="2">어떻게 고칠까?</th></tr>
<tr><td rowspan="2"></td><td colspan="2"></td></tr>
<tr><td>선정 이유</td><td></td></tr>
<tr><td rowspan="2"></td><td colspan="2"></td></tr>
<tr><td>선정 이유</td><td></td></tr>
<tr><td rowspan="2"></td><td colspan="2"></td></tr>
<tr><td>선정 이유</td><td></td></tr>
<tr><td rowspan="2"></td><td colspan="2"></td></tr>
<tr><td>선정 이유</td><td></td></tr>
<tr><td rowspan="2"></td><td colspan="2"></td></tr>
<tr><td>선정 이유</td><td></td></tr>
</table>

Create/ Decision-Making	설계도에 따라 장치를 제작해봅시다.

▣ 완성한 장치로 시간을 측정해봅시다. 3번 측정하고 15초에 가장 가까운 것을 표시해봅시다.

측정 회차	1회	2회	3회
시간 (초)			

Evaluate	다른 모둠의 발표를 들으면서, 우리 모둠의 장치를 평가해보고, 수정 보완하여 봅시다.

▣ 모둠별로 발표하기 전에 각 모둠의 장치가 어떻게 생겼는지 관찰해봅시다.

▣ 다른 모둠이 발표하는 동안, 각 모둠의 장치가 적절하게 작동할 수 있는지 평가해보세요. 만약, 장치에 보완할 점이 필요하다면 어떤 점이 왜 필요한지 써보세요.

모둠	보완할 점과 그 이유

▣ 다른 모둠의 장치를 살펴보고, 우리 모둠이 보다 더 과제를 잘 수행하기 위해서 추가해야 할 부분과 제거해야 할 부분이 있는지 모둠의 장치를 평가한 뒤 적어봅시다.

▣ 다른 모둠의 장치를 살펴보고, 활용하고 싶은 아이디어가 있는지 찾아 적어봅시다.

구분	수정·보완 내용
더해야 할 장치 / 더 필요한 재료	
필요 없는 부분 / 시간 조절을 위해 없애야 하는 요소	
활용하고 싶은 다른 모둠의 아이디어	

Create/Decision-Making /Evaluate	수정/보완한 설계도에 따라 장치를 수정하여 봅시다.

▣ 기존 설계도에서 과제 수행에 실패한 부분이 있다면 수정해봅시다. 구슬이 장치를 모두 굴러가는 데 성공했다면, 15초에 더 가깝게 할 수 있도록 설계도를 수정하여 봅시다.

▣ 수정한 부분은 어디인가요? 수정한 이유를 적고, 장치를 작동시켜 보세요. 수정/보완한 부분이 성공적이었나요? 성공적이지 않았다면 어떤 부분을 더 고려해야 할까요?

수정한 부분	수정 이유	성공여부	더 고려해야 할 점(실패 시)
		(성공, 실패)	
		(성공, 실패)	
		(성공, 실패)	
		(성공, 실패)	
		(성공, 실패)	
		(성공, 실패)	
		(성공, 실패)	
		(성공, 실패)	

▌참고영상 사이트 주소

[Space Folding Cube]

1. 공간 활용 신기한 가구
   (https://www.youtube.com/watch?v=stWXVoGJb3s)
2. 공간 절약 가구
   (https://www.youtube.com/watch?v=gWmjniq40Ws)
3. 비밀 방과 비밀 가구
   (https://www.youtube.com/watch?v=jbEg8mX234Q)

[위치의 달인]

1. 대칭의 힘
   (http://www.ebsmath.co.kr/url/go/61155)
2. 내 몸의 좌표
   (http://www.ebsmath.co.kr/url/go/12349)
3. 데카르트의 파리잡기(게임)
   (http://www.ebsmath.co.kr/url/go/51943)

[음악이 흐르는 수학]

1. 음악의 아름다운 선율이 수학과 연관이 있다? / YTN 사이언스
   (https://www.youtube.com/watch?v=ZMNT8k2xNM0)
2. 내 귀의 음악! 음악 속 숨겨진 과학적 원리 : 음악과 감정, 음악과 지능, ASMR / YTN 사이언스 (https://www.youtube.com/watch?v=clx270hN_6o)
3. 음악과 수학: 베토벤의 천재성 - 나탈리아 세인트 클레어 (Natalya St. Clair) / TED-Ed
   (https://www.youtube.com/watch?v=zAxT0mRGuoY)
4. 자다르 바다 오르간 / 직접 촬영
5. [Canon] 캐논 EOS 70D 글라스 하프 광고 영상 (Full ver.) / 캐논TV - Canon Korea
   (https://www.youtube.com/watch?v=PlQibWaPAcM)
6. CHROME MUSIC LAB SONG MAKER GOOGLE - BEETHOVEN / Prensa21
   (https://www.youtube.com/watch?v=gGbuGtk8-5k)

참고도서

1. 콜린 베버리지(장정문 옮김)(2018). 일상에 숨겨진 수학 이야기. 소우주
2. 신현용, 신혜선, 나준영, 신기철(2014). 수학 in 음악. 교우사
3. 김일선(2017). 단위로 읽는 세상. 김영사
4. 다케우치 가오루(서수지 옮김)(2018). 소수는 어떻게 사람을 매혹하는가?. 사람과 나무사이
5. 공창운(2018). 체험! 수학바둑. 서울: 조이북스.
6. 이수지(2009). 거울속으로. 서울: 비룡소.
7. 이세돌(2011). 이세돌의 어린이 바둑 교과서 1(바둑의 기본 규칙과 돌 따내기). 서울: 키즈조선.
8. 이세돌(2011). 이세돌의 어린이 바둑 교과서 2(효율적인 집 만들기). 서울: 키즈조선.
9. 이세돌(2011). 이세돌의 어린이 바둑 교과서 3(돌의 연결과 절단). 서울: 키즈조선.

활용 사진

[위치의 달인-재미있는 대칭]

1. 한국관광공사 이미지(두드림-한국관광공사)
2. 한국관광공사 이미지(한국관광공사 김지호-한국관광공사)
3. 한국관광공사 이미지(한국관광공사 김지호-한국관광공사)
4. 한국관광공사 이미지(한국관광공사 김지호-한국관광공사)
5. 한국관광공사 이미지(한국관광공사 박성근-한국관광공사)
6. 한국관광공사 이미지(한국관광공사 김지호-한국관광공사)

[음악이 흐르는 수학-음악의 친구, 수학!]

1. 피타고라스(구글 이미지)
2. 플라톤(구글 이미지)
3. 오일러(구글 이미지)
4. 라이프니츠(구글 이미지)
5. 메르센(구글 이미지)
6. 페르 엔플로(구글 이미지)

Part III

수학 중심 창의 · 융합형 수업의 적용 및 교육적 의미

* 본 편은 연구발표(김동희, 김민경, 2020; 김민경, 이지영, 2018; 김민경, 이지영, 2020)의 일부를 요약, 수정보완하며 본 편의 내용 구성에 맞게 종합 기술함.

본 Part는 체화된 인지 관점에서의 학생들이 각과 각도에 대해 어떠한 이해를 형성하고 있는지 분석하고, 각과 각도에 대한 수학 중심 융합 수업의 적용 결과를 정리하였다. 우선, 초등학교 4학년 학생들에게 3수준으로 구성된 문항지를 해결하도록 하였고, 루브릭으로 학생의 해결 결과를 채점하여 오답의 유형과 비율을 살펴보았다. 그리고 서울 소재 대학부설 영재교육원에 재학 중인 초등학교 5, 6학년 학생들을 대상으로 체화된 인지 관점의 수학 중심 융합 수업을 적용한 후, 학생들의 융합적 소양, 협력적 문제해결력, 집단창의성을 다양한 방법으로 분석하였다. 이를 통해 체화된 인지 관점의 수학 수업을 현장에 적용하기 위한 시사점과 후속 연구를 위한 다양한 제언을 제시하였다.

본 Part의 구성은 9장 체화된 인지 관점에서 초등학생의 각도 이해 및 오개념 분석, 10장과 11장 체화된 인지 관점에서 창의 · 융합형 수학 교수 · 학습의 적용으로 이루어져 있다. 먼저 9장에서는 초등학교 학생들이 각과 각도에 대해 어떠한 이해를 형성하고 있는지 각과 각도 학습이 일어나는 4학년 학생을 대상으로 분석 결과를 기술하였다. 9장에서는 학생들이 각과 각도를 어떻게 이해하고 있으며, 기존 연구를 지지하는 부분과 더불어 기존 연구에서 드러나지 않았던 학생의 오개념 유형을 살펴봄으로써 학교 현장에서 각과 각도를 위한 학습에서 어떠한 점을 고려해야 하는지, 학생들의 이해를 위해 필요한 지원이나 노력은 무엇인지 논의하고자 하였다. 10장은 체화된 인지 관점에서 수학 중심 융합 수업을 적용한 결과 나타나는 학생들의 융합적 소양과 협력적 문제해결력 양상을 기술하였으며, 11장은 체화된 인지 관점의 수학 중심 융합 수업의 협력적 문제해결력 변화와 집단창의성 발현 양상을 기술하였다. '체화'라는 말은 교육에서는 익숙한 용어는 아니지만 그 특성은 그동안 교육이 추구해오던 것과 맥락을 나란히 한다. '체화된 인지' 관점에서 학생이 지식을 체험하고, 형성해 나갈 수 있도록 다양한 환경을 제시하고, 적용하는 과정에서 본 연구의 내용이 하나의 시도이자 움직임으로서 후속 연구를 위한 다양한 시사점을 제공할 수 있기를 바란다.

9 체화된 인지 관점으로 보는 초등학생의 각도 이해 및 오개념 분석: 각과 각도에 대한 개념을 중심으로

9.1 개요

본 연구는 각과 각도에 대한 초등학생들의 이해와 오개념 분석을 위해 서울시 산하 11개 교육지원청 소속 초등학교 4학년 학생 550명을 대상으로 각과 각도에 대한 문항을 3개 수준으로 제시하여 학생들의 이해를 탐색하고자 하였다. 학생들의 각과 각도에 대한 오개념을 분석하여 유형화한 결과 학생들은 구조화되고 정형화된 각과 각도 문제는 비교적 잘 해결하나 실생활과 연결되는 문제해결에는 어려움을 겪었으며, 도구적 이해보다는 관계적 이해가 미흡함이 드러났다. 학생들의 현실적인 문제 상황을 합리적이고 융통성 있게, 효율적으로 해결할 수 있도록 학교 현장을 지원하는 방안이 다각적으로 모색될 필요가 있을 것이다.

9.2 연구 방법

9.2.1. 분석 대상

서울시교육청 산하 11개 교육지원청에 대하여 각 지원청에서 1~2개 학교를 선정하였고, 그 중 연구 참여에 동의하는 4학년 2~3개 학급을 선정하였다. 각 학교에서 표집한 학급 수가 달라지는 이유는 학교 및 학급 규모에 따라 학교 수와 학급 수에 차이가 있었기 때문이다. 각 지역에서 골고루 학생들이 포함될 수 있도록, 지역청별로 50명의 연구 참여자를 모아 연구를 진행하였고, 총 550명의 학생들을 대상으로 문항 반응 데이터를 수집하였다.

9.2.2. 연구 설계

연구는 다음 [그림 9-1]과 같이 진행되었는데, 문헌 분석을 통해 초등학교 4학년 학생들의 각과 각도에 대한 문제해결과 이해 수준을 탐색할 수 있는 문항 및 루브릭을 개발하였다. 본 연구에서 제시하는 '문제해결'의 분석은 수학 교과역량과 같이 광의의 문제해결을 의미하기보다는 문항지에 제시된 전체 문항(10문항) 중 학생이 해결한 문항 수의 비율을 분석하여 그 정도를 파악하였다. 그 뒤 예비검토 과정에서 4학년 학생 20명에게 개발한 문항을 제시하여 학생들의 문제해결을 분석하였다. 이를 바탕으로 문항의 난이도를 점검하였고, 문항의 문제점(문장 이해도, 문제의 명료성 등)을 발견하여 수정 및 보완 작업을 거쳐 수준과 유형별로 고르게 10문항을 선별하여 본 문항지를 개발하였다.

[그림 9-1] 연구 절차

본 연구는 서울시의 11개 교육지원청별 초등학교 4학년 학생 50명씩 총 550명을 대상으로 학생이 응답한 문항지를 평가하였으며, 그 결과를 코딩한 후 각과 각도에 대한 문제해결과 이해 수준을 살펴보고 이 둘 간의 상관관계를 분석하였다.

9.2.3. 분석틀 및 분석방법

Scally(1990)의 3가지 수준(1-3수준)은 Van Hiele의 기하 사고 수준을 기반으로 각과 각도에 대한 수준을 구체화하고 특징화하였는데, 각과 각도 문항에서 나타난 참여자의 반응 분석은 이를 참고하여 Scally의 범주를 활용하였고 본 연구도 3가지 수준(1-3수준)으로 분석을 실시하였다.

먼저 Scally의 범주에 따라 각 수준별로 6개씩 총 18개 문항을 개발하였다. 1수준에 해당하는 과제는 '각 인지하기, 각 그리기, 각 분류하기'로 세분화하여 문항이 특정 유형에 편중되지 않도록 하였다. 문항 개발은 현직 초등교사이면서 석·박사 이상으로 이루어진 연구자 4명의 문헌 분석을 토대로 진행되었다. 18개 문항에는 연구진이 순수 개발한 문항과 문헌 분석(핀란드 교과서, 미국 MIC 교재, 해외 박사 학위 논문 및 학회지 등)을 통해 수정·보완한 문항이 모두 포함되었다. 개발된 문항을 토대로 예비 검사 단계에서 활용할 예비 문항지를 제작하였는데, 예비 문항지는 A형, B형으로 나뉘어 있으며, 유형별로 서로 다른 5개 문항이 제시된다. 예비 문항지에 포함된 10개 문항과 루브릭은 전문가 집단(3명)을 통해 내용 타당도를 검증받았다. 이에 대한 내용은 다음 <표 9-1>과 같다.

〈표 9-1〉 문항 개발 및 사전연구 예비 문항지

<table>
<tr><th colspan="2" rowspan="2">문항 수 / 수준 & 과제</th><th colspan="2" rowspan="2">최초 문항 개발</th><th colspan="3">예비 문항지(사전연구)</th></tr>
<tr><th>A형</th><th>B형</th><th>문항수</th></tr>
<tr><td rowspan="3">과제
<1수준></td><td>각 인지하기</td><td>2</td><td rowspan="3">6</td><td>1</td><td>1</td><td rowspan="3">6</td></tr>
<tr><td>각 그리기</td><td>2</td><td>1</td><td>1</td></tr>
<tr><td>각 분류하기</td><td>2</td><td>1</td><td>1</td></tr>
<tr><td>과제
<2수준></td><td>각 측정하기</td><td colspan="2">6</td><td>1</td><td>1</td><td>2</td></tr>
<tr><td>과제
<3수준></td><td>각 관계 파악 및 추론하기</td><td colspan="2">6</td><td>1</td><td>1</td><td>2</td></tr>
</table>

예비검사는 초등학교 4학년 학생 20명을 대상으로 이루어졌는데, 예비검사 참가자 20명은 무작위로 10명씩 2집단으로 나뉘었으며, 한 집단은 A형, 다른 집단은 B형 문항지를 해결하였다. 예비검사가 종료된 뒤 학생들의 문제해결과정 및 결과를 토대로 문항 난이도에 대한 연구진의 재논의와 전반적인 문항검토가 이루어졌으며, 검토 후 문항과 루브릭을 수정・보완하여 최종 문항지와 루브릭을 제작하였다. 최종 문항지는 예비 문항지와 달리 하나의 유형이며 총 10개 문항으로 구성되었다. 1수준 문항 4개, 2수준 문항 3개, 3수준 문항 3개로 구성되며 수준별 문항 수와 해당 문항 번호는 다음 <표 9-2>와 같다.

〈표 9-2〉 최종 문항지 문항 구성

<table>
<tr><th colspan="2">문항 정보 / 수준 & 과제</th><th colspan="2">본 문항지 문항 수</th><th>해당 문항 번호</th></tr>
<tr><td rowspan="3">과제
<1수준></td><td>각 인지하기</td><td>1</td><td rowspan="3">4</td><td>5</td></tr>
<tr><td>각 그리기</td><td>2</td><td>1, 3</td></tr>
<tr><td>각 분류하기</td><td>1</td><td>2</td></tr>
<tr><td>과제
<2수준></td><td>각 측정하기</td><td colspan="2">3</td><td>6, 7, 9</td></tr>
<tr><td>과제
<3수준></td><td>각 관계 파악 및 추론하기</td><td colspan="2">3</td><td>4, 8, 10</td></tr>
</table>

최종 문항지와 루브릭은 예비 문항지와 마찬가지로 전문가 집단을 거쳐 내용 타당도를 검증받았다. 최종 문항지 제작 완료 후 서울시 각 지역교육청(11개)의 초등학교 4학년 학생 50명, 총 550명을 대상으로 실시하였으며, 최종 문항지 문항 내용은 다음 <표 9-3>과 같다.

〈표 9-3〉 최종 문항지 문항 내용

문항 번호	수준 & 과제		내용	참조/출처
	수준	과제		
1	1	각 그리기	주어진 각의 크기 그리기	핀란드 교과서
2	1	각 분류하기	그림에서 각을 찾고 직각, 예각, 둔각으로 분류하기	연구진 개발
3	1	각 그리기	둔각이 1개 포함된 사각형 그리기	핀란드 교과서
4	3	각 관계 파악 및 추론하기	땅, 벽, 사다리가 이루는 각을 보고 각 관계 설명하기	미국 MIC 교재
5	1	각 인지하기	'각'인 것 고르기	Crompton (2013)
6	2	각 측정하기	그림을 보고 각도 어림하기	연구진 개발
7	2	각 측정하기	크기가 다른 각 그리기	Devichi, & Munier (2013)
8	3	각 관계 파악 및 추론하기	가림막이 있을 때 시야각 추론하기	
9	2	각 측정하기	가장 큰 각과 가장 작은 각 찾기	Khasanova(2015)
10	3	각 관계 파악 및 추론하기	시계의 시침과 각 관계를 이해하고 추론하기	

본 연구의 분석을 위해 우선 회수된 문항지를 평가자 3인이 사전에 제작된 루브릭(분석틀)을 토대로 평가하였다. 루브릭에 따라 한 문항 당 0점, 0.5점, 1점의 점수를 부여하였고, 평가자 3인이 동시에 한 공간에 모여서 실시하였다. 평가 과정에서 모든 자료에 대해 평가자 간 교차 검토를 실시하여 오류 및 오차를 최소화하였다. 평가 종료 후 각 연구 참여자에 대한 평가 결과를 10개 문항별로 입력하였으며, 이후 입력 데이터를 바탕으로 연구 문제에 따라 분석을 실시하였다. 분석은 크게 다음의 3가지 방향으로 진행하였다.

첫째, 각과 각도에 대한 학생들의 이해를 살펴보기 위해 문항지에 제시된 10개 문항은 각각 3개 수준(1-3수준)으로 분류하였다. 엑셀과 SPSS를 활용하여 학생들의 각과 각도에 대한 이해를 문항별, 수준별로 분석하였다. 둘째, 앞서 언급된 방법에서 나타난 결과를 토대로 SPSS를 활용하여 각과 각도에 대한 학생들의 이해 수준간 상관 관계를 살펴보았다. 셋째, 이해 수준 범주별로 문항 평균이 0.5점 이하인 문항을 탐색하여 학생들의 오개념을 분석하였다. 학생들에게 제시된 전체 문항은 0점, 0.5점, 1점으로 평가되었기 때문에 0.5점을 문항 관련 개념에 대한 이해의 분수령으로 보았다. 따라서 문항 평균 0.5점 미만일 때 해당 문항과 관련된 개념을 대다수 학생이 정확히 이해하지 못하고 있는 것으로 판단하여 학생들의 오개념을 유형화하여 정리 및 분석하였다.

9.3. 분석 결과

9.3.1. 각과 각도에 대한 학생들의 이해

9.3.1.1. 문항 및 수준별 전체 결과

4학년 학생들의 각과 각도에 대한 문제해결 결과는 문항별로 다음 <표 9-4>, [그림 9-2]와 같다. 학생들의 평균 점수가 가장 높은 문항은 1번 문항으로, 1수준의 주어진 각의 크기를 어림하여 그리는 '각 그리기 과제' 였다. 이를 통해 각 그리기에 대한 학생들의 이해가 상대적으로 높다는 것을 알 수 있었다.

〈표 9-4〉 문항별 결과

문항 번호	수준 & 과제		평균(점)
	수준	과제	
1	1	각 그리기	0.98
2	1	각 분류하기	0.31
3	1	각 그리기	0.81
4	3	각 관계 파악 및 추론하기	0.05
5	1	각 인지하기	0.85
6	2	각 측정하기	0.90
7	2	각 측정하기	0.91
8	3	각 관계 파악 및 추론하기	0.30
9	2	각 측정하기	0.74
10	3	각 관계 파악 및 추론하기	0.79

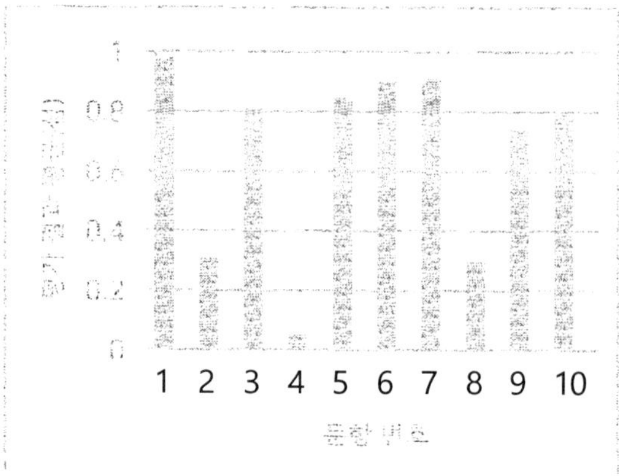

[그림 9-2] 문항별 결과

한편, 10개 문항 중 학생들의 평균 점수가 가장 낮은 문항은 4번 문항으로, 3수준의 '각 관계 파악 및 추론하기' 과제였다. 학생들은 제시된 그림 속 땅, 벽, 사다리가 이루는 각을 보고 삼각형의 세 각의 크기의 합을 설명해야 했는데, 이에 대한 이해가 다른 문항에 비해 낮게 나타났다.

다음으로 4학년 학생들의 각과 각도에 대한 이해 수준별 분석 및 비율은 다음 [그림 9-3], <표 9-5>와 같다. 1수준(외현에 따른 각 인지, 특징화, 조직화)에 해당하는 문항은 1, 2, 3, 5번 문항, 2수준(각에 대한 특성 확립 및 문제해결에의 적용)에 해당하는 문항은 6, 7, 9번 문항, 3수준(정의 확립과 사용, 연역적 추론)에 해당하는 문항은 4, 8, 10번 문항이었다. 이 중 학생들의 이해 비율이 가장 높은 수준의 범주는 2수준이었고, 가장 낮은 수준의 범주는 3수준이었다. 즉, 학생들은 각에 대한 특성 확립 및 문제해결에의 적용과 외현에 따른 각 인지, 특징화, 조직화 측면에서 비교적 수월한 이해를 나타낸 반면, 각 관계 파악 및 추론하기 측면에서는 낮은 이해 수준을 보였다.

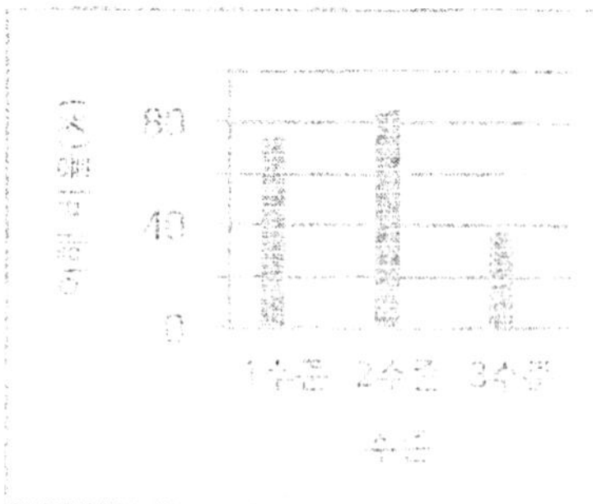

[그림 9-3] 수준별 이해 비율

〈표 9-5〉 수준별 문항 분석

수준	문항 번호	과제	평균(점)	
			문항별	수준별
<1> 외현에 따른 각 인지, 특징화, 조직화	1*	각 그리기	0.98	0.74
	2**	각 분류하기	0.31	
	3	각 그리기	0.81	
	5	각 인지하기	0.85	
<2> 각에 대한 특성 확립 및 문제해결에의 적용	6	각 측정하기	0.90	0.85
	7*	각 측정하기	0.91	
	9**	각 측정하기	0.74	
<3> 정의 확립과 사용, 연역적 추론	4**	각 관계 파악 및 추론하기	0.05	0.38
	8	각 관계 파악 및 추론하기	0.30	
	10*	각 관계 파악 및 추론하기	0.79	

* 수준별 가장 높은 이해를 나타낸 문항
** 수준별 가장 낮은 이해를 나타낸 문항

9.3.1.2. 1수준 결과

1수준에서 가장 높은 이해를 나타낸 문항은 1번 문항으로, 주어진 각의 크기를 그리는 문항이었으며, 가장 낮은 이해를 나타낸 문항은 2번으로 그림에서 각을 찾고, 직각, 예각, 둔각으로 분류하는 문항이었다. 1번과 2번 문항은 [그림 9-4]와 같으며, 각 문항의 평점은 다음 <표 9-6>과 같다.

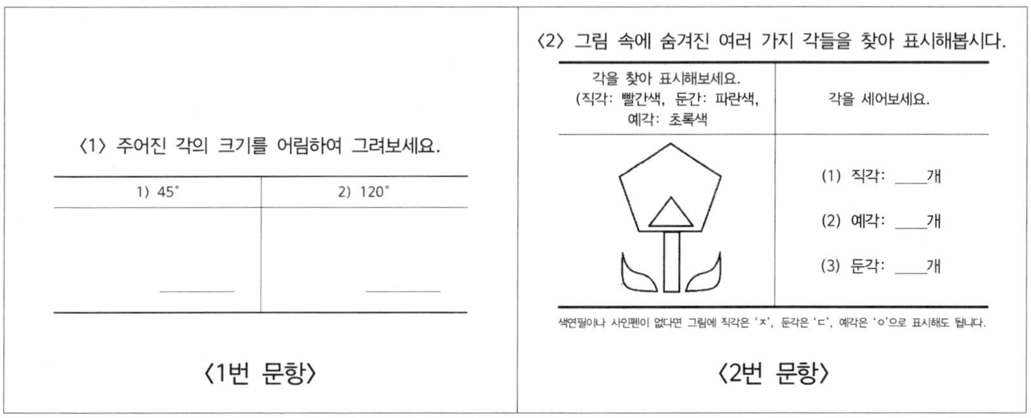

[그림 9-4] 1번 문항과 2번 문항

〈표 9-6〉 1번 문항과 2번 문항의 평점

문항	평점		문항	평점	
1	0	1)과 2)문제 모두 틀린 경우	2	0	예각, 둔각, 직각을 구분하여 찾지 못하고 센 숫자도 정확하지 않은 경우
	0.5	1)과 2)문제 중 하나만 맞은 경우		0.5	직각, 예각, 둔각 중 하나만 틀린 경우 예) 직각을 4개라 인식하고 4개만 표시함. 나머지 예각과 둔각은 모두 맞음
	1	1) 주어진 각의 크기를 직각의 1/2만큼 어림하여 비교적 정확하게 그림(예각 형태) 2) 주어진 각의 크기를 직각보다 크고 180°보다 작게 어림하여 비교적 정확하게 그림(둔각 형태)		1	(1) 6개 (2) 3개 (3) 5개

학생들이 1수준 1번 문항에서 평균 점수가 높게 나타난 것은 주어진 각의 크기가 45°, 120°로 비교적 그리기 어렵지 않은 각의 크기였기 때문이다. 45°의 경우 예각이면서, 90°의 1/2로 학생들이 교과서에 제시된 활동으로 쉽게 접할 수 있는 문항이었다. 120°도 역시 둔각의 예로 자주 제시되는 크기의 각이기 때문에, 대부분의 학생들이 1번 문항을 비교적 쉽게 해결하였다.

1수준 2번 문항에서 학생들은 대체로 예각과 둔각을 잘 분류하고 찾아냈다. 하지만 직각을 찾는 부분에서 많은 오류를 보였는데, 2번 문항에서 직사각형 내부에 있는 직각 4개는 잘 찾았지만 직사각형 위에 위치한 오각형의 한 변과 이루는 직각 2개는 잘 찾아내지 못하였다. 즉, 학생들은 정형화된 도형의 내부에 있는 각만을 각으로 인지하고 분류하며 외부의 각을 인지하거나 분류하는 것은 상대적으로 미흡했다. 이는 직각, 예각, 둔각에 대한 이해가 구조화된 틀에서 벗어날 때는 상대적으로 낮을 수 있음을 시사한다.

9.3.1.3. 2수준 결과

2수준에서 가장 높은 이해를 나타낸 문항은 7번이며, 가장 낮은 이해를 나타낸 문항은 9번 문항으로 다음 [그림 9-5]와 같다. 7번 문항은 크기가 다른 각을 그리는 문항이며, 9번 문항은 가장 큰 각과 작은 각을 찾는 문항이었다.

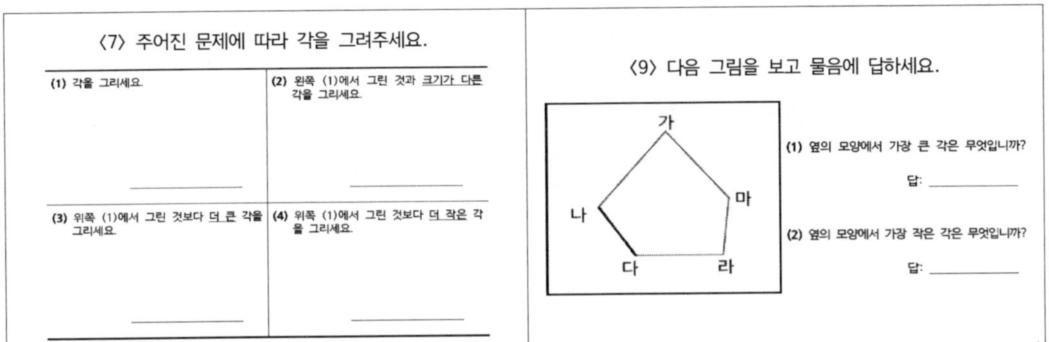

〈7번 문항〉 〈9번 문항〉

[그림 9-5] 7번 문항과 9번 문항

7번 문항과 9번 문항에 대한 평점은 다음 <표 9-7>과 같다. 2수준 7번 문항에서 학생들은 높은 정답률을 보였는데, 이는 학생들이 크기가 다른 각에 대한 이해를 정확히 하고 있음을 나타낸다. <표 9-7> 루브릭의 0점 예시답안에서 볼 수 있듯이 크기가 다른 각에 대한 이해가 미흡한 경우 '각의 크기'를 각의 생김새 자체에 대한 크기로 오해하여 잘못된 문제해결 결과를 드러낼 수 있다.

〈표 9-7〉 7번 문항과 9번 문항의 평점

문항	평점		문항	평점	
7	0	(1)에서 그린 각을 기준으로 (2), (3), (4)가 모두 틀린 경우 예)	9	0	(1)과 (2) 모두 틀린 경우
	0.5	(1)에서 그린 각을 기준으로 (2)는 맞았으나 (3)과 (4)는 틀린 경우		0.5	(1)과 (2) 중 하나만 맞았을 경우
	1	예)		1	(1) 마 (2) 가

2수준 9번 문항은 2수준에서는 상대적으로 가장 낮은 이해를 보였다. 하지만 평균은 0,74점으로 비교적 9번 문항과 관련한 개념을 학생들이 잘 이해하는 것으로 나타났는데, 9번 문항을 해결할 때 학생들은 각도기를 활용하여 각의 크기를 비교하면서 측정 과정을 정교화하는 것으로 보인다.

9.3.1.4. 3수준 결과

3수준에서 가장 높은 이해를 드러낸 문항은 10번으로, 시계의 시침과 각 관계를 이해하고 추론하는 문항이었다. 가장 낮은 이해를 보인 문항은 4번으로 땅, 벽, 사다리가 이루는 각을 보고 각 관계를 설명하는 문항이었다. 10번과 4번 문항은 [그림 9-6]과 같으며, 각 문항에 대한 평점은 <표 9-8>과 같다.

〈10〉 시계의 시침은 한 시간마다 30°씩 이동합니다. 시침이 150° 이동하려면 몇 시간이 필요합니까?

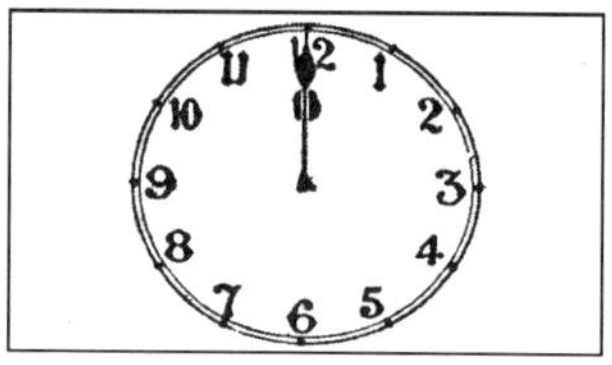

답: ________시간

〈10번 문항〉

〈4〉 아래 그림은 벽에 기대어 놓은 사다리를 옆에서 본 것입니다. 물음에 답해주세요.

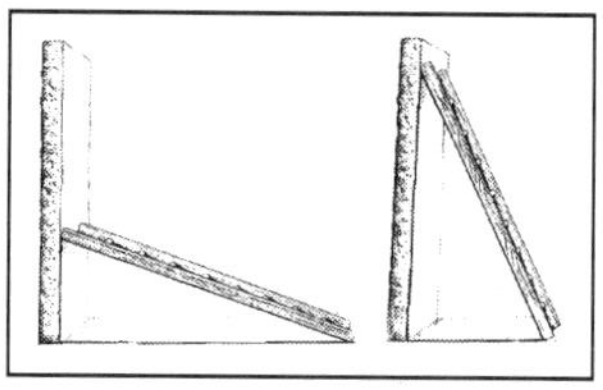

(1) 벽과 사다리가 이루는 각을 위의 그림에 표시(ㄴ)해주세요.
(2) 땅과 사다리가 이루는 각을 위의 그림에 표시(ㄴ)해주세요.
(3) 두 각의 관계를 설명해주세요.

〈4번 문항〉

[그림 9-7] 10번 문항과 4번 문항

〈표 9-8〉 10번 문항과 4번 문항의 평점

문항	평점		문항	평점	
10	0	틀린 경우	4	0	각의 관계를 알지 못하며, 각을 제대로 표시하지 못한 경우
	0.5	해당없음		0.5	두 각의 관계를 정확하게 설명하였으나 각을 제대로 표시하지 않은 경우
	1	5시간		1	(1), (2): 각을 모두 명확하게 표시함 (3): 예) 두 각의 크기를 더하면 항상 90°(직각)이다.

3수준 10번 문항에서 학생들이 높은 이해를 보인 이유는 문제상황에서 제시하고 있는 각 관계를 제대로 파악하고, 이를 바탕으로 필요한 시간을 정확히 추론했기 때문이다. 1시간마다 시침이 30°씩 이동한다는 조건에서 기준 단위를 명확히 이해한 학생들은 150°만큼 이동하기 위해 필요한 시간(5시간)을 어렵지 않게 추론하였다. 그러나 시간과 시침의 각 이동 관계를 이해하지 못한 학생들은 문제를 해결하지 못하였다.

4번 문항에서 학생들의 이해가 가장 낮았던 것은 해당 문항이 실생활과 연계된 각의 관계에 대해 묻는 것으로, 기존에 많이 접했던 문항의 형태와는 다소 달랐기 때문이다. 4번 문항은 미국의 MIC 교재에 제시된 문항을 응용한 것으로, MIC 교재는 주로 수학 개념을 실생활과 연계한 문항을 제시한다. 한국의 교과서와 비교했을 때 '생각 수학' 내지는 '탐구 수학' 부분과 비슷하다.

우리나라는 4학년 1학기 각도 단원에서 '삼각형의 세 각의 크기의 합'에 대한 개념을 학습하며, 이때 교과서에서 주로 제시되는 삼각형은 정형화되고 구조화된 형태이다. 하지만 4번 문항의 경우 실생활 맥락의 삼각형 형태를 제시하고 있기 때문에 '삼각형의 세 각의 크기의 합'에 대한 개념은 동일하지만 익숙히 보아오던 문항 형태와 달라 학생들이 문제해결에 다소 어려움을 겪으며 정답률이 낮게 나타난 것으로 보인다.

9.3.2. 각과 각도에 대한 학생들의 오개념

각과 각도에 대한 4학년 학생들의 오개념을 살펴보기 위해 문항 평균이 0.5점 이하인 문항을 토대로 분석을 실시하였다. 10개 문항 중 550명의 문항 평균이 0.5점 이하인 문항은 [그림 9-8]과 같이 2번, 4번, 8번 문항이었다.

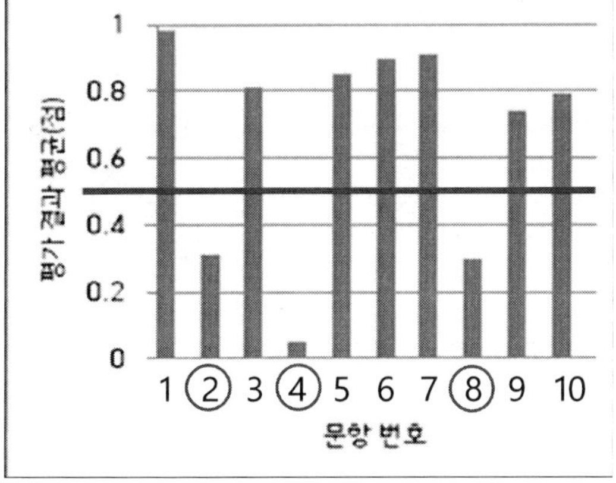

[그림 9-8] 문항별 평균이 0.5점 이하인 문항

문항 평균이 0.5점 이하인 경우 많은 학생들이 해당 문항과 관련된 각과 각도 개념을 명확히 이해하지는 못한 것으로 보았다. 이에 따라 문항별 학생들의 오답 유형을 범주화하고 그 유형과 연관된 각과 각도에 대한 오개념을 정리하여 분석하였다.
2번 문항의 경우, 1수준에 해당하는 것으로 '각 분류하기' 과제가 제시되었으며 학생들의 문항 평균 점수는 0.31점이었다. 2번 문항에 대한 학생들의 전체 오답을 모두 분석한 결과 오개념의 유형과 그 예는 다음 <표 9-9>와 같다.

〈표 9-9〉 2번 문항 오개념 유형 및 예

오개념 유형	설명	예시
1. 직각	도형 내부에 있는 직각만 직각으로 이해하고 있는 경우	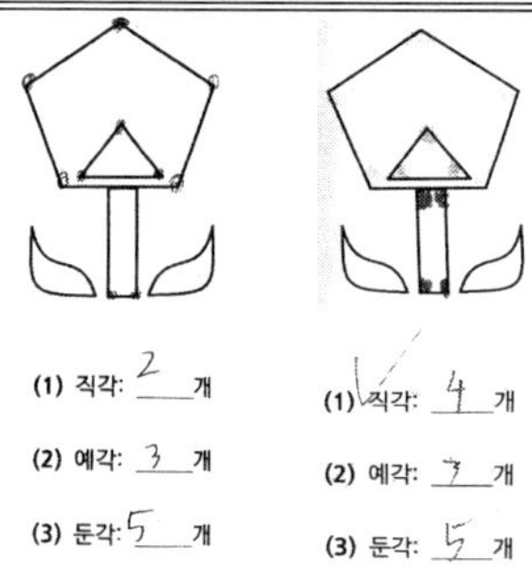
2. 예각	반곡선끼리 예각을 이룰 수 있다고 이해하는 경우	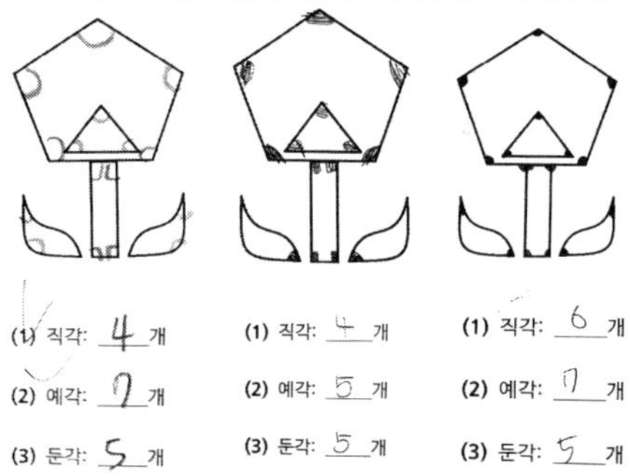
3. 둔각	둔각은 90°보다 크고 180°보다 작은 각인데, 180°보다 큰 각을 둔각으로 이해하고 있는 경우, 반곡선끼리 둔각을 이룰 수 있다고 이해하는 경우	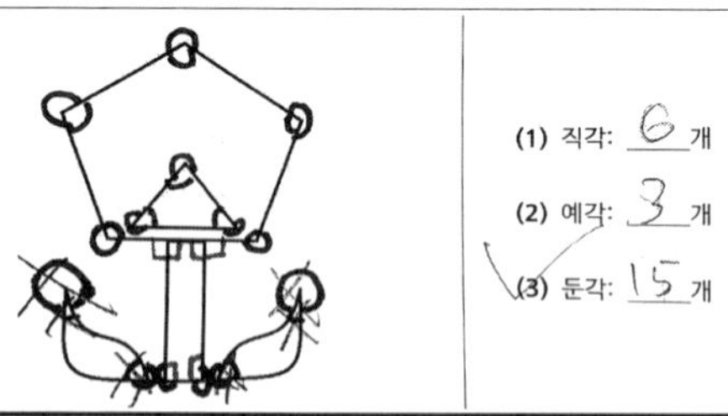

2번 문항에 대하여 부분 오답을 포함한 오답의 수와 관련된 오개념별 비율은 다음 <표 9-10>과 같다.

〈표 9-10〉 2번 문항 오개념 비율

문항 번호	오답 수 (N=550)	오답 관련		
		구분	오개념 수	비율
2	525	직각 오개념	355.5	68%
		예각 오개념	62	12%
		둔각 오개념	6.5	1%
		개념 미형성	101	19%

*비율은 일의 자리까지 반올림한 결과임

오답 관련 오개념 수를 양화하는 과정에서, 예를 들어 학생이 직각 오개념과 예각 오개념을 모두 가지고 있는 것과 같이 '오개념이 중첩된 경우'는 0.5개로 산정하였다. 또한 2번 문항의 하위 3개 문제를 모두 틀리거나 문제를 전혀 해결하지 못한 경우는 별도 유형(개념 미형성)에 포함하였다.

2번 문항의 오개념 유형은 크게 네 가지로 나타났는데, 첫 번째는 직각 오개념 유형이다. 이는 2번 문항 전체 오답(부분 오답 포함) 525개 중 355.5개의 오답과 관련된 오개념으로 많은 학생들이 문제해결 시 직각 관련 오류를 범하였다. 위의 <표 9-9>의 예에서 볼 수 있듯이 학생들은 직각을 도형 내부에 있는 것으로 한정하여 생각하였다. 이 때문에 문항에서 찾을 수 있는 직각을 4개라고 답한 학생이 많았다. 간혹 직사각형 내부에 있는 4개의 직각 중 2개만을 찾아서 2개라고 답한 사례도 있었고, 곡선으로 이루어진 도형의 하단 부분에서 직각을 찾는 사례도 있었다. 두 번째는 예각 오개념 유형으로, 반곡선끼리 예각을 이룰 수 있다고 이해한 경우이다. 이 오개념 비율은 12%를 차지하였는데, 앞서 직각 오개념 유형의 오답이 주로 4개(정답 6개)로 나왔다면, 이 유형에서는 다양한 오답(4~7개 등 / 정답 3개)이 나타났다. 이 오개념 유형에 속한 학생들은 예각뿐 아니라 각에 대한 개념(각은 반직선으로 이루어짐) 자체가 미흡한 것으로 보인다. 세 번째는 둔각 오개념으로, 이 오개념 비율은 1%로 나타나 2번 문항 중 가장 낮은 오개념 비중을 보인다. 둔각에 대한 오개념은 둔각이 90° 초과 180° 미만인 것을 제대로 이해하지 못해 형성된 것으로 보이는데, 학생들은 문항에서 제시된 오각형의 외부 각이나 심지어 곡선으로 이루어진 도형의 외부 공간을 둔각으로 잘못 이해하였다. 학생들은 90°가 넘는 각을 모두 둔각으로 이해하기도 하였는데, 예각 오개념과 마찬가지로 각에 대한 개념 자체가 명확히 확립되지 않았음을 확인할 수 있었다. 마지막으로 개념 미형성 유형은 문제에 대한 해결과정이 전혀 없거나 2번 문항의 하위 3개 문제를 모두 틀린 유형이다. 이 유형은 전체의 19%로 이 유형에 속한 학생들은 각 분류하기에 대한 개념 형성이 잘 이루어지지 않았다.

다음으로 4번 문항은 3수준에 해당하는 문항으로 각 관계 파악 및 추론하기 과제가 제시되었다. 학생들의 문항 평균 점수는 0.05점이었으며, 4번 문항에 대한 학생들의 전체 오답을 모두 분석한 결과 오개념 유형과 그 예는 다음 <표 9-11>과 같다.

〈표 9-11〉 4번 문항 오개념 유형 및 예

<table>
<tr><th>오개념 유형</th><th>설명 및 예</th></tr>
<tr><td rowspan="2">1. 각 분류</td><td>각의 관계가 아닌 각 분류(예각, 둔각, 직각) 결과를 정리한 경우</td></tr>
<tr><td>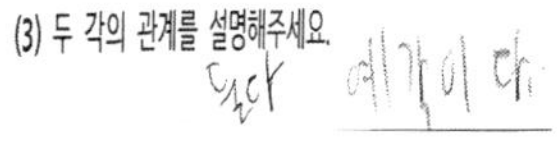

</td></tr>
<tr><td rowspan="2">2. 각 개수</td><td>제시된 문항에서 각의 개수를 찾아 정리한 경우</td></tr>
<tr><td>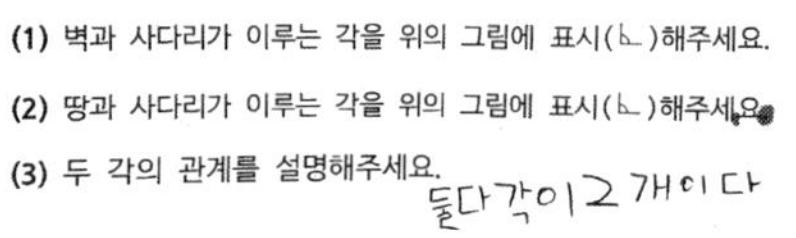

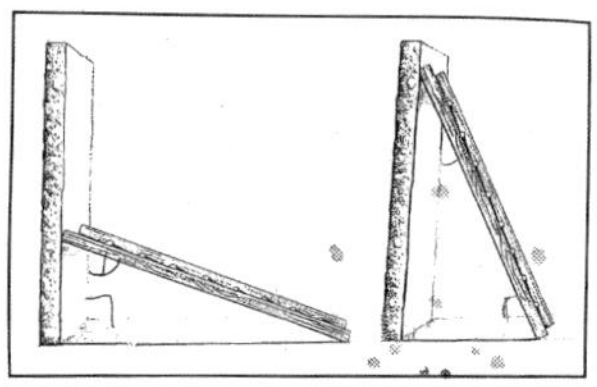
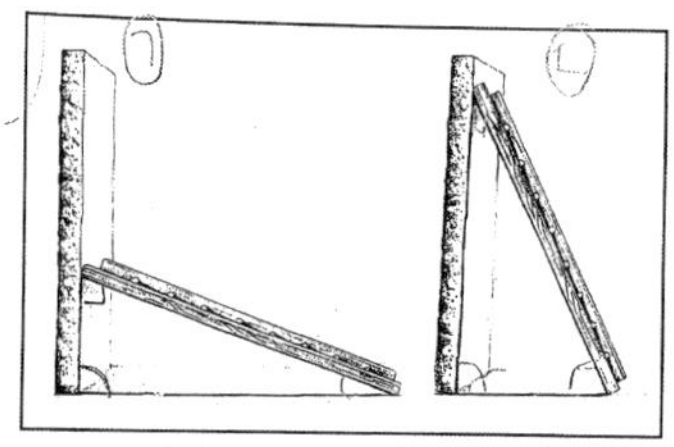
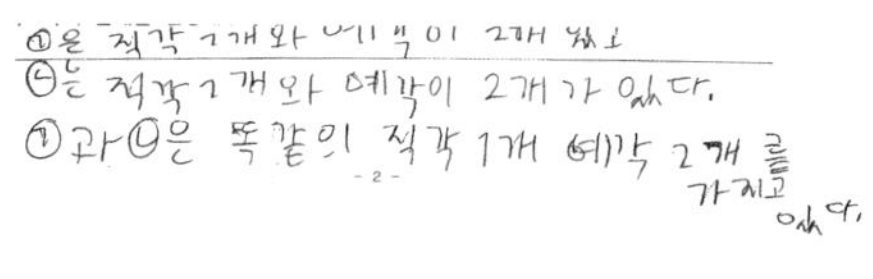
</td></tr>
<tr><td rowspan="2">3. 각 크기 비교</td><td>제시된 문항 그림에서 나타나는 각의 크기를 단순 비교한 경우</td></tr>
<tr><td>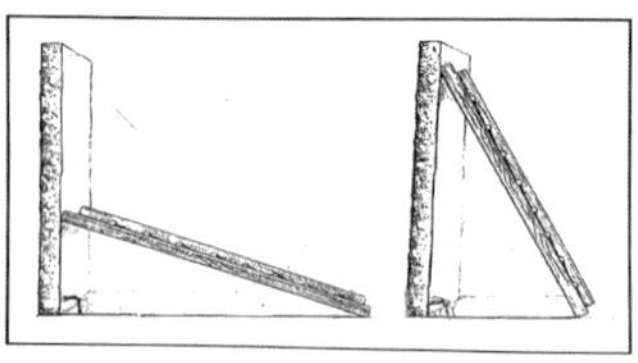
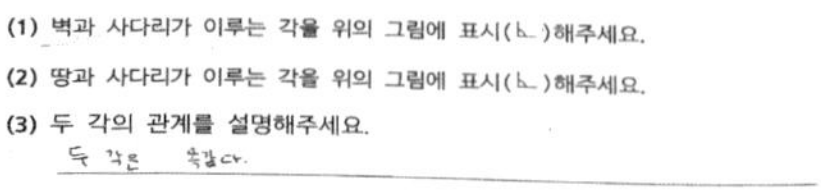

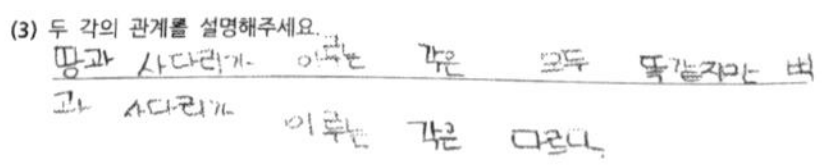

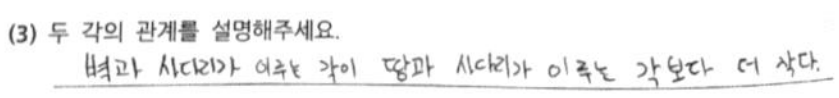
</td></tr>
</table>

<table>
<tr><td rowspan="2">4. 형태 일치</td><td>제시된 문항의 그림(2개)을 회전시켰을 때 서로 일치한다고 생각한 경우</td></tr>
<tr><td>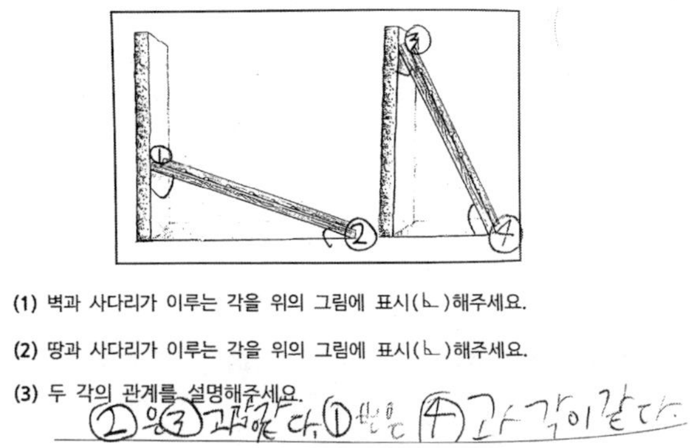
</td></tr>
<tr><td rowspan="2">5. 삼각형 형태 파악</td><td>제시된 문항에서 벽, 바닥, 사다리의 관계를 보고 삼각형 형태를 찾았으나 그 이상의 관계를 탐색하지 못한 경우</td></tr>
<tr><td>
</td></tr>
<tr><td rowspan="2">6. 바닥과 벽 관계 파악</td><td>바닥과 벽의 관계(직각)만을 파악함. 벽과 사다리, 땅과 사다리의 관계는 파악하지 못한 경우</td></tr>
<tr><td>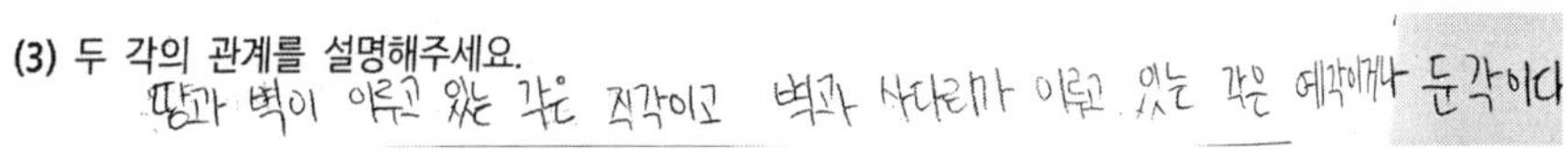
</td></tr>
<tr><td>7. 개념 미형성</td><td>각이 있다는 것만을 서술하거나 문제를 전혀 해결하지 못한(풀이과정이 없음) 경우</td></tr>
</table>

4번 문항에 대한 오답 수(부분 오답 포함)와 관련된 오개념별 비율은 다음 <표 9-12>와 같다. 오답 관련 오개념 수를 양화할 때 오개념이 중첩된 경우(예: 학생이 각 분류와 개수를 모두 정리한 경우)는 마찬가지로 0.5개로 산정하였다.

4번 문항은 평균 점수가 0.05로 전체 10개 문항 중 가장 낮은 만큼 다양한 오답 유형이 나타났다. 이 중 3가지 유형은 '각 분류, 각 개수, 각 크기 비교' 유형으로 각과 각도를 1수준 또는 2수준으로 이해한 경우이다. 4번 문항은 가장 높은 3수준으로 개념을 이해하여 문제를 해결해야 하는데 하위 수준의 개념만을 활용하여 틀린 경우이다. 이 3가지 유형 중 가장 비율이 높은 유형은 첫 번째 '각 분류' 유형으로, 4번 문항 오답의 24%에 해당한다. 이 유형에 속하는 학생들은 문제해결과정에서 발견한 각을

〈표 9-12〉 4번 문항 오개념 비율

문항 번호	오답 수 (N=550)	오답 관련		
		구분	오개념 수	비율
4	523	각 분류	125.5	24%
		각 개수	13	2%
		각 크기 비교	16	3%
		모양 회전	26.5	5%
		삼각형 형태 파악	46	9%
		바닥과 벽 관계 파악	46	9%
		개념 미형성	250	48%

*비율은 일의 자리까지 반올림한 결과임

예각, 둔각, 직각으로 분류하는 데 그쳤다. '각 개수, 각 크기 비교' 유형은 '각 분류' 유형보다는 비중이 적었으며, 두 유형은 각 분류 유형과 함께 나타나는 경우가 많았다. 네 번째 유형은 '형태 일치' 유형으로 전체의 5%를 차지한다. 이 유형에 속하는 학생들은 문항에서 주어진 그림 중 하나를 회전시키면 다른 하나와 일치된다는 오개념을 갖고 있었는데, 이에 따라 그림에 나타나 있는 땅과 사다리, 벽과 사다리의 각의 관계가 아닌 도형 간 관계를 탐색하는 오류를 드러냈다. 다섯 번째 유형은 '삼각형 형태 파악' 유형이다. 이 유형은 전체의 9%를 차지하였으며, 여기에 속하는 학생들은 주어진 문항의 그림에서 삼각형 형태를 발견하였으나 삼각형의 세 각의 크기의 합 개념과 본 문항을 연결하지는 못했다. 여섯 번째 유형은 '바닥과 벽 관계 파악' 유형으로 전체의 9%를 차지하였다. 학생들은 바닥과 벽이 90°(직각)를 이룬다는 것을 발견하였으나 이를 삼각형의 세 각의 크기의 합 개념과 연계하여 문제에서 구하고자 하는 두 각의 관계를 찾는 데는 실패하였다. 마지막 유형은 개념 '미형성' 유형으로 절반에 해당하는 학생들이 이에 속하였다. 이 유형의 학생들은 문항에 포함된 그림에서 '각' 자체를 찾을 뿐 문제를 해결하지 못하였다(이미 문항에서 '각'을 언급하기도 함). 즉, 이 유형에 속하는 학생들은 각의 관계에 대한 개념 수준이 상대적으로 낮은 편이다.

마지막으로 8번 문항은 3수준에 해당하는 문항으로 각 관계 파악 및 추론하기 과제가 제시되었다. 이때 학생들의 문항 평균 점수는 0.30점이었으며, 8번 문항과 루브릭은 다음 <표 9-13>과 같다.

〈표 9-13〉 8번 문항과 평점

	문항 번호	평점	
〈8〉 다음 그림처럼 내 앞에 가림막이 서 있습니다. 그때 내가 볼 수 없는 영역이 어떨지 아래 그림에 색칠하여 나타내주세요. 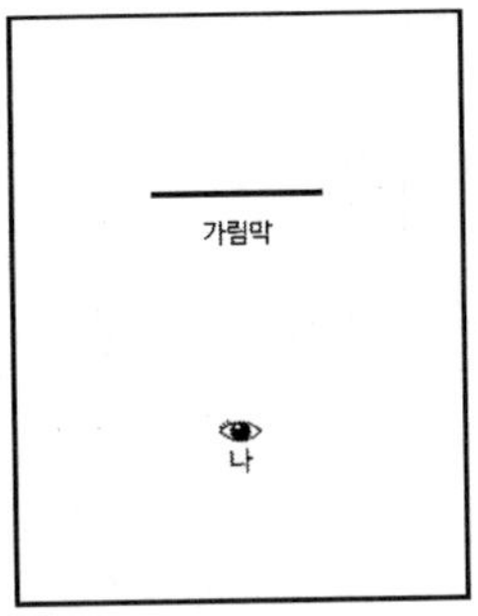 	8	0	위의 두 경우와 다르게 그린 경우, 아예 그리지 못한 경우
		0.5	예) 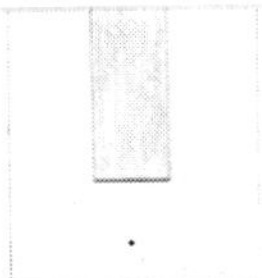
		1	예) 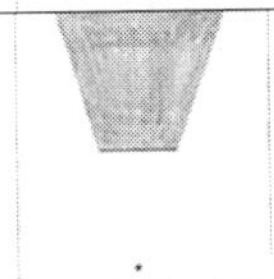

8번 문항에 대한 학생들의 전체 오답을 모두 분석한 결과 오개념 유형과 예는 다음 <표 9-14>와 같이 나타났으며, 오답 수와 관련된 오개념별 비율은 다음 <표 9-15>와 같다.

〈표 9-14〉 4번 문항 오개념 유형 및 예

오개념 유형	설명 및 예		
1. 잘못된 영역 1 (가림막 앞)	각 관계 및 추론에 대한 이해가 부족하여 차단된 시야 영역에 대한 방향 구분이 어려운 경우		
	(a) 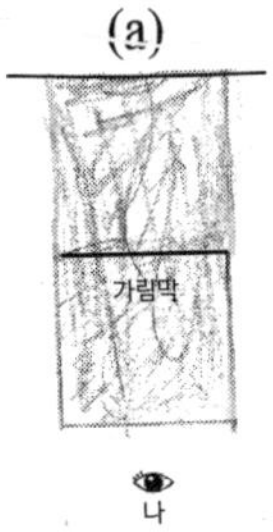 	(b)  	(c) 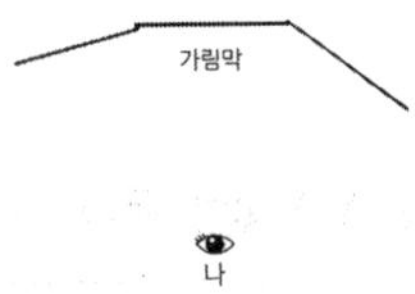

2. 잘못된 영역 2 (가림막 뒤)	차단된 시야 영역 방향은 인지하고 있으나 시야각을 추론하여 문제를 해결하기 어려운 경우 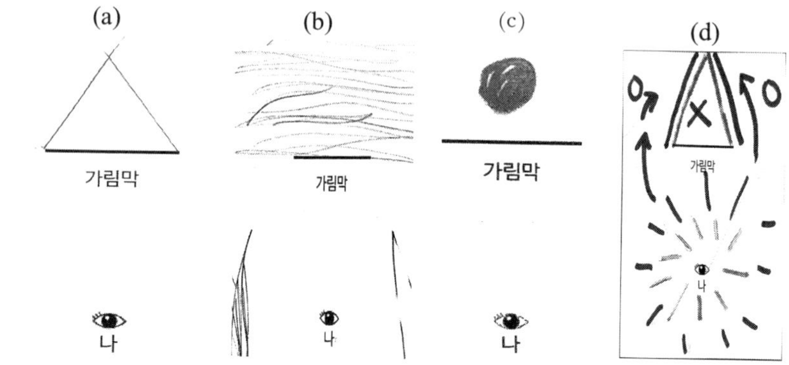
3. 잘못된 영역 3 (직사각형)	차단된 시야 영역을 찾았으나 시야각 추론의 정교성이 다소 낮은 경우 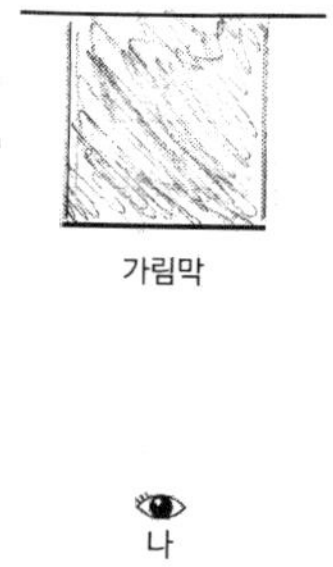
4. 개념 미형성	문제를 전혀 해결하지 못하거나(풀이과정이 없음) 문항 2의 하위 문제를 모두 틀린 경우

〈표 9-15〉 8번 문항 오개념 비율

문항 번호	오답 수 (N=550)	오답 관련		
		구분	오개념 수	비율
4	490	잘못된 영역1(가림막 앞)	61	12%
		잘못된 영역2(가림막 뒤)	119	24%
		잘못된 영역3(직사각형)	201	41%
		개념 미형성	109	22%

*비율은 일의 자리까지 반올림한 결과임

첫 번째 유형은 가림막 앞에 영역을 잘못 그린 유형으로, 이 유형에 속한 학생들은 시야가 차단된 영역을 추론할 때 잘못된 방향을 찾았다. 가림막 앞의 영역은 시야가 차단되지 않아야 하는데 거꾸로 가림막 앞의 영역이 차단된다고 잘못 이해한 것을 드러낸다. 두 번째 유형은 첫 번째 유형과 달리 추론의 방향은 맞은 경우인데, 이 유형에 속한 학생들은 24%로 차단된 시야 방향과 영역은 맞았으나 시야각을 추론하지 못하였다. 이에 따라 학생들은 가림막 뒤에 시야가 차단된다고 생각한 지점만 표시하는 데 그쳤다. 세 번째 유형은 두 번째 유형과 비슷하나 좀 더 정교한 형태의 추론을 한 경우이며, 이 유형에 속한 학생들은 41%로 오답 수의 절반에 해당한다. 이 문항을 해결하기 위해서는 문제 상황과 실생활 경험을 연결하는 시도가 필요하다. 학생들이 시야각에 대해 생각해본다면 가림막 뒤에 생기는 차단된 영역은 직사각형 형태가 아닌 사다리꼴 형태를 띠고 있을 것이다. 하지만 절반의 학생들은 가림막만을 고려하여 직사각형 형태의 시야 차단 영역을 나타냈다. 마지막 유형은 개념 미형성 유형으로 이에 속하는 22% 학생들은 문제해결과정을 드러내지 않았다.

연구에 참여한 4학년 학생 550명의 문항 평가 결과 평균이 0.5점 이하인 문항을 선별하였으며, 2번, 4번, 8번 문항을 대상으로 학생들의 오개념을 분석하였다. 이 중 2번 문항은 1수준, 4번과 8번 문항은 모두 3수준에 해당하는 문항이었는데, 학생들의 오개념 유형은 문항 과제와 수준에 따라 다소 차이가 있었다. 1수준에 해당하는 2번 문항의 오개념 유형은 개념 자체에 대한 잘못된 이해로 인한 것이었으며, 3수준에 해당하는 4번과 8번 문항의 오개념 유형은 문제 상황에 대한 명확한 이해 여부와 추론의 정도에 따른 것으로 드러났다.

9.4. 논의

본 연구에서는 서울특별시 산하 11개 교육지원청 소속 초등학교 4학년 550명을 대상으로 각과 각도에 대한 학생들의 이해와 오개념 양상을 분석해보았다. 연구에 참여한 학생들에게는 1수준인 외현에 따른 각 인지, 특징화, 조직화와 관련된 4개 문항, 2수준인 각에 대한 특성 확립 및 문제해결에의 적용과 관련된 3개 문항, 3수준인 정의 확립과 사용, 연역적 추론과 관련된 3개 문항, 총 10개의 문항이 주어졌다. 학생들의 문제해결 과정 및 결과 평가를 통해 다음과 같은 연구 결과를 도출하였다.

첫째, 학생들의 각과 각도에 대한 이해가 가장 높았던 문항은 1수준(각 그리기 과제)

1번 문항으로 주어진 각의 크기를 그리는 문항이었다. 이해가 가장 낮은 문항은 3수준(각 관계 파악 및 추론하기) 4번 문항으로 땅, 벽, 사다리가 이루는 각을 보고 각 관계를 설명하는 문항이었다. 수준별 이해를 살펴봤을 때, 관련 개념 이해가 가장 높았던 문항은 1수준 1번(주어진 각의 크기 그리기), 2수준 7번(크기가 다른 각 그리기), 3수준 10번(시계의 시침과 각 관계를 이해하고 추론하기) 문항이었다. 반면 개념 이해가 가장 낮았던 문항은 1수준 2번(각을 찾고 직각, 예각, 둔각 분류하기), 2수준 9번(가장 큰 각과 가장 작은 각 찾기), 3수준 4번(땅, 벽, 사다리가 이루는 각을 보고 각 관계 설명하기) 문항이었다. 이를 통해 학생들이 구조화되고 정형화된 각과 각도 관련 문제는 비교적 잘 해결하지만, 실생활과 관련된 비구조화되고 비정형화된 문제해결에서는 어려움을 겪는다는 것을 알 수 있었다. 즉, 학생들은 각과 각도에 대한 개념을 정확히 이해하기보다는 익숙한 문제를 해결할 정도의 도구적 이해를 하고 있었다. 이는 3수준의 4번과 10번 문항 결과를 비교해보았을 때 보다 명확히 드러난다. 4번과 10번 문항의 소재는 시계와 벽, 사다리 등 모두 실생활 관련 사물이다. 그러나 시계의 경우 4학년 1학기 교과서 각도 단원에 여러 번 제시되는데, 그 과정에서 학생들은 관계적 이해에 도달하지 못한 채 문제해결 자체에 대한 반복 연습을 하게 되고 유사한 유형의 문제를 접했을 때 어렵지 않게 해결을 하지만 벽, 사다리 등과 같이 다른 실생활 소재의 문제가 제시되었을 때 '연습'하지 않은 방식으로 스스로 관계를 찾고 추론할 때는 큰 어려움을 겪는다. 이를 통해 문제해결에서 관계적 이해가 핵심이지만 학생들은 각과 각도에 대한 관계적 이해가 다소 미흡하다는 것을 확인할 수 있다.

둘째, 이해 수준 범주별로 문항 평균이 0.5점 이하인 문항을 탐색하여 학생들의 오개념을 분석하였으며, 분석 대상은 1수준에 해당하는 각 분류하기 과제 1개 문항(2번), 3수준에 해당하는 각 관계 파악 및 추론하기 과제 2개 문항(4, 8번)이었다. 2번 문항의 오개념 유형은 '직각 오개념, 예각 오개념, 둔각 오개념, 개념 미형성'으로 네 가지였는데, 기존 연구에서는 예각 및 둔각에 대한 오개념에 집중한 것과 달리 학생들이 직각에 대해서도 오개념을 많이 갖고 있음(68%)을 문제해결과정을 통해 알 수 있었다. 특히 학생들이 정형화된 도형 내부에서 각을 찾으려고 하는 경향도 확인하였다. 또한 권유미, 안병곤(2005)의 연구 결과에서 학생들이 반원, 원, 입체도형을 다각형으로 선택한 것처럼 예각을 곡선이 포함된 도형에서 찾는 경향이 있었으며(12%), 남승인(2011), 최수임, 김성준(2012)의 연구 결과와 마찬가지로 둔각에 대한 개념이 '90°보다 큰 각'으로 형성된 학생들이 있어 문제해결 시 실제 둔각 개수보다 더 많은 수의 각(180°가 넘는 각)을 찾는 경향을 보이기도 하였다. 4번 문항은 좀 더 다양한 오개념 유형이 나타났는데, ‘각 분류, 각 개수, 각 크기 비교, 모양 회전, 삼각형 형태 파악, 바닥과 벽 관계 파악, 개념 미형성’ 7개 유형으로 유목화하였다. 삼각형의 내각의 크기의 합 개념을 문제에 적용하여 각 관계를 파악하고 추론하는 데 대다수의 학생들이 어려움을 겪었고, 1수준 내지 2수준의 이해를 토대로 문제를 해결하는 경향을 보였다. 8번 문항은 ‘잘못된 영역1~3, 개념 미형성’으로 총 4개의 오개념 유형이 나타났다. ‘잘못된 영역1’ 유형과 ‘개념 미형성’ 유형은 실생활과 각 관계를 거의 연결하지 못한 학생들이 속한 유형으로 34%에 달했다. ‘잘못된 영역2’ 유형은 어느 정도 실생활과 각 관계를 연결한 학생들이 속한 유형으로 24%였고, ‘잘못된 영역3’ 유형은 실생활과 각 관계를 연결하고 정답에 근접했으나 정교성이 떨어지는 경우로 41%에 달했다.

이와 같이 오개념 분석 및 유형화를 통해 학생들이 개념을 적용하여 문제해결을 하는 과정에서 정확히 알고 있는 개념과 미흡하게 이해하고 있는 개념을 확인할 수 있었는데, 특히 3수준의 문항은 3개 중 2개 문항에서 낮은 정답률을 보였다. 이를 통해 학생들이 각과 각도 개념을 실제 생활과 연결하는 연계성 능력이 부족함을 알 수 있었으며, 초등학교 수학 교실에서 현실적인 문장제에 관한 중요성을 강조하였던 김민경(2004)의 연구 결과처럼, 학생들이 개념 용어나 정의를 알고 있는지 살펴보는 것뿐 아니라 그것을 실생활 맥락이 적용된 문제에도 적용할 수 있는지 탐구해보는 지속적인 연구가 필요할 것으로 보인다.

본 연구에서는 각과 각도에 대한 학생들의 이해 수준을 문제해결을 통해 탐색해보고, 이해 수준별 평균 점수 결과에 따른 상관관계와 학생들의 오개념을 분석하였다. 연구를 통해 학생들의 각과 각도에 대한 관계적 이해가 도구적 이해보다 상대적으로 미흡함을 확인할 수 있었으며, 이는 각과 각도에 대한 내용을 3~4학년에서 나누어 분절적으로 학습하며, 실생활과 연계된 상황 맥락의 문제해결 학습이 충분히 이루어지지 않은 점에서 기인하는 것으로 볼 수 있겠다. 따라서 3~4학년에 걸쳐 배우는 각과 각도에 대한 내용을 유기적으로 연결하는 시도가 필요하다. 예컨대, 3학년 1학기에 제시되는 평면도형 단원을 3학년 2학기로 이동하여 3학년 2학기~4학년 1학기에 각과 각도 내용을 자연스럽게 연결하여 학습하거나 4학년 1~2학기에 집중적으로 학습하도록 구성을 변경하는 방안이 있을 것이다. 또한 김민경, 박은정, 허지연(2012)이 언급한 바와 같이 교과서에 현재보다 맥락성이 내포된 문장제 비율을 높여 학생들이 다양한 문제 상황을 경험할 수 있도록 구성하는 문제의 특징이나 비율도 고려할 필요가 있을 것이다. 각과 각도 내용을 학습할 때에도 단순히 관련 개념과 지식, 기능을 익히는 것을 넘어 학생이 이를 능동적으로 활용하고 융합할 수 있는 소양을 길러주는 것이 필요하다.

궁극적으로 수학교육을 통해 학생들이 미래 삶에서 만나게 되는 현실적인 문제 상황을 합리적·융통적·효율적으로 해결할 수 있도록 학교 현장의 노력을 촉구하여야 할 것이다.

10 체화된 인지 관점에서 창의 · 융합형 수학 교수 · 학습의 적용 I: Goldberg 장치에서 각도 개념을 중심으로

10.1. 개요

본 내용은 초등학교 5, 6학년으로 구성된 초등영재 19명을 대상으로 '각도'와 관련한 수학 중심 융합 수업을 개발 및 적용하고, 적용 과정에서 나타난 학생들의 융합적 소양과 협력적 문제해결력을 분석하였다. 이를 위해 학생들에게 비구조화된 문제 형태의 수업을 실시하였으며, 학생들이 소그룹으로 문제를 해결하는 과정에서 수업 전후로 융합적 소양과 협력적 문제해결력이 어떻게 나타나는지 검사지를 통해 살펴보았다. 또한 4개 모둠 중 1개 모둠에 대하여 발화를 중심으로 협력적 문제해결의 과정이 어떻게 드러나는지 질적으로 살펴보았다. 이러한 과정을 통해 향후 수학교육에서 체화된 인지 관점의 수학 중심 융합 수업의 적용 가능성을 탐색해보고자 한다.

10.2. 연구 방법

10.2.1. 분석 대상

본 연구에서 개발된 수학 중심 융합 수업은 서울 지역의 5, 6학년으로 구성된 영재원 1개 학급에 적용하였다. 본 연구는 2일에 걸쳐 적용이 이루어졌으며, 모둠을 분석 단위로 하였다. 총 20명 중 19명이 연구에 대한 동의서를 제출하였으며, 연구 진행 과정에서 연구에 참여하지 못한 학생이 총 3명이었기 때문에 해당 학생을 제외한 16명의 결과를 분석에 사용하였다. 분석 대상은 A모둠 4명, B모둠 3명, C모둠 4명, D모둠 5명이었다. 검사지를 통한 양적분석의 경우 16명의 데이터를 모두 진술하였으며, 질적 분석은 일부 구성원 변동이 발생한 경우(결석)를 제외하여 실시하였고, 4개 모둠 중 D모둠을 중심으로 결과를 좀 더 자세히 들여다 보았다. D모둠은 모두 6학년으로 여학생 3명(D1, D2, D4), 남학생 2명(D3, D5)이었다.

10.2.2. 수업 설계

본 연구는 초등학생을 대상으로 하기 때문에 구체적이고 시각적인 내용부터 단계적으로 접근하려 하였다. 이를 위해 도형 및 측정 영역에 해당하는 '각도'를 주제로 프로그램을 개발하였다. 선행 연구 검토를 바탕으로 가능한 주제들을 선정한 뒤, 실제 구현이 가능한 주제를 선발하여 프로그램 개발 진행을 하기 위해 석 · 박사 이상으로 구성된 초등학교 현직 교사 6인과 과학교육 전문가 2인, 초등수학교육 전공 교수 1인이 수차례 전문가 회의를 거쳐 프로그램을 완성하였다. 완성된 프로그램은 초등학교 현장교사 3인의 검토 및 자문을 거쳤으며, 예비적용을 통해 학생들의 반응, 교사의 의견을 반영하여 골드버그가 수학 개념을 중심으로 이용될 수 있도록 수정 · 보완하였다. 프로그램은 총 8차시로 구성하였으며, 개발된 프로그램은 서울시 소재 영재교육원 1개 학급에 연구 동의를 받아 적용하였다.

프로그램 개발에 있어 초등학교 수학교육과정을 반영하기 위해 관련 내용을 살펴본 결과 2015 개정교육과정에서 각도에 관한 개념 학습은 4학년에서만 다루어지고 있으며(NCIC, 2015), 각에 대한 개념 학습은 삼각형, 사각형 등 도형과 관련된 내용으로 국한된다. 도형에서 각도를 계산하거나, 합동을 다룰 때 대응각에 연결되는 정도로 각이 다루어지며, 연산에 치중한 형태로 각보다는 각을 계산하는 형태의 학습이 많이 제시되고 있다. 하지만 각도는 실생활과 매우 밀접한 특성을 지니며 수학 내적 · 외적으로 다양한 학습 내용과 관련된다. 이를 반영하여 본 연구에서는 각도의 '경사' 혹은 '기울기'에 중점을 두고 정적인 각이 아닌, 역동적으로 변화할 수 있는 각에 초점을 두었다. 이는 과학에서의 '속력'과도 연결이 될 수 있는데, 초등학교에서 '속력' 관련 학습은 5-6학년 군에 제시되고 있으며, 시간에 따른 위치 변화로 물체의 운동을 이해하고 속력을 과학적이고 객관적으로 표현하도록 하고 있다. 본 연구에서는 속력보다는 각도에 중점을 두기 때문에 골드버그 장치를 이용하여 레일의 각도를 조정하는 활동 속에서 변화하는 각과 이로 인해 나타나는 다양한 현상에 관심을 두도록 하였으며, 속력을 구하기 위한 산술적 계산은 중점적으로 다루지 않았다. 이러한 과정에서 다음 <표 10-1>과 같이 학습 목표를 설정하였고, 이를 능동적인 학습을 통해 경험할 수 있도록 하였다.

〈표 10-1〉 수학 중심 융합프로그램 개요

<table>
<tr><td colspan="2">기대
(목표)</td><td>- 각과 각도에 대한 개념을 이용하여 문제를 해결할 수 있다.
- 각과 각도에 관한 수학적 상황을 분석하여 다양하게 의사소통할 수 있다.
- 수학적 개념 사이의 연결성을 인식하고, 다양한 상황에 적용할 수 있다.
- 다양한 표현을 이용하여 아이디어를 나타낼 수 있다.
- 도구를 이용하여 적절하게 측정할 수 있다.</td></tr>
<tr><td rowspan="4">학습내용</td><td>1~2
차시</td><td>골드버그 장치의 의미를 이해하고, 장치의 각도에 따라 구슬이 어떻게 도착하는지 각도와 시간의 관계를 측정을 통해 확인해본다.</td></tr>
<tr><td>3~4
차시</td><td>주어진 조건(과제)에 맞게 모둠에서 장치의 각도를 조절하여 설계하며, 다른 모둠의 설계를 평가해본다.</td></tr>
<tr><td>5~6
차시</td><td>계획서를 바탕으로 과제(미션) 수행을 위한 골드버그 장치를 제작해본다.</td></tr>
<tr><td>7~8
차시</td><td>모둠별 장치를 발표하고, 주어진 조건을 잘 충족시키는 장치인지 반성하고 평가해본다.</td></tr>
</table>

10.2.3. 분석틀 및 분석방법

본 연구의 연구는 총 가지 방향에서 이루어졌는데, 먼저 융합적 소양을 분석하기 위해 최유현 외(2013)가 개발한 검사지를 사용하였으며, 해당 검사지는 초등학생 대상으로 사용 가능한 검사지였기 때문에 현장 검토를 통해 학생들의 이해를 돕기 위해 문장을 다듬는 것 외에는 검사지의 성격을 변화시키는 수정은 하지 않았다. 본 연구에서 학생들에게 사전, 사후 검사로 배부한 검사지의 내용은 다음 <표 10-2>와 같다.

〈표 10-2〉 융합적 소양 검사지 내용(최유현 외, 2013)

요소(4C)	문항 수	문항 내용
융합 (Convergence)	5	융합적 지식의 중요성 및 필요성, 융합적 지식 활용 과제를 어떻게 해결하는지, 문제해결 시 융합적 지식은 효과가 있다고 보는지, 융합적 지식과 기술 및 사회 발전의 관계 묻는 내용
창의 (Creativity)	6	특별한 아이디어 산출 가능 여부와 이러한 아이디어가 독창적이라는 평가를 받는지, 다양한 해결책을 제시하며 이 중 가장 좋은 것을 선정하고 구체적으로 계획에 맞게 실천하며 반성 후 개선점을 탐색할 수 있는지를 묻는 내용
배려 (Caring)	5	어려운 일, 다른 사람이 한 일을 해낼 수 있는지 여부와 어려운 문제 해결 시 무엇을 느끼는지, 어떠한 문제 해결 방식을 선호하는지를 묻는 내용
의사소통 (Communication)	5	문제 해결에 필요한 정보를 수집하며, 남의 의견을 어느 정도 이해하는지, 토론을 통해 합리적으로 의사소통하며, 학습 결과를 정확히 작성할 수 있는지, 자신의 의견 표현 및 설득을 효과적으로 할 수 있는지를 묻는 내용

융합적 소양은 4C인 융합, 창의, 배려, 의사소통의 4개 요인으로 구성되며, 융합 5문항, 창의 6문항, 배려 5문항, 의사소통 5문항 총 21문항으로 구성되어 있다. 사전·사후 검사는 동일한 문항을 수업 전후로 실시하였으며, SPSS 18.0을 이용하여 대응표본 t검증을 실시하였다.

다음으로, 협력적 문제해결을 살펴보기 위해서 양적·질적 방법을 모두 사용하였는데 양적 연구에서는 검사지를 이용하여 협력적 문제해결력 사전·사후 검사를 실시하였으며, 수업 1일차와 2일차 동안 관찰자들이 협력적 문제해결에 대해 기록한 점수를 대응표본 t검증을 실시하여 살펴보았다. 질적 연구는 4개 모둠 중 D모둠 학생들의 해결과정을 중심으로 살펴보았는데, 학생들의 영상 자료와 이를 문서로 기록한 전사자료, 활동지, 산출물을 통해 기술통계 및 질적 분석을 실시하였다.

협력적 문제해결력을 살펴보기 위해 본 연구는 유지원(2016)의 도구를 사용하였는데, 이 도구는 대학생 대상의 도구였기 때문에 초등학생 수준에 맞게 측정 도구의 문항을 정련화하는 과정이 요구되었다. 11개 요인 중 초등학생에게 적합하지 않는 것으로 판단되는 요인은 제거하였고, 석·박사 이상의 전문가 검토와 초등학생들의 예비

검토를 통해 검사지 문항이 최종적으로 확정되었다. 본 연구에서는 수업 적용 시 동일 문항으로 사전 · 사후 검사를 실시하였으며, 해당 문항 요소는 교사의 관찰평가를 위한 체크리스트 및 분석틀로 이용하였다. 또한, 본 연구는 비구조화된 문제해결 상황으로, 타이머 외에 디지털 도구는 사용하지 않았고, 별도의 골드버그 장치 제작을 위한 교구를 사용하였으며, 학생들이 주어진 상황을 어떻게 해결하는지 분석하고자 하였기 때문에 유지원(2016)의 분석 도구에서 제시된 '디지털 도구와 활용'과는 거리가 있었다. 이러한 이유로 기존 도구에서 '디지털 도구의 활용'관련 측정 요인은 제외하였다. 다만, 연구에서 디지털 활용을 사용하는 경우 해당 측정요인에 대한 검토도 다시 이루어져야 할 것이다. 이러한 과정을 거쳐 본 연구에서는 다음 <표 10-3>과 같이 11개 측정 영역을 9개로 수정하였다. 9개 영역 중 순서대로 5개 영역은 '문제해결수행'에 관한 범주를, 나머지 4개 영역은 '사회적 협력'과 관련한 범주를 다루고 있다. 측정도구의 문항은 9개 영역, 총 39개 문항으로 이루어져 있으며, 검사지의 신뢰도는 Cronbach's α 값 0.728~0.846으로 측정되었다. 각 요인과 관련한 신뢰도는 다음 <표 10-4>와 같다.

〈표 10-3〉 협력적 문제해결역량 측정도구 내용

요인	문항 내용
공동문제 분석 및 정의	팀이 해결해야 할 문제의 핵심을 파악하고 있으며, 문제와 관련된 내용을 조사하고, 협력적 문제 해결을 위한 현재 상황을 분석하며 팀원과의 합의로 해결해야 할 문제를 정의하는지와 관련
협력 방식 수립	문제 해결을 위해 각자의 역할을 논의하고, 해결 과정에서 필요한 팀의 규칙, 방법을 결정하며, 문제를 세부과제로 나누어 순서 및 구체적 계획을 세우는지, 필요한 정보와 자료를 수집하고 분석하는지와 관련
협력적 문제해결안 도출 및 의사결정	팀원과 논의하여 다양한 문제해결 대안을 생성하는지, 방안 중 의사결정을 위한 객관적 기준을 마련하는지, 대안을 비교분석하여 우선순위를 결정하는지, 각 대안을 적용했을 때의 결과를 예측하는지와 관련
문제해결안 적용	적용 시 포기하지 않고 과정을 완수하는지, 선정한 해결안이 불확실하더라도 최선을 다하는지, 익숙하지 않은 방법도 적용을 시도하는지, 해결이 안되면 다른 대안을 시도하는지와 관련
평가 및 성찰	적용한 해결안으로 목적 달성 여부를 평가하고, 그 방법의 효과성에 대한 장단점을 평가하는지, 팀의 해결과정 및 성과를 성찰하고 예상치 못한 문제점을 검토한 후 향후 개선 방안을 탐색하는지와 관련

요인	문항 내용
명확한 소통과 책임감 있는 수행	사소한 부분까지 철저히 준비하여 수행하는지, 팀에서 정한 계획을 잘 지키는지, 쉽게 내용을 정리할 수 있는지, 발표 내용을 적절한 자료를 활용하여 구성하는지, 대화 목적에 따라 효과적인 의사소통이 가능한지와 관련
공감·배려	팀원간 갈등 발생 시 어떻게 해결하는지, 팀원 의견에 적절히 반응하며 공감을 형성하는지, 팀원과 조화롭게 협력하는지, 다른 팀원의 참여를 돕는지, 팀원에게 필요한 도움을 살피는지와 관련
공정한 참여와 피드백	공과 사를 구분하고 공정하게 팀원을 대하는지, 다른 사람의 의견을 무시하지 않으면서 의견을 제시하는지, 타인의 평가 및 조언을 긍정적으로 수용하는지, 팀의 결정을 수용하고 지지하는지, 모두의 기여가 팀수행에서 중요하다고 생각하는지와 관련
유연한 변화 대처	팀원의 역할에 문제가 있는지 파악하고 조정하는지, 역할 변화에도 유연하게 대처할 수 있는지와 관련

〈표 10-4〉 협력적 문제해결역량 측정도구 신뢰도

요인	문항수	Cronbach's α	요인	문항수	Cronbach's α
공동문제 분석 및 정의	4	.747	명확한 소통과 책임감 있는 수행	5	.813
협력 방식 수립	4	.762	공감·배려	5	.846
협력적 문제해결안 도출 및 의사결정	4	.795	공정한 참여와 피드백	6	.744
문제해결안 적용	4	.803	유연한 변화 대처	2	.728
평가 및 성찰	4	.763	전체	39	.970

협력적 문제해결에 대한 관찰 시, 검사지와 동일한 영역으로 관찰 체크리스트를 구성하였으며, 관찰 시 각 요인의 하위 내용에 대해 5점 척도를 만들어 문제 상황에서 학생들이 어느 정도로 협력적 문제해결을 드러내는지 확인하였다. 관찰이 불가능한 하

위 문항을 제외하고 총 38개 항목에서 관찰을 진행하였으며, 현장 관찰에서 미처 파악하지 못한 부분은 촬영한 영상을 반복적으로 검토하여 보완하였다. 관찰 진행 전에 관찰자들은 관찰 점수 상관이 .80이 넘을 때까지 분석틀을 숙지하고 일관성을 확보하는 과정을 거치는 훈련을 진행하였으며, 수업 관찰 과정에서는 각 모둠별로 1인의 관찰자가 수업 관찰 시 5점 척도로 협력적 문제해결력 관찰을 진행하였다.

협력적 문제해결력을 보다 면밀히 살펴보기 위해 D모둠의 발화 내용을 바탕으로 분석을 실시하였으며, 각도라는 개념을 문제해결에서 어떻게 체화했는지 살펴보기 위해 '각도' 관련 발화를 전체 발화에서 분리하여 분석하였다. 또한 학생들이 어떠한 이해를 형성해나가고 있는지 문제해결흐름을 중심으로 질적 분석을 실시하였다.

분석을 위해 각 모둠별로 관찰카메라를 설치하였으며, 수업 진행 교사 1명 외에 각 모둠별로 석 · 박사 이상의 관찰자 5인을 투입하였다. 녹화된 수업 장면은 이후 전사하여 분석에 사용하였다. 사전 · 사후 검사지의 통계 검증은 SPSS 18.0을 이용하였으며, 학생들의 담화 관련 분석은 엑셀 프로그램을 통해 연구자들이 코딩하고 분류하는 방식으로 진행하였다.

협력적 문제해결은 본 연구에서 중요한 관찰 영역이었는데, 본 연구에서는 검사지와 동일한 영역으로 관찰평가를 실시하였다. 모든 모둠에 대하여 관찰평가를 실시하였으나, 질적 분석 과정에서 중점 분석 대상이 D모둠으로 좁혀지면서 D모둠의 영상을 중심으로 3인의 관찰자가 영상을 보면서 5점 척도로 다시 분석을 실시하였다. 3인 관찰자의 관찰점수 상관 분석 결과는 다음 <표 10-5>와 같다.

〈표 10-5〉 협력적 문제해결력 관찰점수 상관분석

	연구자 1	연구자 2
연구자 2	.94**	
연구자 3	.82**	.82**

$^{**}p < .01$

모둠별 비교는 3인 관찰자 점수의 평균으로 비교하였는데, 전사자료를 활동의 흐름에 따라 에피소드로 분류하고, 각 에피소드 내에 협력적 문제해결력과 관련한 의미 있는 발화는 무엇이었는지 담화를 분석하였다. 또한 각도 관련 개념에 대한 이해가 학습과정에서 어떻게 드러나고 있는지 살펴보았는데, 분석 대상이었던 D모둠의 발화를 살펴보면, 1회차 수업에서 전체 담화수 1452개 중 분석에 유효한 발화수는 1176개였고,

2회차 수업에서는 전체 2219개 중 유효한 발화가 1987개로 나타났다. 본 연구에서의 발화 구분은 단어 기준이 아닌 하나의 의미 맥락을 담고 있는 문장이나 구를 단위로 하였다. 학생들의 활동이 진행되는 과정은 에피소드로 구분하였으며, 협력적 문제해결력의 관찰 영역 기준과 함께 살펴보았다. 1회차 수업은 8개 에피소드로, 2회차 수업은 10개의 에피소드로 구분하였으며, 각 에피소드별 특징은 다음 <표 10-6>과 같다.

〈표 10-6〉 D모둠 관찰자료 에피소드별 특징

에피소드	1회차 수업		2회차 수업	
	차시	특징	차시	특징
1	1~2	골드버그 자료 탐색 (도착 지점에서 구슬이 튀는 문제 논의)	5~6	역할 분담
2		레일 조립 (바닥에서 얼만큼 띄울지 논의)		순서도(계획) 작성
3		다양한 레일 각도에 따라 구슬을 굴려봄(15°→30°→45°→60°)		미션: 20초 골드버그 제작 레일 1차 제작
4		바탕판을 연장하여 레일 추가 설치 (40cm레일→80cm로 실험)		제작한 레일에서 발견된 문제점 및 대안 논의
5	3~4	시간측정 방법에 대한 의견차이		레일 2차 제작(수정반영)
6		장치 재정비 및 그래프 그림으로 기록 표현	7~8	미션 성공 예상되는 모둠에 붙임딱지 붙이기(타모둠 평가)
7		장애물 중 방해가 되는 것 (잘 작동하지 않는 것)에 대한 논의		각 모둠 장치 설명 및 상호 피드백
8		활동 내용 정리하기		상호 피드백 후 장치 수정
9				성공 요인, 실패 요인 반성
10				반성 후 재시도 (D모둠만)

분류된 학생들의 발화는 엑셀을 이용하여 분석 단위별로 셀을 나누어 입력하였고, 각 발화에 해당하는 협력적 문제해결 관찰 영역과 연결지어 코딩을 하였다. 코딩은 3인 연구자가 전체 내용의 20%를 진행한 뒤 상관도를 확인하였으며, 상관이 낮게 나타

나는 경우 관찰 영역 구분에 대한 논의를 좀 더 진행한 뒤 코딩을 진행하였다. 각 코딩 내용은 하위 영역(38개)까지 진행하였으며, 이를 기술하는 과정에서 38개 하위영역 모두를 나타내는 경우 경향성을 한눈에 파악하기는 어려워 상위 영역(9개)을 중심으로 결과를 기술하였다. 추후 좀 더 사례 수나 발화의 수가 충분히 많이 확보된다면 하위 영역별로 경향을 파악할 수 있을 것이다. 자료는 표로 나타낸 뒤, 그래프로 표현하였으며, 협력적 문제해결의 인지적 요인, 사회적 요인의 2부분으로 나누어 각 에피소드에 따라 어떤 요인이 두드러지게 나타나는지 살펴보았다.

10.3. 분석 결과

10.3.1. 융합적 소양의 변화

수업 적용을 통해 융합적 소양에 어떠한 변화가 있었는지 살펴보기 위해 t검정을 실시한 결과는 다음 <표 10-7>과 같다. 학생 전체를 대상으로 한 t검정 결과는 사전, 사후 평균 차이를 드러냈으며, 통계적으로도 유의미한 차이를 나타냈다.

〈표 10-7〉 융합적 소양에 대한 t검정 결과

모둠	사전		사후		N	t값	p
	M	SD	M	SD			
A	4.58	0.64	4.69	0.51	4	-1.24	.218
B	4.54	0.62	4.86	0.40	3	-3.78***	.000
C	4.20	0.97	4.56	0.79	4	-2.38	.020
D	4.19	0.75	4.48	0.61	5	-3.81***	.000
전체	4.36	0.78	4.62	0.62	16	-5.12***	.000

*** $p < .001$

모든 모둠이 사전, 사후 검사에서 평균의 차이를 드러냈으나 통계적으로 유의미한 결과를 나타낸 모둠은 B모둠과 D모둠이었다. B모둠과 D모둠을 대상으로 4C와 관련하여 어떠한 요소에서 유의미한 차이를 보이는지 살펴본 결과는 다음 <표 10-8>과 같다.

〈표 10-8〉 4C 각 요소별 t검정 결과(B모둠과 D모둠)

모둠	4C	융합		창의		배려		의사소통	
		사전	사후	사전	사후	사전	사후	사전	사후
B	M	4.67	5	4.52	4.86	4.58	4.83	4.4	4.73
	SD	0.617	0	0.51	0.36	0.67	0.39	0.74	0.59
	N	15		21		12		15	
	*t*값	-2.09		-2.65*		-1		-1.78	
	p	.055		.016		.339		.096	
D	M	4.52	4.64	3.8	4.37	4.25	4.4	4.36	4.52
	SD	0.51	0.49	0.76	0.65	0.79	0.68	0.7	0.59
	N	25		35		20		25	
	t 값	-0.9		-4.57***		-0.77		-1.07	
	p	.376		.000		.453		.294	

*$p < .05$, **$p < .01$, ***$p < .001$

분석결과 두 모둠 모두 '창의(Creativity)'에서 유의미한 차이가 있는 것으로 나타났는데, B모둠의 경우 4C중 '융합'과 관련한 평균 점수가 모두 사후에 만점인 5점을 기록하였으나 사전-사후의 점수 차이가 크지 않아 통계적으로 유의미한 결과를 보이지는 않았다. 하지만, 해당 변화도 눈여겨볼 수 있는 부분이었다. 이러한 변화는 수업을 모두 마친 뒤 학생과의 면담 과정에서 나타난 내용에서 살펴볼 수 있었는데, 학생 면담 과정에서 나타난 응답은 다음과 같다.

- 아주 간단한 것을 하기 위해 아주 복잡하게 할 수도 있다는 것을 배운 것 같아요. (학생 D3)
- 이전과는 다르게 더 느리게 수행해야겠다는 생각을 하면서 생각의 폭이 넓어진 것 같아요. (학생 C4)
- 생각을 더 할 수 있었고, 굉장히 색달랐어요. 집게나 장애물은 느려지게 할 것이라고만 생각했는데, 아예 못 가거나 튕길수도 있어요. 항상 모든 것은 간단하게 하는 것만 좋다고 생각했는데, 오히려 느리게 만드는 것으로 생각을 더 하게 됐어요. (학생 A1)
- 각 코스의 특징에 따라 최적의 각도가 다르고, 작은 각도가 더 빠를 수도 있다는 것을 알게 되었어요. 그리고 파이프에 장애물을 넣으면 마찰로 느려질 것이라고 생각했었는데, 튕겨져 나가서 제 생각하고 달랐어요. (학생 D5)

공통적으로 자신들이 지니고 있던 생각이나 개념에 변화가 있었다는 것을 드러내면서 다양하게 생각하는 계기가 되었다는 점을 언급하였는데, 이러한 생각이 융합적 소양의 사후 검사에서 '창의'와 관련된 검사에 큰 영향을 미친 것으로 보인다.

사전, 사후 검사를 비교했을 때 전반적으로 점수 평균은 상승하였고 표준편차는 줄어들었다. 본 연구의 대상 학생 수가 많지는 않았기 때문에 통계적으로 유의미한 결과를 얻기 위해서는 많은 점수 차이가 요구되었으나 기술 통계와 함께 결과를 살펴봤을 때 프로그램 적용 수 대체로 긍정적인 변화를 드러낸 것으로 볼 수 있었다. 통계적으로 유의미한 결과를 보인 모둠은 B모둠과 D모둠이었는데, B모둠은 4개 모둠 중 가장 높은 평균점수를 보였다. D모둠은 수업 적용 과정에서 가장 완성도 높은 수행 결과를 보인 모둠이었음에도 불구하고 가장 낮은 평균 점수를 나타냈는데, 이는 평가에 엄격한 D모둠의 성향을 드러내는 것으로 보인다.

10.3.2. 협력적 문제해결력의 변화

협력적 문제해결력은 검사지를 통한 사전, 사후 검사와 더불어 교사의 관찰평가와 질적 분석이 함께 이루어졌다. 협력적 문제해결 검사지를 통한 사전, 사후 검사의 통계 결과는 다음 <표 10-9>와 같다. 전체적으로 살펴봤을 때는 통계적으로 유의미한 결과를 보였는데, 모든 모둠이 사후 검사에서 평균 상승을 보였다. 하지만 유의확률 .001에서 통계적으로 유의미한 결과를 나타낸 모둠은 D모둠이 유일했다.

〈표 10-9〉 협력적 문제해결력에 대한 t검정 결과

	사전		사후		N	t값	p
	M	SD	M	SD			
A	4.67	0.66	4.78	0.43	4	-1.49	.138
B	4.63	0.52	4.67	0.51	3	-0.52	.602
C	4.31	0.83	4.56	0.67	4	-2.61^{*}	.010
D	4.26	0.71	4.59	0.60	5	-6.78^{***}	.000
전체	4.45	0.72	4.64	0.57	16	-5.60^{***}	.000

$^{*}p < .05$, $^{**}p < .01$, $^{***}p < .001$

이러한 결과를 반영하여 본 연구에서는 학생들의 협력적 문제해결력을 보다 면밀히 분석하기 위해 모든 검사지에서 통계적으로 유의미한 결과를 드러낸 D모둠을 중점적으로 분석하였다. 학생 검사지는 사전, 사후에 제시되었지만 관찰의 경우 1회차 수업과 2회차 수업을 비교하는 방법으로 진행하였다. 연구자들의 관찰점수에 근거하여 D모둠의 협력적 문제해결력의 변화를 분석한 결과, 다음 <표 10-10>과 같이 1회차 수업과 2회차 수업 간에 유의미한 차이가 나타났다.

〈표 10-10〉 협력적 문제해결력 관찰점수 t검정 결과1(D모둠)

	1회차 수업	2회차 수업	t 값	p
M	4.39	4.97	-7.97***	.000
SD	0.47	0.09		
N(관찰항목)	38	38		

$^{***}p < .001$

협력적 문제해결력의 어떤 범주에서 차이가 나타났는지 살펴보기 위해 9개 영역을 '문제해결수행(5개 영역)'과 '사회적 협력(4개 영역)'으로 구분하여 살펴본 결과는 다음 <표 10-11>과 같다. 2개 하위 범주인 문제해결수행, 사회적 협력 범주 모두 통계적으로 유의미한 변화가 있었으며, 특히 사회적 협력 범주의 변화가 큰 것으로 나타났다. 1회차 수업에서 D모둠은 다른 모둠에 비해 두드러지지는 않았으나 2회차 수업에서는 최종적으로 주어진 과제를 성공적으로 해결한 유일한 모둠이 되었다. 특히 2회차 수업에서 D모둠은 에피소드 10(<표 10-6> 참조)과 같이 더 완벽하게 장치가 작동할 수 있도록 수정하는 과정이 이어졌는데, 다른 모둠에 비해 반성의 과정이 더욱 많이 진행된 것으로 나타났다.

10.3.2.1. 문제해결수행 요소의 변화

1회차와 2회차 수업에서 나타난 협력적 문제해결과 관련한 '문제해결수행' 요소는 다음 <표 10-11>과 같다. 소규모 수행 과제가 연달아 제시되는 1회차 수업과 하나의 수행 과제를 해결하는 2회차 수업이 완전히 동일한 형식은 아니었다는 점을 감안하더라도, 학생들의 문제해결과정은 수업이 진행되면서 차이를 보였다.

〈표 10-11〉 1회차와 2회차 수업에서 문제해결수행 요소 변화(D모둠)

1 회 차	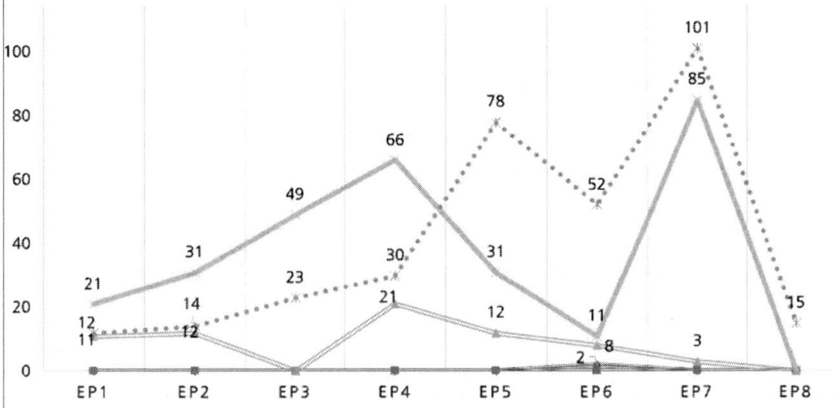 - ‘공동문제 분석 및 정의’, ‘협력 방식 수립’과 관련한 활동이 드러나지 않음 - ‘협력적 문제해결안 도출 및 의사결정’이 나타났으나 주로 ‘문제해결안 적용’이 에피소드에서 두드러지게 나타남 - ‘평가 및 성찰’은 교사 유도로 인해 많이 나타났으나 학생 활동 내에서는 많이 나타나지 않음
2 회 차	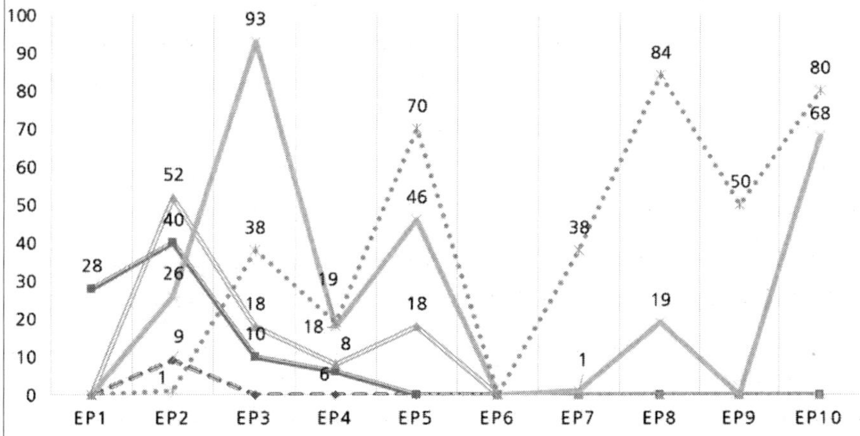 - 수업 초반부에 ‘공동문제 분석 및 정의’, ‘협력 방식 수립’이 드러남 - 수업 초반에 설계도를 그리고, 계획을 세우면서 ‘협력적 문제해결안 도출 및 의사결정’이 크게 드러남 - ‘문제해결안 적용’ 못지않게 ‘평가 및 성찰’이 함께 동반되는 양상으로 나타남

공동문제 분석 및 정의 | 협력 방식 수립 | 협력적 문제해결안 도출 및 의사결정 | 문제해결안 적용 | 평가 및 성찰

1회차와 2회차 수업은 초반부에 큰 차이를 나타냈는데, 앞서 언급된 바와 같이 1회차 수업에서는 '공동문제 분석 및 정의', '협력 방식 수립'과 관련한 학생 활동이 보이지 않았다면, 2회차 수업에서는 수업 초반에 관련 활동이 많이 나타났다. 특히 2회차 수업은 아래 <표 10-12>와 같이 '협력 방식 수립'과 관련하여 학생들이 어느 정도 서로의 역할을 분담을 정해놓고 진행하는 부분에서 차이가 나타났는데, 1회차 수업에서는 협력 방식에 대한 합의나 계획 없이 활동이 이루어져 산만하고 불필요한 작업이 반복되는 경향이 있었다면, 2회차 수업에서는 수업 초반에 어느 정도 협력 방식에 대한 합의가 이루어진 후 활동이 진행되어 한층 정돈된 형태를 드러냈다.

〈표 10-12〉 1회차, 2회차 수업 '협력 방식 수립' 양상

1회차 수업 초반(EP1)	2회차 수업 초반(EP1)
D4: 근데 15도 어떻게 해? D2: 제일 끝 D4: 제일 끝이라니 D2: 제일 가깝게 가깝게 (중략) D2: 내가 잡고 있을게 너네는 쇠구슬을 굴리도록 하여라 D4: 맨 왼쪽에 뭐 고정시키는 것 있어야 하지 않아? D2: 어 고정? 아 맞다 이걸 D4: 그거 말곤 받쳐줄 게 없어 D2: 옆에 거는거 맞는 거 같아. 아 근데 이거 으아 D4: 우리 몇 초인지 안 쟀어	D4: 설계도 그릴 사람? D2: 아무도 없구나. 조립할 사람 손? D3, D4: (손을 든다) D1: 설계도 작성 및 수정 누가 할 거야? D2: 가위바위보 해서 정하는 걸로 하자 D4: 아니 일단 나오는 것부터 하고 D3: 가위바위보 해서 이긴 사람부터 정하는 거로 할까? D4: 부품 관리 하고 싶은 사람 있어? D2: 난 쇠구슬 굴릴래 D4: (D1,D5에게) 넌 뭐하고 싶어? (중략)

'협력적 문제해결안 도출 및 의사결정'과 관련하여 다음 <표 10-13>과 같은 양상을 살펴볼 수 있는데, 1회차 수업에서 학생들은 과정을 깊게 생각해보지 않고 즉흥적으로 과제를 해결해 나갔다면, 2회차 수업에서는 장치 제작과정에서 문제점을 발견하고 이를 수정하기 위해 모둠원의 의견을 경청하고 반영하는 형태였다.

〈표 10-13〉 1회차, 2회차 수업 '협력적 문제해결안 도출 및 의사결정' 양상

1회차 수업 (EP3)	2회차 수업 (EP5)
(레일의 각도에 따라 구슬이 어떻게 구르는지 측정하는 활동 진행 중) D2: 이제 60도면? D3: 60도 여기 자 있어(삼각자를 보여주며) D2: 거기에 맞춰 D3: (각도기의 각도를 삼각자로 맞추고 있음) D2: 어! 30도도 그걸로 할 수 있었잖아, 그럼. D4: 아무렇게나 하면 되는 거지 뭐. D1: (레일을 조정하는 중) D4: (각도기를 갖다대며) 조금 올려야해 D2: 안 맞아? D1: (레일을 조정하는 중) D4: 됐어!. 준비 시작. 다시 해야 될 것 같은데.	(골드버그 장치 코스를 거의 완성해 나가는 과정에서 도미노가 깃발 스위치를 건드리는 부분에 대한 논의 중) D2: 근데 이걸로 스위치 안 눌려져. 그러니까 자동차로 쳐야 돼. D3: 아니 내가 아까 전에 도미노로 스위치 쳐 봤는데. D2: 도미노로 쳐봐 그러면. D1: 아까 도미노 2개로 스위치를 높여가지고.. D3: (스위치를 도미노 위에 올림) D2: 자 이걸 앞으로 좀 옮겨. 하나만 쓰러뜨려봐 (스위치가 눌리는지 확인). 됐어 됐어 D5: 얘네를 좀 더 안정적으로 고정할 방법은 없을까? D2: 일단 해보고 고치자. D4: 시간 측정해. 시간 재. D3: 여기까지 18초 정도 D2: 도미노를 촘촘히 해 촘촘히

다음으로 '평가 및 성찰'은 1회차보다 2회차 수업에서 많이 나타났는데, 이러한 차이는 1회차 수업에서 문제해결과정에 두각을 드러내지 못했던 D모둠이 2회차 수업에서는 결과적으로 성공적인 수행을 보인 것과도 연결될 수 있다. 이러한 양상은 다음 <표 10-14>에서 살펴볼 수 있다.

〈표 10-14〉 1회차, 2회차 수업 '평가 및 성찰' 양상

1회차 수업(EP7)	2회차 수업(EP9)
D4: (구슬이 연결부위 지점에서 튕겨버림) 여기 날아갔어 D1: (종이 커튼 치움) 야 여기서 이렇게 하면 안 될까? D3: 아이~(연결부위 치움) (교사를 향해) 맨날 안 튀기다가 이번에 처음으로 튀겼어요 D4: 구슬. 그쪽으로 갔어 D1: 여기 어때(연결관 끼워보며) D3; 안될걸 D2: 근데 여기가 왜 이렇게 빨라지는 거지? (세 번째 레일 가리키면서) D1: (두 번째 레일 가리키며) 얘 때문에. 가속도 붙어서 그래. 여긴 되긴 됐는데 D2: 여기 (시간이) 되게 늘었는데	D2: 실패요인이, 그래서 실패요인이 D1: 집게 D5: 집게. 3차 실패요인 집게. 집게, 집게 보완했어야 했어. D4: 집게는 보완 안해도 된다며? D1: 집게는 한번 꽂고 나서 보완하지 않았으니까 그치? D5: 응 D5: 깔때기는 D3: 어어, (깔때기 위치가) 삐쳤어. D2: 아 근데 실패한 요인 D5: 저번에 우리 D2: 그거밖에 없는데

1회차 수업에서는 주로 예상치 못한 문제점이 발생하면서 이를 검토하는 형태로 평가 및 성찰이 드러났다면, 2회차 수업에서는 모둠의 문제해결과정 및 결과를 성찰하는 형태로 나타났다. 즉, 2회차 수업은 실패 요인을 중심으로 탐색하는 과정에서 어떻게 하면 더 성공적으로 주어진 과제를 수행할 수 있는지 좀 더 깊게 논의하는 양상을 보였다.

10.3.2.2. 사회적 협력 요소의 변화

1회차와 2회차 수업에서 협력적 문제해결과 관련한 '사회적 협력' 요소 분석 결과는 다음 <10-15>와 같다.

〈표 10-15〉 1회차와 2회차 수업에서 사회적 협력 요소 변화(D모둠)

1 회 차	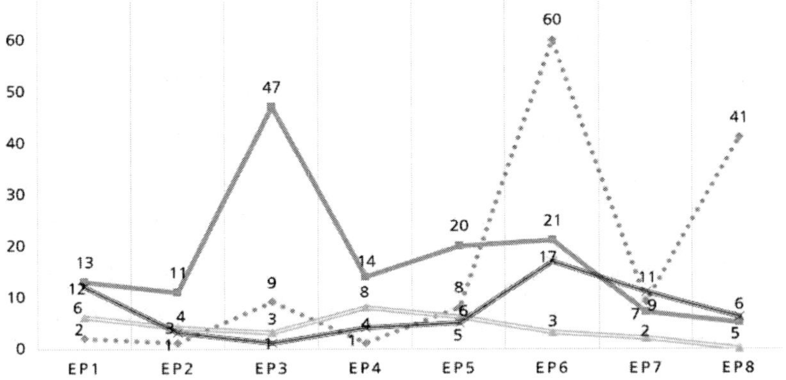 - ‘명확한 소통과 책임감 있는 수행’은 수업 후반부에 치우쳐 높게 나타남 - 전반적으로 ‘공감/배려’활동이 나타났으나 특정 에피소드 구간에서만 높음(EP3) - ‘공정한 참여와 피드백’은 전반적으로 낮은 수준으로 나타남 - ‘유연한 변화와 대처’는 거의 드러나지 않다가 수업 후반부에 나타남
2 회 차	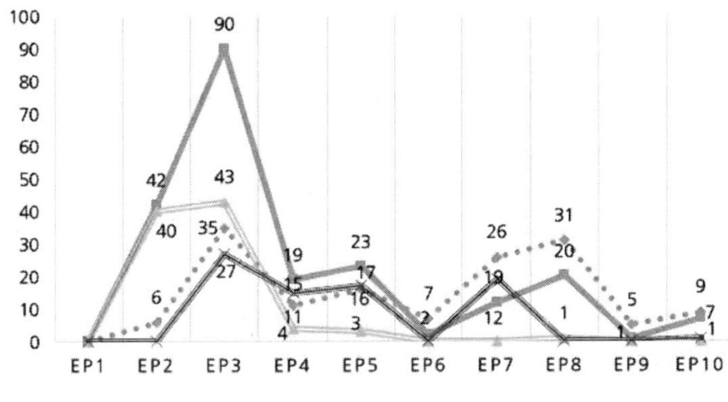 - ‘명확한 소통과 책임감 있는 수행’, ‘공감/배려’, ‘유연한 변화 대처’는 비슷한 그래프 모양을 보이고 있음(EP3에서 높게 치솟고 이후에는 에피소드별로 비슷한 수준) - ‘공정한 참여와 피드백’은 초반에 나타나다가 후반에는 많이 드러나지 않음. 수업에서 이를 명확히 구분하기는 어려웠음

이 중 2회차 수업 그래프에서 언급된 바와 같이 ‘공정한 참여와 피드백’은 이를 학생들의 발화만으로 명확히 구분해내는 것은 쉽지 않았다. 예를 들어, 명시적으로 드러난 부분은 “그래”, “이렇게?”, “도르레 되게 좋은 것 같은데”와 같은 부분이었는데, 2회차 수업에서는 초반부에 문제 해결을 계획하는 단계에서 어느 정도 서로 의견에 반응

하는 부분이 주요하게 나타났기 때문에 관찰이 용이하였으나 진행 과정에서는 주로 ‘평가 및 성찰’과 관련된 언급 외에 ‘공정한 참여와 피드백’을 분류해내기가 어려웠다. 추후 연구에서는 이러한 부분과 관련하여 분석 방법에 대한 논의가 더 이루어질 필요가 있겠다. ‘명확한 소통과 책임감 있는 수행’과 관련하여 1회차 수업은 수업 후반부에, 2회차 수업은 수업 전반에 걸쳐 나타났으며, 이는 <표 10-16>과 같다. 1회차 수업에서 에피소드 6은 그래프로 기록하는 과정이 있었기 때문에 주로 발표 내용에서 그래프를 활용하여 적절히 구성하는 것과 관련된 내용으로 의사소통이 나타났다. 하지만 이는 수업에서 학생들이 기록하도록 교사가 명시적으로 언급한 부분이었으며, 이 외에는 잘 드러나지 않았다.

〈표 10-16〉 1회차, 2회차 수업 ‘명확한 소통과 책임감 있는 수행’ 양상

1회차 수업(EP6)	2회차 수업(EP3)
D4: 아니 몇 cm가 각도 한 칸인데? D2: 야 물결을 어디 아 물결을 그렇게 전체에다 그리라니 아아 D3: 빨간색이 없다 이걸로 해야지 D1: 야 나 칸 너무 작게 했어 이번에는 D2: 자로 재서 나눠. 아 진짜 자로 나눌 수가 없는데? 야 한 칸에 그거지? 0.1? D3: 그래야 되겠지? D2: 그래서 0.1하고 0.3부터 1.2. 0.1로 하면 0.3, 0.4, 0.5... D5: 1.2까지 가야 하니까 9개 D2: 그래 9개가 맞아 D4: 선생님 이거 표를 늘리면 안 되나요? 이게요. 칸을 나누기가 좀 그래 가지고 칸을 늘리면 안 돼요?	D1: 야 밑에만 하자. 사이에 했다가 구슬이 안 올라갈 수 있어. D2: 이게 집게 하고 깔때기 한 번 더 하는거 D4: 그~렇지? D1: 어 2개하고 깔때기 하나 더 D2: 야 우리 빨리 해야 D1: 하나 둘 셋 하고 롤러코스터 D4: 빨리 하다가 실수할 수도 있어 천천히 해 D2: 11분 남았는데 D4: 아니야 빨리 하다가 D1: 4분 동안 3분의 1 했다니까

2회차 수업은 1회차 수업과 같이 발표내용과 관련된 소통도 있었는데, 차이를 보인 점은 <표 10-16>에 나타난 것과 같이 주어진 시간에 맞게, 계획에 맞게 수행을 하고 있는지에 관한 발화가 많이 나타났다는 점이다. 이러한 소통 과정은 전반적인 문제해결이 성공적으로 수행할 수 있는 데 간접적인 기여를 한 것으로 보인다.

‘공감 및 배려’와 관련하여 <표 10-17>을 살펴보면, 1회차 수업은 구성원의 의견에 적절히 반응하여 공감이 잘 형성되지 못하고 갈등이 유지되는 형태로 나타났다면, 2회차에서는 갈등구조가 거의 드러나지 않았다. 2회차 수업에서는 구성원의 의견에 적절히 반응하면서 충돌이 거의 일어나지 않았다.

〈표 10-17〉 1회차, 2회차 수업 '공감 및 배려' 양상

1회차 수업(EP3)	2회차 수업(EP4, 5)
D2: (각도기를 갖다 댄다) D4: 그게 아니잖아. (각도기를 갖다 대며) 야 올려 D1: (레일을 조정한다) D4: 야 너무 올리잖아. 아래쪽에서 하자니까 왜 자꾸 올리고 그래 D2: 아래쪽에서 하자 아래쪽에서 하자 D4: 왜 이렇게 공중을 좋아해. 빨리 내리자고 D1: (레일을 내려서 조정한다) D4: 이건 30도가 딱 봐도 아닌 것 같지 않아? 됐어! D2: 자 이제 탁 소리가 나면 딱 멈추시면 됩니다 D4: 야 이거 아래쪽에 있어야 하는데 너(D1)가 (중략) D4: (각도기를 가져가며) 45도 맞아? 어딜 봐서...맞는 건가요? D1: 더 올리라고? 이게 이 각도라고? 말도 안 돼 D4: 너가 맞춰 놓은 거야 이거	D5: 이거 방향을 이렇게 바꾸면 안 돼? 이걸 이쪽으로 내려오게 해서 좀 더 아래쪽에 연결시켜서 D1: 으음~ 이렇게? D5: 응응 그렇게 하면 이게 너무 길어지지 않을 거잖아 (중략) D3: 망했어 D2: 안 망했어. 날 믿고 한번만 해보자. 시작! 옆에서 쳐서 그래. 옆에서. (중략) D2: 괜찮아. 연습이잖아. D3: 그래 도미노 안 망가진 게 어디야 (중략) D2: 근데 너무 촘촘해서 안 되는 것 같아.

'공정한 참여와 피드백'은 앞서 언급한 것처럼 발화만으로는 구분하기 쉽지 않았는데, 이와 같은 내용은 발화보다는 학생들의 행동, 표정 등을 상세히 포착하여 분석이 이루어질 필요가 있다. 세밀한 개인별 활동 분석을 위해서는 다양한 기술적 지원이 포함되어야 가능할 것이다. 다만, D모둠 학생들의 '공정한 참여와 피드백'과 관련하여 사전 평균 4.4가 사후 평균 4.6으로 소폭 상승한 점, 2회차 수업에서 1회차보다 긍정적 수용 관련 발화가 더 많이 나타난 점에서 1회차보다는 2회차 수업에서 협력이 더 잘 이루어진 것으로 볼 수 있다. 다음 <표 10-18>과 같이 '유연한 변화 대처'는 1회차에서 후반부에서만 드러나지만 2회차는 전반적으로 해당 요소가 드러나고 있다.

〈표 10-18〉 1회차, 2회차 수업 '유연한 변화 대처' 양상

1회차 수업(EP6)	2회차 수업(EP4)
D1: (위 레일을 떼어내며) 너무 세게 꽂았어. D2: 봐봐 내가 빼볼게 D1: (떼어내는데 성공한다) D2: 오오 야 이거 부서졌어 D4: 부서졌다고? D2: 아니 아니 분리됐어 D3: 뽀개졌어 D1: (연결된 부분을 만지며) 야 이거 다시 연결시켜야겠다 어쩔 수가 없다 (중략) D5: (D3에게) 그럼 물결 너가 그려봐 D2: (손을 물결 모양으로 움직이며) 물결 이렇게 그리면 돼 D1: 잠깐만 야 이거 잠깐만 야 이거 누구 좀 잡아줘	D2: 집게 붙일 수 있는 사람 D5: 벽이 이렇게(손동작) 되어 있잖아 D1: 해봐야지 뭐. 야. 그럼 D3는 지금 끝나자마자 집게를 붙이시오. D2: 그리고 그 다음에 누가 레일을 붙이고 그 다음에 깔때기를 하고 D1: 깔때기 내가 하고 있을게 D4: 아니 근데 질문! 레일 이거 집게 이후로 쭉 레일 2개 그냥 일반 레일로 붙여? D1: 1번에다가 붙여놓고 그러고… D4: 우리 골판지 하나 한다고 하지 않았나? D1: 일반(레일)을 더해야 돼 D2: 골판지? 골판지 그럼 붙여! D1: 그게 아니라 일반으로 각도를 만들어 놓고 롤러코스터랑 맞추고 나서 그 각도를 이용해서 우리가 조절하는거야

<표 10-18>을 살펴보면, 수업 중간에 예상치 못한 상황에서 2회차 수업은 어떻게 처리할지 다음 과정을 이야기한다거나 역할 수행 변화에 따라 구성원이 능동적으로 대응하는데 반해 1회차 수업은 상대적으로 대응이 순조롭게 이루어지지는 않았다.

이상의 결과에서 1회차 수업보다는 2회차 수업에서 학생들의 수행이 인지적, 사회적 영역 모두 변화한 것을 알 수 있으며 관찰점수에서는 특히 사회적 영역의 변화가 인지적 영역 변화보다 큰 것으로 나타났는데 이는 발화 분석 시에도 드러난 부분이다. 즉, 2회차 수업에서 학생들의 갈등적 발화가 많이 감소하였는데, 이는 공감적 발화, 유연한 변화 대처 관련 발화가 적절하게 제시된 부분과도 연결이 된다.

10.3.3. 각도 개념과 관련한 D모둠의 체화된 인지

수업에서 학생들이 각과 각도에 대해 직접적으로 언급한 발화는 1회차 155개, 2회차 117개이며, 1회차에서는 주로 각도와 관련한 탐색 활동이 이루어졌기 때문에 직접적으로 해당 용어를 언급한 발화가 더 많이 나타난 것으로 보인다. 2회차는 각도를 조절할

수 있는 레일 외에 다양한 도구를 활용하여 주어진 과제를 수행하는 것이었기 때문에 관련 발화가 1회차 보다는 적게 드러났다. 1회차 수업에서 D모둠의 제작 장치는 [그림 10-1]과 같으며, 관련된 발화의 내용은 다음 <표 10-19>와 같다.

〈표 10-19〉 1회차 수업 미션(과제)과 각과 각도에 대한 발화 내용

<table>
<tr><th colspan="2">1~2차시</th><th colspan="2">3~4차시</th></tr>
<tr><td>미션 1</td><td>레일의 각도에 따라 쇠구슬의 도착 시간이 어떻게 달라지는지, 레일의 길이와 레일 각도 사이의 관계를 측정하고 그래프로 그려봄</td><td>미션 2</td><td>40cm 길이의 레일만 사용하여 최대한 천천히 내려오도록 길을 만들고 조건을 확인해봄</td></tr>
<tr><th colspan="4">각과 각도 관련 발화 내용</th></tr>
<tr><td colspan="2">레일을 어디에 꽂느냐에 따라 각도 재는 방법이 달라지기 때문에 어디에서 시작할지 논의
⇓
15도, 30도, 45도, 60도를 어떻게 맞추어 레일을 꽂을 수 있는지 논의
⇓
각도가 변하지 않도록 고정하는 방법 논의
⇓
자신들이 꽂은 레일의 각도가 맞는지 각도기로 잴 때 어떻게 재는 것이 맞는지에 대한 논의 (바닥에서 재는 것이 편리하다는 결론)
⇓
계속 각도기로 레일의 각도를 측정하면서 실험 각도에 따라 변화시켜 고정 (각도가 정확한지 반복 측정하면서 계속 확인)
⇓
40cm와 80cm 길이 차이에도 불구하고 각도별 시간 측정 결과가 별 차이가 나지 않음
⇓
60도가 생각보다 가파르다는 것을 눈으로 확인
⇓
15도와 60도가 비슷한 측정 결과가 나오는 것에 대해 측정 방법 오류로 결론 짓고 다시 측정 (15도가 잘못 측정됨)
⇓
그래프로 나타내면서 골드버그 장치에서 몇 cm가 각도 한 칸인지 생각하기 시작함</td><td colspan="2">D3가 고안한 레일(2개의 레일을 겹쳐 터널처럼 만듦)이 각도가 낮아지는 경우 구슬이 굴러가지 않아서 각도를 세워야 하는 것에 대한 의견이 많이 제시됨
⇓
수직으로 세워도 구슬이 잘 굴러가지 않고 계속 실패하자 해당 레일은 제거함
⇓
다른 레일에서 종이로 커튼과 같은 장애물을 만들었는데, 레일의 각도가 낮아 장애물에 구슬이 멈추는 결과를 낳음. 각도를 더 크게 했을 때에는 구슬이 튕기는 결과를 낳아서 적절한 각도를 찾고 있음
⇓
손으로 레일을 잡으면서 각도를 조절하려고 함 (교사가 해당 방법은 적절하지 않다고 피드백)
⇓
다양한 방법을 조정하면서 미션 수행함(4초 9)
⇓
각도가 꼭 크지 않아도 구슬이 잘 내려간다(생각보다 빠름)는 것을 알게됨
⇓
레일의 각도를 재는 것이 쉽지 않음 (11도, 15도 39도로 설계했다고 결론)</td></tr>
</table>

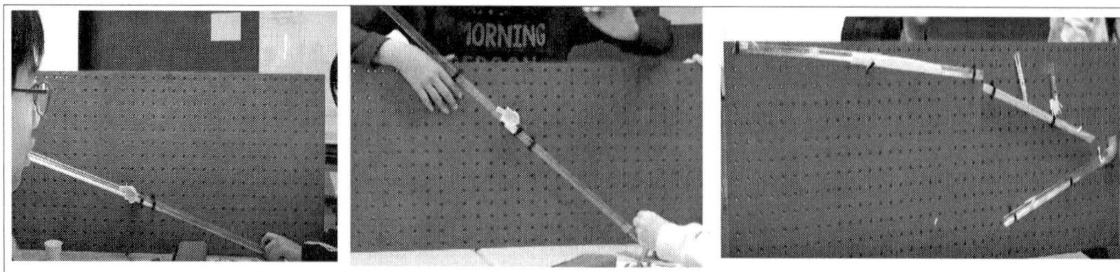

〈각도와 레일 길이 변화에 따른 구슬 도착 시간 측정〉 〈미션 2 관련한 제작 장치〉

[그림 10-1] 1회차 수업에서의 D모둠 제작 장치

1회차 수업에서는 장치를 처음 이용하는 것이기 때문에 주로 구슬이 굴러가는 것과 각도의 관계를 탐색하는 활동이 이루어졌다. 학생들은 각을 측정하기 쉬운 형태로 레일을 꽂는 방법에 대해 논의하면서 [그림 10-1]과 같은 장치를 제작하였다.

공중에서 각도를 측정하는 경우 기준선을 맞추기 어렵기 때문에 오차가 발생하는 문제가 생겼는데, 이를 방지하기 위해 D모둠은 바닥에서부터 레일을 설치하여 레일의 아랫부분을 기준으로 각을 측정하였다. 구슬이 생각보다 빨리 내려갔기 때문에 각도별 시간 차이는 소수점에서 차이가 났으며, 이 과정에서 학생들은 15도가 막연히 구슬이 느리게 내려갈 것 같은 각도라고 생각했는데 그렇지 않다는 것을 몸소 체험하는 계기가 되었다. 두 번째 수행 과제는 최대한 천천히 내려오는 장치를 만드는 것이었는데, 해당 레일에 속도를 늦추기 위한 다양한 방법들을 사용할 수 있도록 하였다. D모둠은 레일에 부직포를 붙이거나 장애물을 설치하는 방법으로 구슬의 속도를 조절하려고 하였는데, 오히려 그러한 장치로 인해 구슬이 멈추는 등 예상치 못한 결과로 시행착오를 많이 겪었다. 최종적으로 레일은 단순한 형태로 구성하여 조립하였고, 측정 결과 11도, 15도, 39도로 설계했다는 것을 언급하였다. 1회차 수업에서 D모둠 결과는 다른 모둠과 비교했을 때 크게 다른 부분은 없었다.

2회차 수업은 1회차 수업에서 어느 정도 골드버그 장치에 익숙해졌기 때문에 장치를 정교화하는데 많은 논의가 이루어졌다. 1회차에서는 레일을 연결하는데 구슬이 튕기는 부분을 부품을 이용하여 강제로 떨어지게 만든데 반해, 2회차에서는 지그재그로 레일을 설치하여 구슬이 자연스럽게 레일을 타고 올라가다가 내려가도록 설계하였다. 이 과정에서 처음에는 40도, 15도로 반복적으로 레일을 구성하였으나 진행 과정에서 다음 [그림 10-2]와 같이 시작하는 레일 각도를 작게 하고, 2번째 이어지는 레일의 각도를 크게 만들었다.

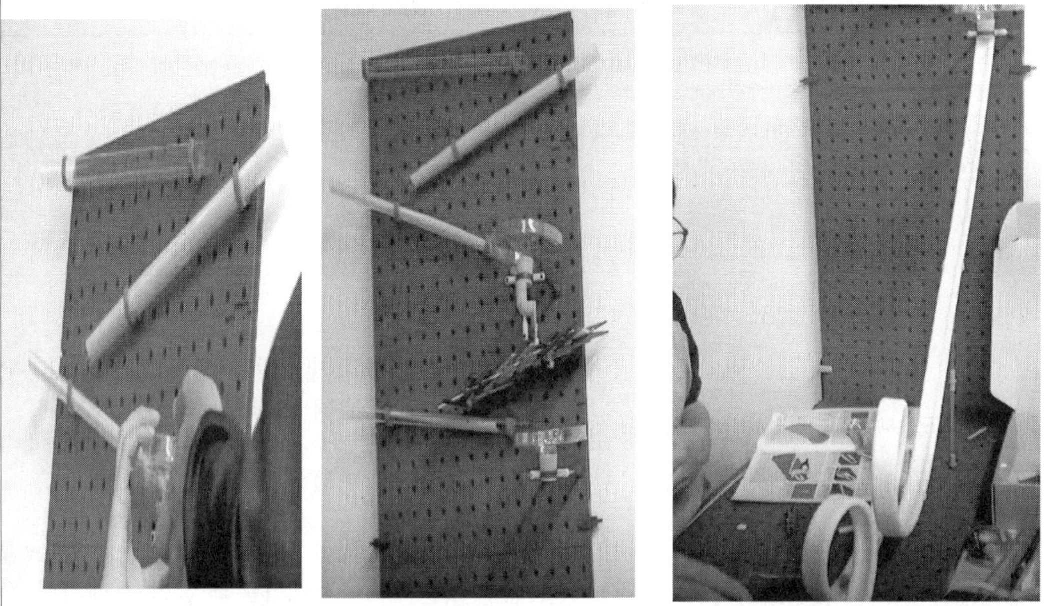

〈지그재그로 설계된 레일〉 〈설치된 롤러코스터 레일〉

[그림 10-2] 2회차 수업에서의 D모둠 제작 장치

그 이유는 <표 10-20>에 제시된 바와 같이 내려오는 속도가 있기 때문에, 그 다음 레일의 각도가 낮은 경우 구슬이 진행 방향으로 레일을 거슬러 올라가 레일을 이탈해 버리기 때문에, 오히려 레일을 벗어나려는 힘을 제어하기 위해 다음 레일의 각도를 높여야 함을 언급하였다. 이는 실제 각도에 대해 학생들이 더 알게된 점으로 주목할 수 있는데, 학생들이 각에 대해 머릿속으로 생각하는 것과 실제로 설계를 하면서 마주하는 것은 다른 점이 있다는 것을 드러내는 부분이었다. 롤러코스터 레일을 설치할 때에도 무조건 구슬을 굴린다고 해서 구슬이 레일을 모두 통과할 수 있는 것은 아니었고, 원의 반경이 클수록 더 많은 힘이 필요하기 때문에 시작 지점의 경사가 더 높아져야 한다는 결론을 얻었다. 주어진 높이에 맞는 레일 설치를 위해 원의 반경을 작게 하면서 롤러코스터 레일을 2번 꼬아서 만든 결과 구슬이 매끄럽게 굴러갈 수 있었다.

〈표 10-20〉 2회차 수업 미션(과제)와 각과 각도에 대한 발화 내용

<table>
<tr><th colspan="2">5~6차시</th><th colspan="2">7~8차시</th></tr>
<tr><td>미션 1</td><td>쇠구슬이 20초에 가깝게 도착 지점에 떨어지도록 장치를 제작함</td><td>미션 2</td><td>장치를 발표하고, 반성 및 평가를 통해 개선점 찾아봄</td></tr>
<tr><td colspan="4">각과 각도 관련 발화 내용</td></tr>
<tr><td colspan="2">처음에 40cm 레일을 15도로 하여 지그재그로 만드는 부분 논의
⇓
40도, 15도, 40도, 15도, 40도, 15도로 레일을 꽂기로 함
⇓
지그재그로 연결되는 부분의 각도가 둔각이 되어야 한다는 의견과 레일 간 간격이 넓어야 한다는 의견 확인
⇓
레일에서 레일로 넘어가는 부분에서 구슬이 계속 튀는 문제에서 각도 조절하기 시작
⇓
완만하게 레일을 연결하는 것 대신 튀는 부분의 레일 각도를 크게했더니 오히려 튕기지 않음
⇓
롤러코스터 각도 논의
(원을 크게하는 경우 더 큰 힘을 받아야 하므로 구슬이 굴러오는 경사의 각도를 크게 해야 함. 원을 작게 2번 돌려서 주어진 높이에서 구슬이 굴러갈 수 있게 함)
⇓
롤러코스터 끝 부분과 도미노 만나는 지점 논의
(롤러코스터 끝이 땅에 닿으면 도미노 아래를 쳐서 앞으로 넘어지지 않는 경우 발생. 도미노를 중간 높이에서 치도록 롤러코스터 끝부분 각도 변경)</td><td colspan="2">장치 발표를 위해 각도기로 설치된 레일의 각도를 측정함
(중간에 수정하면서 각도가 계속 바뀌었었음)
⇓
골드버그 장치를 꽂는 점의 간격을 이용하여 1줄씩 올라갈 때마다 각도를 계산함 (1칸당 7.5도로 봤음)
⇓
측정한 각도 정보를 사용하여 모둠별 발표에서 장치가 어떻게 구성되었는지 설명
⇓
각도에 대해 더 알게 된 점을 설명할 때 구슬의 속도 때문에 다음 레일로 넘어갈 때 구슬이 다음 레일을 넘어가는 상황이 있었는데 오히려 다음 레일의 각도를 크게 설치하였더니 구슬이 레일을 넘지 않았다고 언급</td></tr>
</table>

롤러코스터 레일의 끝 부분과 관련해서는 [그림 10-3]과 같이 처음에는 바닥에 붙였는데, 실행해보니 도미노가 앞으로 넘어지지 않은 경우가 생기면서 장치의 완성도에 우연성이 작용하는 요소가 커지게 되었다. 안정적으로 도미노를 넘기기 위해서 롤러코스터 끝 부분의 각도를 높여야 한다는 결론을 얻었고, 끝 부분의 각도를 조절한 결과 도미노의 중간 부분을 치도록 장치를 수정하여 안정적인 결과를 얻을 수 있었다.

롤러코스터 끝 1차(바닥)

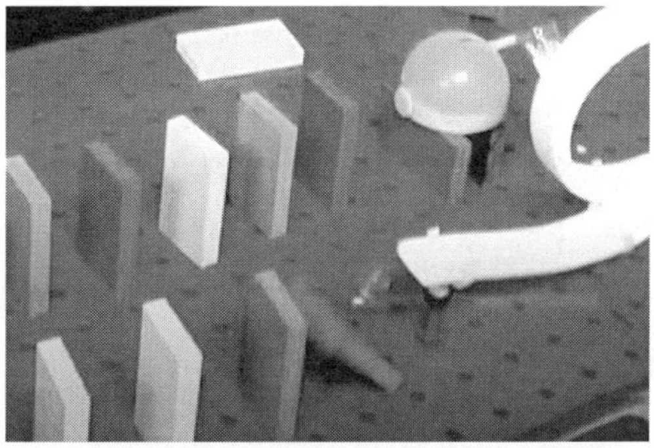

롤러코스터 끝 2차(도미노 중간 높이)

[그림 10-3] 롤러코스터 레일의 끝 부분 변화

이러한 과정으로 D모둠은 2회차에 주어진 최종 과제를 성공적으로 수행하였는데, 다른 모둠은 장치가 중간에 멈추거나 구슬이 튕겨나가는 결과를 보인 반면 D모둠만 유일하게 시간 측정 측면이나 안정적으로 장치가 작동하는데 성공하였다. D모둠 학생들은 장치의 우연성을 더욱 줄이기 위해 수업이 종료된 후에도 계속 장치를 점검해 나가는 모습을 보였는데, 이러한 과제집착력 또한 다른 모둠과 차이를 보였다. 대다수 학생이 각도를 정적인 형태로, 지필로 계산하는 과정으로 접했기 때문에 동적인 움직임이 있는 각도로의 접근은 새로운 것이었다. 학생들은 수업의 과정에서 다음과 같이 언급하기도 했다.

- 현실적 변수도 있다는 것을 새삼 느꼈어요. (학생 D5)
- 기울기가 맞지 않아서 갑자기 멈추거나 공이 구르지 않았는데, 이것을 해결하지는 못했지만 기울기를 더 기울이거나 하면 해결할 수 있을 것 같아요. (학생 C3)
- 각도의 크기가 작으면 무조건 느리게 갈 것이라고 생각했는데, 의외로 빨랐어요. (학생 D2)

복잡한 변수들을 고려해나가는 과정에서 학생들이 각도를 동적인 개념으로 인식하기 시작했으며, 이는 각도가 학생들에게 체화되는 하나의 과정으로 설명할 수 있을 것이다. 이처럼 수학 개념을 형식적이고 절차적인 관점에서 접근할 때 학생들이 지니는 관점과 실제 조작적으로 적용하는 과정에서 생기는 관점은 차이가 있었다. 이를 고려하여 학교 현장에서의 수업도 학생들이 개념을 체화할 수 있는 방식으로의 다양한 접근을 논의할 필요가 있을 것이다.

10.4. 논의

본 연구는 5, 6학년 초등 영재학생을 대상으로 체화된 인지 관점에서 각도 개념과 관련한 문제해결과정을 살펴보았다. 이를 위해 과학과에서 많이 사용되는 골드버그 장치를 수학 중심의 수업으로 고안하여 수업을 계획하였고, 수업의 적용을 통해 학생들의 융합적 소양과 협력적 문제해결과정을 살펴보았다. 학생들에게 나타난 결과와 본 연구의 제한점을 중심으로 향후 수학교육의 방향을 논의하면 다음과 같다.

첫째, 융합적 소양과 관련하여 본 연구는 4C(융합, 창의, 배려, 의사소통) 중 '창의' 요소의 변화를 살펴볼 수 있었는데, 창의 이외의 '융합, 배려, 의사소통'이 통계적으로 유의미하지는 않았으나 각 요소의 변화를 살펴볼 수 있는 보다 정밀하고도 다양한 검사 도구가 필요할 것이다. '창의' 요소는 학생들이 스스로 변화가 있었다고 보고한 요소로, 창의 이외의 '융합, 배려, 의사소통'도 통계적으로 유의미한 수준은 아니지만 사후점수 평균이 사전에 비해 모두 상승한 것으로 나타났다. 스스로 학생을 평가하는 과정에서 일부 모둠은 기초적인 평가 점수를 높게 제시하여 사후 검사가 5점 만점이 되어도 통계적으로 유의미한 값을 나타내지 못하기도 하였고, D모둠은 기초적인 평가 점수를 낮게 제시하여 사후 검사가 유의미하기는 하였으나 다른 모둠에 비해 절대적인 평가 점수는 낮게 나타났다. 이와 같이 학생이 스스로에게 내리는 자기평가 점수는 개인의 주관에 따라 크게 차이가 나는 점에서 이러한 프로그램을 장기적으로 적용할 때 학생들의 자기평가 경향에 따른 성과 변화도 차이가 있는지 살펴볼 필요가 있을 것이다. 또한 학생의 자기평가 외에도 이를 뒷받침하거나 보완해줄 수 있는 다른 검사가 함께 병행되어야 할 것이다.

둘째, 본 연구에서 지향하는 수학 중심 융합 수업을 현장에서 적용하기 위해서는 현실적인 제약이 많으므로, 이에 대한 다양한 고민이 필요하다. 본 연구는 학생들이 기존의 교과서 지식보다는 능동적인 과정에서 좀 더 개념을 깊이 이해할 수 있는 경험을 할 수 있지만, 현실적으로 많은 수업시간을 필요로 한다. 교육과정 내에서 융합을 시도할 때의 한계점은 수업시간에 대한 문제점뿐만 아니라 학년 간 내용 요소를 융합해야 하는 상황에서 이를 어떻게 구성할 수 있는가 하는 것이다. 우선, 수업시간이 많이 소요되는 점은 다양한 과목을 융합적으로 구성하면서 해당 과목의 수업시간을 하나로 묶어서 사용할 때 어느 정도 해소할 수 있을 것이다. 하지만 본 연구에서 사용한 학습 개념은 4학년과 6학년에 제시되어 교육 현장에서 정규 수업 시간 내에 연결짓기에도 한계가 있다. 다양한 과목들을 중심으로 전개되는 융합교육을 위해서는 교육과정이 이를 수용할 수 있는 형태로 변화할 필요가 있다. 다양한 학년의 주제를 함께 다룰 수 있는 여지를 제공한다던가, 연결될 수 있는 개념을 동일한 학년에 묶어서 제시할 수 있도록 내용 구성의 변화를 고민해볼 필요가 있다. 또한, 한국은 학년별로 분절적인 개념 학습이 이루어지는데, 예를 들어 4학년에서 배우는 각과 각도 개념은 그 이후에는 거의 다루어지지 않으며, 삼각형의 종류나 도형의 특징에서 각과 각도가 언급되기는 하나 학생들의 기존 개념을 확장하기에는 부족함이 많이 드러난다. 네덜란드의 경우 다양한 내용을 여러 단원에서 반복하여 다루는데, 학년이 올라가면서 해당 내용을 조금씩 반복 · 심화하는 나선형 형태로 제시하고 있다. 이러한 부분을 참고하여 학습을 반복 · 심화하는 형태로 제시한다면 다양하게 융합을 시도할 수 있는 여지를 줄 수 있을 것이다. 또한 융합의 수준을 높여갈 수 있는 방법에 대한 고민도 필요한데, 수학 교구 측면에서의 고민도 필요하다. 본 연구는 활동의 용이성을 위해 골드버그 장치 교구를 이용하였다. 현실적으로 일반 학급에서 쉽게 접근이 가능하려면, 교구 및 수업 도구의 접근성이 매우 중요하다. 본 연구와 같이 기존에 존재하는 수업 자료들을 주제에 맞게 적절하게 변형하고 적응할 수 있는 교사의 역량과 더불어, 현실적인 재료로 수업이 가능하도록 가능한 대안들을 다양하게 제시하는 것도 필요할 것이다. 본 연구의 경우, 해당 교구는 없다 하더라도 우드락과 키친타올 심을 레일로 활용하여 골드버그 장치를 만드는 방안이 가능할 것이다. 교구를 사용하지 않더라도 은유를 이용하여 이해를 도울 수 있는 점은 앞으로 학교 현장에서 쉽게 활용 가능한 방법으로 더욱 다양하게 연구될 필요가 있을 것이다. 본 연구는 교구를 활용하여 시각적 내용을 소재로 수업을 진행하였으나 향후 다양한 내용을 소재로 체화된 인지 관점을 반영할 수 있는 수업 개발이 필요하리라 본다. 결국 '체화'를 수업에 어떻게 녹여낼 수 있을 것인지, 학생들이 '체화' 했다는 것의 의미를 어떻게 탐구할 것인가에 대한 논의가 계속적으로 필요하다. 이는 다양한 관점, 그리고 다양한 연구 방법을 통해 규명하려는 시도가 계속해서 이루어져야 할 것이다.

셋째, 협력적으로 문제를 해결하는 것이 중요하게 다루어지고 있는 만큼(조지민 외, 2012), 이와 관련한 많은 연구가 필요하다. 본 연구는 모둠 구성을 통해 함께 협력적으로 문제를 해결하도록 하였으며, 이 과정에서 D모둠의 협력적 문제해결력을 분석한 결과 문제해결수행 범주보다 사회적 협력 범주에서의 변화가 더 크게 나타났다. 이는 실제 학생들의 발화 분석에서도 사회적 협력 관련 발화 수 차이가 더 크게 나타난 것과도 연결지을 수 있다. 아직도 수학 수업에서는 대부분 개인이 문제를 해결하는 형태로 이루어지는 경우가 많으며, 모둠 학습은 일반적으로 사용되지는 않는다. 하물며 교과서도 협력적으로 문제를 해결해나가도록 제시하지는 않는다. 실제 우리가 마주하는 세계는 매우 복잡한 문제를 지니고 있으며, 이는 개별적으로 해결할 수 없을 때가 더 많다는 점에서 수학교육에서도 협력적으로 문제를 해결하는 방법에 대해 더욱 많은 논의가 필요할 것이다. 특히 국제평가에서 협력적 문제해결력 평가가 도입되기 시작한 뒤로 이론적으로는 논의가 되고 있으나 이를 학교 현장에서도 어떻게 도입하고 어떻게 평가를 할 수 있을지 다양한 방면에서의 연구가 필요할 것으로 보인다. 본 연구에서는 학생들의 발화를 중심으로 담화 분석을 시도하였으나, 보다 학생들의 수행을 파악하기 위해 교수자와 관찰자를 위한 체크리스트나 관찰 도구의 개발이 많이 이루어져야 할 것이다. 또한, 협력적으로 수학 문제를 해결하기 위해 어떤 형태의 과제가 적절한지에 대한 연구도 필요할 것이다.

넷째, 체화된 인지 관점은 기존 지식에 대한 관점에서 벗어나 수동적이기보다는 능동적인 관점을 지향하고 있는데, 구성주의와 맥을 나란히하면서도 앞으로 교육에서도 다시금 눈여겨봐야 할 관점이라고 할 수 있다. 본 연구에서는 각도 개념을 중심으로 학생들이 각도를 눈으로 보면서 조작하고, 변화를 체험할 수 있는 형태로 수업을 계획하였는데, 이 과정에서 학생들이 기존에 인지하고 있던 지식을 새롭게 구성하는 모습을 살펴볼 수 있었다. 이처럼 지식을 가르치는 과정에서 학생들이 이해했다고 하는 것이 무엇인지, 능동적으로 지식을 구성할 수 있는 활동이 무엇인지 연구가 많이 이루어져야 할 것이다. 그리고 학생들의 발화를 중심으로 체화된 인지를 어떻게 드러내고 있는지 살펴보기는 하였으나 학생들의 반응을 모두 기술하는 것은 한계가 있었다. 선행연구에서는 기술적 도구를 사용하여 학생들의 반응을 드러내기도 하였으나, 현실적으로 교육 분야와 같은 인문 영역에서는 예산을 많이 필요로하는 기술적 도구를 사용하는 데에는 제약이 많다. 교육 분야가 인간을 대상으로 하는 만큼, 언어적인 부분뿐만 아니라 비언어적인 부분에 대한 분석을 위해서도 이를 포착하기 위한 기술적 지원이 있을 때 보다 정교한 연구가 가능할 것이다.

다섯째, 학생들의 8차시 수업으로 학생들의 변화를 논의하기에는 한계가 있으며, 학생들의 변화를 어떻게 살펴볼 것인가에 대해서는 논의가 더욱 필요하다. 본 연구는 검사지와 학생 발화를 중심으로 분석을 실시하였으나, 체화된 관점에서 융합 수학을 드러내는 것을 처음 시도하는 과정에 있었기 때문에 발화를 통한 담화 분석은 개괄적인 수준에서 분석이 이루어졌다. 이후의 분석은 좀 더 학생들의 활동 분석 단위를 구조화하고, 기존의 관찰 영역 및 방법을 보다 체계적으로 다듬어서 심도 있는 분석을 시행할 필요가 있다. 또한, 8차시 수업은 학생 개개인에게는 짧은 시간일 수도 있기에, 각도 개념을 체화할 수 있도록 보다 다양한 활동을 연속적으로 제시하는 것에 대한 고민도 필요하다. 이와 더불어 학습에서의 '체화' 과정을 보다 긴 시간에 걸쳐 관찰하여 변화를 살펴보는 것 또한 필요할 것이다. 학생들의 활동을 상세히 분석하는 과정에 있어서도 4개 모둠을 모두 관찰하여 보고하는 것은 한계가 있었는데, 특히 결석생이 발생하는 등 예상치 못한 상황은 모둠별 분석에서는 치명적인 부분이었다. 결과적으로 본 연구는 1개 모둠을 관찰하였으나 사전에 학생들에 대한 정보를 얻을 수 있는 일반학급에서는 학생들의 수행 경향이나 특성을 반영한 포커스 그룹을 2개 정도 선정하여 비교분석하는 방법이 보다 상세한 분석과 함께 결석에 대한 현실적인 대응이 가능한 방법이라고 판단된다. 본 연구는 개발된 검사지를 사용하였으나 학생들의 특성이나 수준을 파악하기에는 한계가 있었다. 초등학생에게 적합하면서도 모둠 활동에 대한 특성이나 수준을 파악할 수 있는 형태의 검사지 개발이 필요할 것으로 보이며, 개별검사와 관련해서도 영역을 좀 더 세분화하여 상세한 검사가 가능한 검사지의 개발도 필요할 것으로 보인다.

수학이라는 학문은 모든 학문과 연결이 되면서도 다양하게 응용이 가능한 학문이다. 하지만, 최근 학생들 사이에 수학이 어렵다는 인식이 만연해지고, 학습양에 대한 축소요구도 많아지면서 학습 가능한 수학 내용은 계속 줄어들고 있는 실정이다. 미래를 위한 교육의 방향을 제시한다는 것은 매우 어려운 일이지만, 내용 자체를 탓하기보다는 내용을 가르치는 방법의 변화를 더욱 고민해야 할 것으로 보인다. 이를 위해 체화된 인지 관점의 적용, 수학 중심의 융합교육, 협력적 문제해결력의 향상은 미래 교육을 위한 하나의 방안을 위한 핵심 키워드로 작용할 수 있을 것이다.

11 체화된 인지 관점에서 창의 · 융합형 수학 교수 · 학습의 적용 II: 수학 중심 융합 수업 적용에서 나타난 초등학생의 집단창의성 발현 분석

11.1. 개요

본 내용은 초등학교 5, 6학년으로 구성된 초등수학영재 학생들이 체화된 인지 관점이 적용된 수학 중심 융합 수업 과정에서 어떻게 문제를 협력적으로 해결하는지, 그 과정에서 집단창의성이 어떻게 발현되는지 알아보고자 하였다. 이를 위해 예비검사(김민경, 이지영, 2018)에서 사용된 융합 수업을 수정 · 보완하여 수학 중심 융합 수업을 적용하였으며, 협력적 문제해결력의 변화를 살펴보기 위해 사전, 사후 검사를 실시하였고 집단창의성의 발현 과정을 살펴보기 위해 협력적 문제해결력 상위 2개 모둠을 면밀히 분석하였다. 이는 향후 수학교육에서 체화된 인지 관점의 수학 중심 융합 수업의 활용 가능성을 탐색할 수 있는 하나의 시도가 될 것이다.

11.2. 연구 방법

11.2.1. 분석 대상

본 연구의 대상은 서울의 A대학 부설 영재원 1개 학급의 초등학교 5, 6학년 학생 20명으로, 모두 연구 진행에 대한 동의를 하였으나 연구 과정에 모두 참여하지 못한 1명을 제외하여 최종적으로 19명을 대상으로 분석을 진행하였으며, 대상 학생은 다음 <표 11-1>과 같다.

〈표 11-1〉 연구 대상

구분		모둠A	모둠B	모둠C	모둠D	모둠E	총
성별	남	2	2	2	4	4	14
	여	2	2	2	0	0	6
학년	5	0	0	1	3	0	4
	6	4	4	3	1	4	16
결석생					1		1
총		4	4	4	3	4	19

분석은 2가지 과정으로 진행하였는데, '협력적 문제해결력'은 사전/사후 검사지를 통해 19명 학생의 결과를 모두 반영하였으나 '집단창의성'은 모둠별로 협력적 문제해결력의 향상 정도와 활동 결과 상위 2개 모둠이 일치하여 2개 모둠(A, E 모둠) 학생 8명을 대상으로 보다 심층적인 분석을 진행하였다. 모둠별 분석을 위한 소그룹 인원 규모는 4명으로 하였다. 집단 연구의 경우 구성원의 적절한 수가 창의적인 과업을 수행하는데 영향을 미치는데(이가람, 조규락, 2017), 연구에 따라 2명으로 구성하기도 하고 6명으로 구성하기도 한다. 본 연구에서는 원활한 상호작용과 의사결정을 하기에 적절한 인원에 대한 고민 과정에서 최종적으로 4명으로 소그룹을 구성하였다. 또한, 본 연구는 단일집단 연구로, 별도의 비교집단을 설정하지 않았는데, 이는 본 연구가 양적연구의 관점 보다는 질적연구의 관점에서 학생들이 협력적으로 문제해결하는 과정을 좀 더 미시적으로 살펴보고자 했기 때문이다.

11.2.2. 수업 설계

'체화된 인지' 관점에서는 학습자가 다양한 환경과 상호작용하면서 지식을 형성할 수 있는데, 다양한 환경의 형태 중 '수업 과제'와 관련해서는 하드웨어 형태의 환경과 소프트웨어 형태의 환경으로 나뉜다. 협력적 문제해결과 관련한 대규모 평가인 ATC21S(Assessment and Teaching of 21st Century Skills)에서는 소프트웨어 형태의 과제를 제시하였으나 소프트웨어의 다양한 도구를 이용하는 형태가 아니라 문제를 온라인에 제시하고, 이를 무작위로 배정된 파트너와 풀어가는 형태로 제시되었기 때문에 학습자와의 상호작용은 이루어지고 있으나 과제와 상호작용은 낮다고 판단하였다. 이에 본 연구에서는 하드웨어 형태의 환경으로, 골드버그 장치를 조작하는 과정에서 학생이 과제뿐만 아니라 학생들과 다양한 상호작용을 할 수 있도록 환경을 조성하려고 하였다. 또한, Tan 외(2014)는 창의적인 문제해결과정 확인을 위해 '비구조화된 형태'

의 문제가 적합하다고 하였는데, 본 연구도 이와 마찬가지로 김민경, 허지연, 박은정(2014)의 연구에서 제안된 비구조화된 모형(ABCDE)에 따라 수업을 계획하였다. 본 연구에서 적용된 수학 중심 융합 수업은 과학에서 많이 사용되는 골드버그 장치 제작에 관한 수업이나, 이를 수학의 관점에서 좀 더 수학 개념에 집중할 수 있도록 수정 · 보완하였다. 예비 검사를 거쳐 중점적으로 수정된 부분은 장치 제작을 위한 활동 중 최종 미션에서 시간 제한 설정의 변경, 반성 및 평가와 제작 수정의 단계가 반복적으로 제시되도록 조정한 점이다. 예비검사에서는 최종적으로 20초에 가까운 골드버그 장치 제작을 과제로 제시하였는데, 학생들이 장치를 실험을 통해 검증하는 부분에서 시간 소요가 많고, 20초를 맞추기 위해 수학적 요소 외에 다양한 요소를 추가함으로써 상대적으로 수학적 요소에 집중할 수 있는 시간이 부족하다는 판단을 하였다. 이에 시간을 15초로 단축하여 보다 검증 횟수를 높이면서도 시간 소요를 줄이고, 수학적 요소에 더 집중할 수 있도록 하였다. 이와 더불어 부가적으로 학생들이 장치 이해에 소요되는 시간을 줄이기 위해 예비 검사 과정에서 장치와 관련하여 제기된 물음을 과제 수행 전에 충분히 안내한 뒤 진행하였다. 또한, 예비검사에서는 학생들이 주어진 조건에 맞는 장치를 설계한 뒤 결과를 공유하고 반성 및 평가를 하는 것으로 마무리되었으나 본검사에서는 반성 및 평가 이후 장치를 다시 수정하고 개선하여 최종적으로 다시 결과를 공유하는 것으로 비구조화된 문제의 해결단계가 보다 순환과정에서 진행될 수 있도록 하였다. 수업을 위한 차시는 총 8차시로, 본 연구에서는 2일에 걸쳐 4차시씩 2회 전일제 형태로 진행하였다.

11.2.3. 분석틀 및 분석방법

본 연구는 연구윤리위원회(IRB)의 심의를 통과하였으며, 총 2년에 걸쳐 진행된 연구로 예비검사를 거쳐 본검사를 진행하였다. 연구 진행을 위해 수업을 하는 교사, 학생, 학부모를 대상으로 연구에 대한 설명을 진행한 뒤 동의서 획득 후에 적용을 하였다. 연구대상자들이 융합 수업에 참여하는 동안 각 모둠별로 석박사 이상의 관찰자를 각 모둠별로 배치하여 수업 장면을 녹화하고, 관찰 내용을 기록하였으며 이러한 자료를 바탕으로 분석을 진행하였다.

분석은 2가지 부분에서 이루어졌는데, 먼저 '협력적 문제해결' 분석을 위해 연구 대상 학생들에게 사전 · 사후 검사를 실시하여 융합 수업 적용 전후의 변화를 살펴보았다. 이를 위해 유지원(2016)의 협력적 문제해결역량 측정도구를 사용하였는데, 기존의 도구는 성인을 대상으로 하기 때문에 본 연구에서는 초등학생 수준에 맞게 문항을 정련화하였으며, 기존 도구에는 '디지털 도구'관련 문항이 있으나 본 연구는 온라인 환경이 아닌 대면환경을 기반으로한 과제였기 때문에 해당 측정 요인은 제외하였다. 사전·사후 검사는 동일문항으로 진행되었으며, 김민경, 이지영(2018)에서 검사도구의 신뢰도를 확보하였고, 적용 결과 큰 문제가 없었기 때문에 본연구에서도 해당 검사지를 이용하였다. 총 9개 측정 요인에 대해 39개의 문항을 통해 평가하였으며, 통계 검증은 SPSS 18.0을 이용하여 대응표본 t검증을 실시하였다.

다음으로 '집단창의성'의 분석을 위해 문제해결을 성공적으로 수행한 A모둠과 E모둠에 주목하였는데, 해당 모둠은 15초에 근접한 장치 제작에서 최종적으로 1, 2위에 해당하는 모둠으로 협력적 문제해결력 사전·사후 검사에서도 다른 모둠보다 더 유의미한 변화를 나타냈다. 본 연구에서는 이 2개 모둠을 보다 상세히 분석하기 위해 ATC21S에 참여했던 싱가포르팀의 Tan 외(2014, 2018)가 사용한 집단창의성 분석틀을 본 연구 과제에 맞게 수정하여 사용하였다. Tan 외(2014, 2018)는 CSCL 환경에서 학생들의 협력적 문제해결(CPS) 과제를 제시하고, 대화를 분석하는 분석틀을 사용하여 온라인에서 수집된 대화 로그 데이터를 분석하였다. 분석틀의 영역과 구성요소는 다음 <표 11-2>와 같다.

〈표 11-2〉 집단창의성의 영역과 구성요소(Tan 외, 2018)

영역	요소	설명
메타인지	반성(RF) (Reflexivity)	집단 목표, 전략, 프로세스 및 해결책을 종합적으로 자체 검토하고, 반성하고, 재사용 할 수 있는 집단의 능력
인지	발산적 생산(DP) (Divergent production)	집단의 다양한 아이디어, 선택사항, 대안, 문제를 해결하기 위한 방법을 생성할 수 있는 능력
	수렴적 생산(CP) (Convergent production)	최상의 아이디어 또는 통합적인 해결책에 대한 합의에 도달함으로써 다양한 의견을 하나로 평가하고 좁힐 수 있는 집단의 능력
사회-소통	친사회적 상호작용(PI) (Prosocial interaction)	선행인지 및 메타인지 프로세스를 방해하지 않으면서 상호작용적이고 부정적이기보다는 생산적인 의사소통 상호작용에 참여하는 집단의 능력
	반사회적 상호작용(PIA) (Antisocial interaction)	이전의 인지 및 메타인지 프로세스를 방해하는 비상호적, 비의사소통 및 부정적 상호작용에 참여하는 집단의 성향

집단창의성은 크게 ‘메타인지, 인지, 사회-소통’의 3가지 영역으로 구성되며 각각에 대해 ‘메타인지’는 ‘반성’의 1가지 하위 요소, ‘인지’는 ‘발산적 생산’과 ‘수렴적 생산’의 2가지 하위 요소, ‘사회-소통’은 ‘친사회적 상호작용’과 ‘반사회적 상호작용’의 2가지 하위 요소로 구성된다. Tan 외(2014)의 초기 분석틀은 ‘사회-소통’에서 ‘친사회적 상호작용’ 1가지 하위 요소만 제시하였으나 수정 과정에서 상호작용을 ‘친사회’와 ‘반사회’ 2가지로 분리하여 제시하였다. 각 하위 요소에 해당하는 범주도 초기에는 20개였으나 일부 통합되고 추가되기도 하면서 최종적으로 21개의 범주로 제시하였다. 본 연구에서는 Tan 외(2018)의 최종 분석틀을 본 연구 과제에 맞게 수정 및 보완하여 이용하였으며, 해당 분석틀이 전문가들에 의해 신뢰성과 타당성을 확보한 도구로 보아 분석에 적합한 도구로 판단하였다. 다만, Tan 외(2014, 2018)의 분석틀은 온라인 환경을 기반으로 제작되었고, 2인 대화 로그를 분석하기 위한 도구라는 점에서 본 연구에 맞게 수정이 불가피했다. 즉, 본 연구에서는 모둠별 4인의 대화를 분석해야 했기 때문에 분석을 위한 세부지침을 본 연구의 과제에 맞게 구체화하고 명확화할 필요가 있었다. 기존 분석틀의 영역, 요소, 범주를 수정하지는 않았지만, 본 연구의 학생 대화 기록을 바탕으로 해당 분석틀의 방향에서 벗어나지 않게 세부 내용을 변경하는 수준에서 수정이 이루어졌으며, 수정하여 적용한 분석틀은 다음 <표 11-3>과 같다.

〈표 11-3〉 집단창의적 대화 분석틀

영역	요소	코딩 범주	설명
메타인지	반성적 대화 (RFD)	1. 모니터링	집단의 문제해결 진행 상황에 대한 평가적 인식이나 성찰적 판단을 나타내는 대화 진행 예) “근데 성공률이 낮아”, “도미노가 안쓰러져. 얘가 너무 약한가봐”, “됐다!”, “어 이게 왜 안됐지?”
		2. 계획	문제해결 과정(예, 활동순서 결정 혹은 전략 선택)에서 향후 활동을 위해 함께 계획을 나타내는 것으로 대화 진행, 문제해결을 위한 역할 분담을 포함 예) “기록은 누가할거니?”, “나 마지막거 할게”, “도미노는 우리가 할 테니까. 너네가 시간 측정하고.”
		3. 조정	구성원의 인식, 동기 부여 또는 행동에 영향을 주기 위한 조절 과정을 나타내는 대화 진행 예) “야 빨리 해야 해”, “계속 해 보자”, “그럼 다시해”, “다시 맞추자”, “시간이 없어”
인지	발산적 생산 대화 (DPD)	1. 해결책 생성-인식	활동 미션 혹은 과제에 대해 문제 분석을 바탕으로 구슬의 이동 경로에 대한 초기 아이디어에 대한 의견을 제시하거나, 기존 해결책과는 다른 새로운 아이디어를 나타냄(부품 자체에 대한 논의보다는 경로에 대한 논의)

영역	요소	코딩 범주	설명
인지			예) "5초는 스펀지 레일이랑 도미노 합치면 되지 않을까?", "내가 도미노 설계에 좋은 생각이 나거든. 이렇게 도미노가 있잖아?..."
		2. 해결책 생성-구체화	생성된 해결책을 명확히 하거나 구체화하는 것으로 대화가 진행되거나, 생성된 해결책을 제작하여 실행해 보는 것을 포함. 예) "이렇게 바로 연결되게 이렇게 지금", "80센치 몇 개를 넣어도 괜찮을 것 같은데?"
		3. 해결책 생성-정교화	이전에 언급된 아이디어, 혹은 구체화된 아이디어에 대한 추가 정보, 설명, 또는 타당성을 제공함. 기존 아이디어를 다른 아이디어와 연결하는 것으로 대화가 진행됨 예) "경사를 더 이용하면, 더 높아지면", "그러니까 여기 촘촘하게 해야 해. 여기만 좀 촘촘하게", "맨 처음에 수평으로 해도 되지 않을까?
		4. 성급한 폐쇄 (반-발산적)	가능한 해결책에 대해 더이상 생각하고 싶지 않거나 벗어나고 싶어하는 것으로 대화 진행 예) "A: 한번만 더 해보자. B: 아냐아냐 그만해"
	수렴적 생산 대화 (DPD)	1. 문제 정의	활동 미션 혹은 과제에 대해 공동 문제 공간을 확립하려고 함. 문제나 조건을 확인하고, 장치 구성에 대해 정보를 교환함 예) "고정 유니트.. 이건가?", "여기 끼우는거 어딨어?", "이렇게 꼽으라는 건가?"
		2. 문제 분석	활동 미션 혹은 과제를 해결하기 위해 골드버그 장치의 구조를 어떻게 적용할 수 있을지 구성원간 구조를 확인하고 이해시키는 것으로 대화가 진행됨. 문제 정의가 문제를 자신들의 언어로 환원하고, 개별 정보를 확인하는 것이라면 문제분석은 문제 해결을 어떻게 할 수 있을지 다각도로 접근하는 것임 예) "2개를 더하면 되잖아", "도미노를 좀 많이 해봐", "두 개를 연결해야 돼"
		3. 해결책 평가-묵인	기준 개발이나 해결책을 제안하는 진술에 간단한 동의를 나타냄 예) [구성원의 선행 진술 후].. "그래", "맞다", "오케이", "응"
		4. 해결책 평가-확인	기준 개발 혹은 해결책을 제안하는 진술의 확인 또는 평가를 나타냄. 해결책 실행에 대한 결정을 요청하거나, 해결책 실행 후 결과를 확인하는 대화. 예) "0.9초 아니야?", "1.54?"
		5. 해결책 평가-비판	기준 개발 혹은 해결책 제안 진술에 대해 반박하고, 의심하고, 조사하는 것으로 대화가 진행됨 예) "더 걸릴 것 같아. 빠는게 더 나을 것 같아", "뭔가 뭔가 좀 이상한데", "간격이 얘랑 얘랑 안맞지 않아?", "그니까 여기만 문제가 아니야"

영역	요소	코딩 범주	설명
		6. 해결책 평가-정당화	제안된 해결책에 대한 대안을 평가하고, 평가에 대한 명시적 혹은 암시적 이유를 제시함 예) "봐봐 여기 사이가 두칸이야 여기는~ 그래서 얘가 한 칸 위야", "여기서 가속도가 붙으니까 여기서 빠르게 떨어지겠지"
사회-소통적	친사회적 상호작용 대화 (PID)	1. 상호연결 -상호성	'(1) 질문의 사용(예, 제안된 해결책 또는 전략/추후 활동과 관련이 있는지 이전 진술의 의미를 명확히 하는 것), (2) 구성원에 의해 제기된 선행 질문 진술(예: 질문에 대한 답변 또는 정보)에 대응하는 '인접 쌍' 응답의 사용을 통해 구성원간 고유의 이해를 확립하기 위한 시도를 드러냄 예) A: 8개? B: 9개, A: 각도 올리고 했지? B: 각도? 이 각도는 재야하네
		2. 정서적	긍정적인 영향이나 감정을 나타냄. 유머, 놀림, 감사, 사과, 공감을 포함 예) "괜찮아. 괜찮아", "되라, 되라", "아, 제발", "우리의 값진 노력으로!", "짱이다", "가즈아"
		3. 응집-과제	진행중인 과제와 관련하여 집단-지향적으로 긍정적인 영향을 주는 대화가 진행됨('우리'를 사용하여 집단을 다룸). 새로운 해결책이 생성되는 것은 아니지만, 진행 과정에서 구성원의 관점이나 의견을 물어보거나, 자문하는 것, 양해를 구하는 것을 포함. 예) "각도 우리 안하지 않았나?", "같이 만들어", "다같이 만들어야지", "되려나 한번 봐봐", "시작해?", "얘 어디다가 쓰지?"
		4. 응집-장난	집단-지향적으로 긍정적인 영향을 나타내나, 과제를 벗어나 장난기가 있는 대화가 나타남. 실제로 정보를 전달하는 것이 아니라 순전히 사회적 기능을 제공하는, 주제에서 벗어난 농담이나 진술(인사말, 의례적인 말, 마침말)을 포함함. 예) "다리아파", (롤러코스터 레일로 장난치며)"달려~", "여기 쥬스", "쪼쪼로로록", "하지마하지마하지마 날렸다가 누구 맞아"
	반사회적 상호작용 대화 (PIDA)	1. 반응없음	질문 사용을 통해 공유된 이해를 확립하려는 구성원의 대응 혹은 상호적 시도 실패를 반영하는 것으로 대화가 흘러감(응답이 없거나 구성원이 제기한 이전 질문에 대한 대답이나 정보가 과제, 제안된 해결책 혹은 전략/향후 활동과 관련이 없음)
		2. 불만	과제에 참여하지 않는 것을 포함하여 부정적인 영향이나 감정을 나타내는 것으로 대화가 흘러감 예) "아 짜증나", "우린 망했어"

영역	요소	코딩 범주	설명
		3. 비협조적 -과제	현재 진행 중인 과제와 관련된 집단-지향 부정적 영향을 나타내는 것으로 대화가 흘러감(방해, 무례, 존중 부족, 비난, 무효화를 나타내는 메시지) 예) “니가 설명해 난 몰라”, “아 그냥해 그냥해 몰라”, “어떻게 해”
		4. 비협조적 -장난 (과제와 상관없음)	집단-지향적 부정적 영향을 나타내는 대화로 흘러가나, 과제와 상관이 없고 장난기가 있음(방해, 무례, 존중 부족, 비난 또는 무효화를 나타내는 메시지) 예) “비브라늄이 투명할 리가 없지”, “아무튼 됐고 장난 그만치고”

분석을 위해 관찰 시 녹화자료를 전사하여 MAXQDA 2020을 이용하였는데, MAXQDA는 연구자가 자료를 코딩하고 분석하는 과정을 돕는 소프트웨어로, 본 연구에서는 자료의 시각화와 체계적인 분석을 위해 사용하였다. 코딩은 관찰자를 포함하여 연구 참여자 2인이 독립적으로 연구 내용의 20% 수준에서 코딩을 한 뒤 일치도를 확인하여 반복적으로 분석틀의 의미를 구체화하고 명료화하는 작업을 거쳤으며, 이러한 작업 결과 코딩에 대한 일치도는 <표 11-3>의 하위 범주 21개에 대하여 ‘반응없음’, ‘성급한 폐쇄’의 2개 하위범주를 제외한 19개 하위범주에서 일치도가 86%에서 97.5%로 나타났다. 코딩 과정에서 연구자 2인의 코딩 결과가 일치하지 않는 경우 연구 관찰에 참여한 1인의 의견을 추가로 수렴하여 3인 중 2인 이상의 의견이 일치하는 요소로 코딩하였다.

11.3. 분석 결과

11.3.1. 협력적 문제해결력의 변화

협력적 문제해결력 t검정 결과는 다음 <표 11-4>와 같다. 모든 모둠이 통계적으로 유의미한 변화를 나타냈으며, 이는 <표 11-5>와 같이 학생들의 최종 미션 결과 순위와도 비슷한 양상으로 나타난다.

〈표 11-4〉 협력적 문제해결력에 대한 t검정 결과

모둠	사전		사후		N	t값	p
	M	SD	M	SD			
A	4.30	0.84	4.61	0.57	4	-5.52***	.000
B	4.07	0.55	4.23	0.58	4	-2.96**	.004
C	4.01	0.80	4.21	0.72	4	-2.72**	.004
D	3.66	0.59	3.97	0.52	3	-4.26**	.007
E	3.87	0.82	4.36	0.77	4	-5.74***	.000
전체	4.00	0.76	4.29	0.67	19	-9.37***	.000

**$p < .01$ ***$p < .001$ (N = 모둠원 수)

〈표 11-5〉 학생들의 최종 미션 수행 결과

최종 미션	모둠	순위	시간	목표 수행 차이
구슬을 굴려 15초에 도착하는 골드버그 장치를 만들기 (각, 각도 이용)	A	1	14.97초	-0.03초
	B	4	12.82초	-2.18초
	C	5	7.99초	-7.01초
	D	3	15.88초	+0.88초
	E	2	14.86초	-0.14초

협력적 문제해결력 사전 · 사후 검사의 순위와 수행 결과가 완전히 일치하는 것은 아니지만, 최종 미션 수행에서 상위 수행을 보인 A모둠과 E모둠은 협력적 문제해결력 검사에서도 비슷한 수준으로 유의미한 결과값을 보였다. A, E 모둠 뒤를 이어 나타난 수행 결과와 t값 결과는 D모둠 > B모둠 > C모둠 순서로 나타났으며, 수업 과정에서 협력적 문제해결력의 긍정적 변화가 최종 미션 수행 결과로 나타났음을 확인할 수 있었다. 좀 더 구체적으로 협력적 문제해결력 분석의 하위 요소인 '문제해결수행 요소(공동 문제 분석 및 정의, 협력 방식 수립, 협력적 문제해결안 도출 및 의사결정, 문제해결안 적용, 평가 및 성찰)'와 '사회적 협력 요소(명확한 소통과 책임감 있는 수행, 공감 · 배려, 공정한 참여와 피드백, 유연한 변화 대처)'에 따라 t검정을 실시한 결과는 다음 <표 11-6>과 같다.

〈표 11-6〉 협력적 문제해결력 하위 요소별 t검정 결과

모둠		문제해결수행 M	문제해결수행 SD	N	t값	p	사회적 협력 M	사회적 협력 SD	N	t값	p
A	사전	4.31	0.89	4	-3.24**	.002	4.29	0.78	4	-4.64***	.000
	사후	4.58	0.59				4.64	0.60			
B	사전	4.04	0.54	4	-1.40	.167	4.11	0.56	4	-3.33**	.001
	사후	4.16	0.58				4.30	0.57			
C	사전	3.98	0.81	4	-2.92**	.005	4.04	0.79	4	-0.86	.374
	사후	4.28	0.71				4.13	0.72			
D	사전	3.72	0.56	3	-1.06	.115	3.60	0.62	3	-4.69***	.000
	사후	3.88	0.52				4.05	0.52			
E	사전	3.75	0.83	4	-3.32**	.001	3.99	0.80	4	-5.03***	.000
	사후	4.19	0.81				4.54	0.68			
전체	사전	3.97	0.78	19	-5.66***	.000	4.02	0.75	19	-7.82***	.000
	사후	4.23	0.69				4.35	0.65			

$^{**}p < .01$ $^{***}p < .001$ (N = 모둠원 수)

전반적으로 '문제해결수행'보다는 '사회적협력' 요소의 변화가 컸으며, 다른 모둠은 2가지 하위요소 중 1가지 요소에서 통계적 유의성을 보인 데 반해, A모둠과 E모둠은 '문제해결수행'과 '사회적 협력' 2가지 요소 모두 통계적으로 유의한 수준에서 변화를 나타냈다.

11.3.2. 수학 중심 융합 수업 과정에서의 집단창의성

학생들의 집단창의성을 보다 면밀히 분석하기 위해 A모둠과 E모둠의 담화 분석을 위해 수집된 데이터 정보는 다음 <표 11-7>과 같다. 텍스트는 글자를 단위로 산출되었고, 코딩은 문장 단위로 이루어졌기 때문에 텍스트 길이와 코딩수는 일치하지 않는다. 두 모둠 모두 1일차 보다는 2일차 수업에서 더 많은 담화가 이루어졌으며, 전테 텍스트로 비교해볼 때 A모둠은 1일차에 비해 약 113% 텍스트가 증가하였고, E모둠은 약 105% 텍스트가 증가하였다. 또한 전체 텍스트 대비 분석에 유효한 텍스트의 비율은 E모둠이 A모둠보다 더 높게 나타났다.

〈표 11-7〉 분석을 위해 수집된 데이터 정보

수집된 데이터	모둠A		모둠E	
	1일차	2일차	1일차	2일차
	합		합	
전체 텍스트	45,051	50,893	43,797	46,096
	95,944		89,893	
코딩된 텍스트	7,594	14,065	8,733	12,975
	21,659		21,708	
유효 텍스트 비율	16.86%	27.64%	19.94%	28.15%
	22.57%		24.15%	
코딩 수	546	1050	690	860
	1596		1550	

코딩된 코드 간 연관성을 파악하기 위해 MAXQDA를 이용하여 코드맵을 살펴보았다. 코드맵에서 원의 크기는 코드 빈도에 따라 나타나는데, 해당 코드의 빈도가 많으면 원의 크기도 더 크게 표현되고, 코드의 빈도가 적으면 원의 크기가 작게 나타난다. 본 연구의 코드맵은 [그림 11-1]과 같으며, 16개 코드가 동일한 위치에 배치되는 형태로서 반사회적 상호작용에 해당하는 3개 코드와는 분리된 위치에서 상대적으로 큰 원의 크기를 보인다.

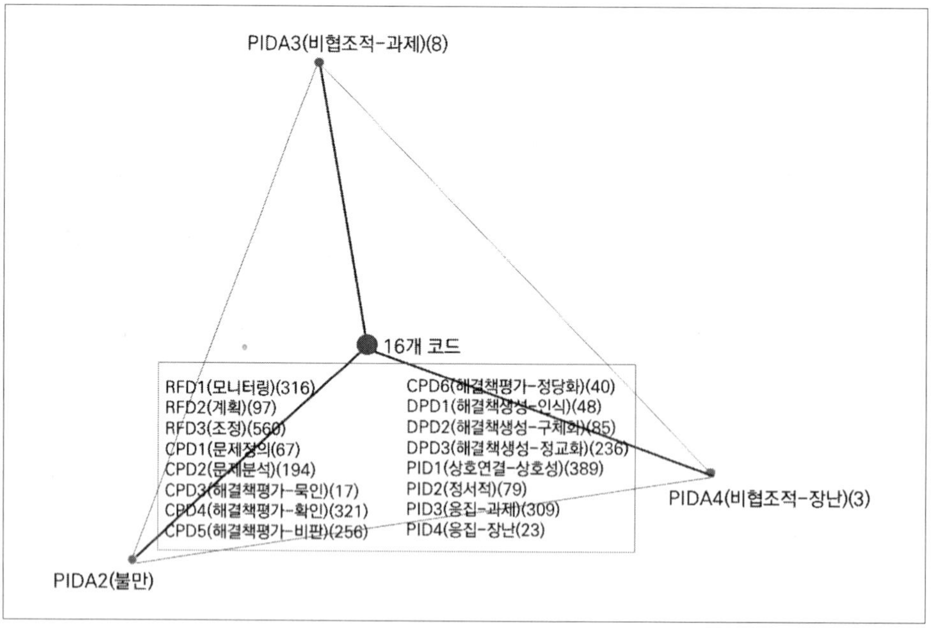

[그림 11-1] 전체 코드맵

동일한 위치에 코드가 배치되는 것의 의미는 연관성이 높다는 의미인데, 코드간 연관도가 높은수록 거리가 가깝게 나타난다. 코드끼리 유사한 경우 동일한 위치에 배치되는데, 본 연구에서는 16개 코드가 동일한 위치에 배치되어 유사한 것으로 나타났다. 본 연구에서는 문제해결이 성공적으로 이루어진 2개 모둠을 대상으로 했기 때문에 반사회적 상호작용이 서로 연관성 없이 따로 떨어져 나타난 것으로 보인다. 이러한 결과는 보다 연구 대상 범위를 확대했을 때에 일관된 맵핑이 나타나는지 추후 확인이 필요할 것이다. 두 모둠의 수행 과정에서 간헐적으로 '비협조적-과제' 혹은 '불만' 코드가 나타났는데, 반사회적 코드는 순간적으로 짧게 나타났다가 다른 코드가 나타나는 형태로 그쳐 해당 코드간 연관성을 보이지는 않았다.

A모둠과 E모둠의 대화가 범주별로 차이가 있는지 살펴보기 위하여 교차분석을 실시한 결과는 다음 <표 11-8>과 같으며, 분석 결과 반사회적 상호작용 외에 4개 범주가 통계적으로 유의미한 차이가 있었다. 특히 '친사회적 상호작용 > 수렴적 생산 > 발산적 생산' 대화 순으로 큰 차이를 보였는데, 이는 협력적 문제해결력 검사에서 두 모둠 모두 '사회적 협력' 요소의 변화가 더 크게 나타난 것과도 유사한 경향이었다. 또한, 두 모둠 모두 '반사회적 상호작용' 대화가 가장 적은 비율로 나타났고 A모둠은 '반성적 > 수렴적 생산 > 친사회적 상호작용 > 발산적 생산'의 순으로, E모둠은 '수렴적 생산 > 반성적 > 친사회적 상호작용 > 발산적 생산'의 순으로 많은 비율을 차지했다.

영역별로 대화 패턴을 살펴본 결과, 메타인지영역에서의 대화 패턴은 다음 [그림 11-2]와 같다. 반성적 대화(RFD) 코드는 A모둠과 E모둠의 담화 수에는 차이가 있지만 두 모둠 모두 '조정 > 모니터링 > 계획' 순으로 담화가 많이 이루어져 비슷한 패턴을 보였다. 두 모둠 간의 차이가 있다면 A모둠은 E모둠 보다 '조정'과 '계획'에 대한 담화가 많았고, E모둠은 '모니터링'에 대한 담화가 많았다는 점이다.

〈표 11-8〉 모둠 A와 모둠 E의 집단창의성 대화 코딩 교차분석 결과

대화범주		모둠		전체	χ^2	p
		A	E			
반성적	1. 모니터링	137(26.6)	179(39.2)	316(32.5)	25.858^{***}	.000
	2. 계획	69(13.4)	28(6.1)	97(10.0)		
	3. 조정	310(60.1)	250(54.7)	560(57.6)		
	전체	516(100.0)	457(100.0)	973(100.0)		
발산적 생산	1. 인식	22(16.8)	26(10.9)	48(13.0)	31.498^{***}	.000
	2. 구체화	49(37.4)	36(15.1)	85(23.0)		
	3. 정교화	60(45.8)	176(73.6)	236(63.8)		
	4. 성급한 폐쇄	0(0)	1(0.4)	1(0.3)		
	전체	131(100.0)	239(100.0)	370(100.0)		
수렴적 생산	1. 문제정의	15(3.2)	52(12.0)	67(7.5)	96.20^{***}	.000
	2. 문제분석	56(12.1)	138(31.9)	194(21.7)		
	3. 묵인	11(2.4)	6(1.4)	17(1.9)		
	4. 확인	213(46.0)	108(25.0)	321(35.9)		
	5. 비판	148(32.0)	108(25.0)	256(28.6)		
	6. 정당화	20(4.3)	20(4.6)	40(4.5)		
	전체	463(100.0)	432(100.0)	895(100.0)		
친사회적 상호작용	1. 상호성	286(59.3)	103(25.2)	389(43.7)	172.124^{***}	.000
	2. 정서적	64(13.3)	15(3.7)	79(8.9)		
	3. 응집-과제	122(25.3)	277(67.9)	399(44.8)		
	4. 응집-장난	10(2.1)	13(3.2)	23(2.6)		
	전체	482(100.0)	408(100.0)	890(100.0)		
반사회적 상호작용	2. 불만	1(25.0)	6(42.9)	7(38.9)	2.193	.334
	3. 비협조-과제	3(75.0)	5(35.7)	8(44.4)		
	4. 비협조-장난	0(0)	3(21.4)	3(16.7)		
	전체	4(100.0)	14(100.0)	18(100.0)		

$^{***}p < .001$

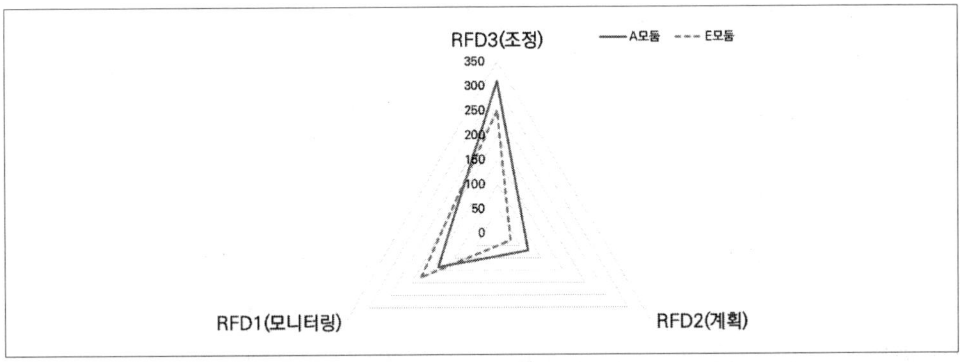

[그림 11-2] A모둠과 E모둠 메타인지영역 대화 패턴

인지영역에서의 대화패턴은 다음 [그림 11-3]과 같으며, 발산적 대화(DPD) 코드에서 두 모둠은 '정교화>구체화>인식' 순으로 담화가 많이 이루어졌으나 E모둠이 '해결책생성-정교화'가 A모둠보다 월등히 많이 나타났다. A모둠도 '해결책생성-정교화'가 많이 나타났으나 '구체화'와 '정교화'가 상대적으로 비슷한 빈도로 나타났다. 수렴적 대화(CPD)에서 두 모둠은 다른 양상을 보였는데, A모둠은 문제에 대한 분석보다는 해결책 실행에 많은 시간을 할애했고, 이 과정에서 모둠원간 확인과 비판이 많이 이루어졌다. E모둠은 문제에 대한 분석에 많은 시간을 할애했는데, 분석 과정에서 장치 제작과 관련한 다양한 논의 및 수렴을 거쳐 해결책 실행에 들어갔다. 문제분석 단계에서 해결책이 어느 정도 정리된 상황이었기 때문에 A모둠과 비교했을 때 E모둠은 확인, 비판 관련 담화가 상대적으로 적은 빈도로 드러났다.

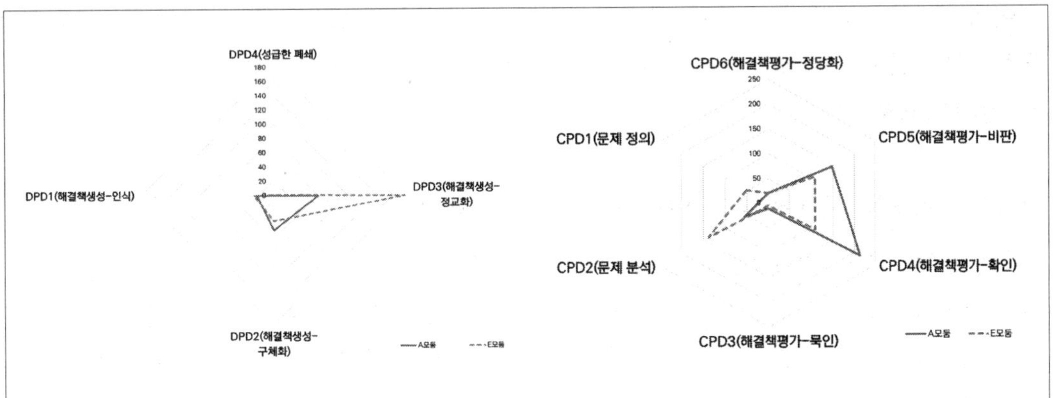

〈발산적 대화 패턴〉 〈수렴적 대화 패턴〉

[그림 11-3] A모둠과 E모둠의 인지영역 대화 패턴

사회소통영역에서의 대화 패턴은 다음 [그림 11-4]와 같다. 친사회적 상호작용 대화(PID)에서 두 모둠의 패턴은 서로 반대 방향으로 길게 뻗은 모양을 드러내는데, 분석을 진행한 영역 중에서 가장 큰 차이를 보이는 패턴이었다.

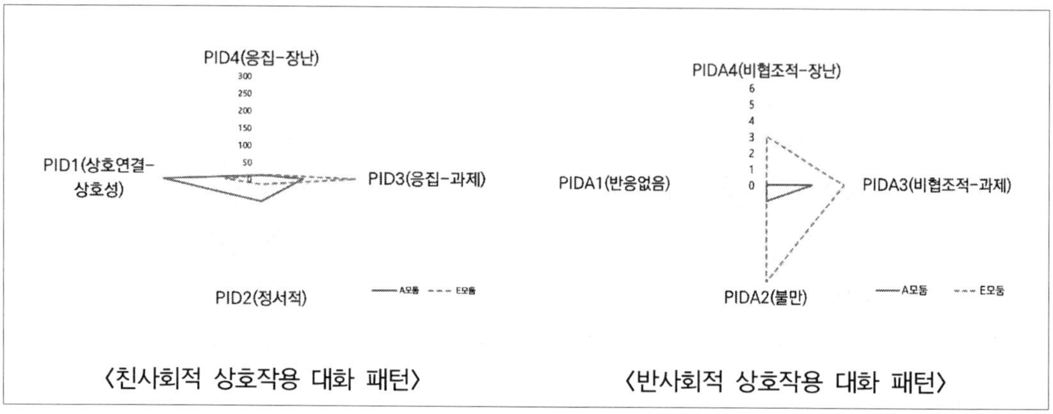

[그림 11-4] A모둠과 E모둠 사회소통영역 대화 패턴

A모둠은 '상호성'관련 코드가 많이 나타났는데, 상호적인 대화는 한 학생의 발화에 대해 다른 학생이 이에 대응하는 발화를 뜻한다. A모둠은 상호간의 대화에 서로 응답하는 빈도가 E모둠에 비해 높았으며, E모둠과 비교했을 때 '정서적' 담화도 더 많이 드러났다. 반면, E모둠은 '응집-과제' 관련 담화가 많이 드러났는데 '우리'가 들어간 단어를 많이 사용한다던가, 상호적인 대화 패턴으로 많이 연결되지는 못했어도 양해나 자문을 구하려는 발화가 많이 나타났다.

이와 같이 문제해결 결과가 성공적이었던 A모둠과 E모둠의 대화 패턴은 다른 양상으로 나타났는데, 이에 각 모둠이 집단창의성 발현이 어떻게 드러났는지 모둠별 양상을 살펴보고자 한다.

11.3.2.1. A모둠 문제해결과정에서의 집단창의성 양상

학생들의 담화를 MAXQDA 2020 단어 클라우드 기능을 활용하여 비슷한 의미의 단어는 합산하고, 의미를 지니지 못하는 조사나 단어는 삭제하는 과정을 반복 수행하여 단어 빈도의 순위를 합산한 결과, 학생들의 대화에 대한 경향을 분석할 수 있었다. 상위 50개 단어를 추출한 뒤, 대화의 맥락에 따라 단어들을 범주화하는 과정을 거쳤으며, A모둠의 단어 빈도 분석 결과는 다음 <표 11-9>와 같다.

〈표 11-9〉 A모둠의 단어 클라우드 빈도 분석 결과

순위	단어	빈도	%	범주화	빈도(%)
2	여기가	155	5.50	장치 제작에 사용되는 부품/재료 지칭	721 (25.59%)
4	도미노	120	4.26		
7	깔대기	100	3.55		
12	지그재그	67	2.38		
14	레일	66	2.34		
17	구슬	58	2.06		
27	이거는	42	1.49		
27	롤러코스터	42	1.49		
44	테이프	25	0.89		
47	레일	23	0.82		
47	미끄럼방지	23	0.82		
5	이렇게	115	4.08	장치 제작 과정 관련	658 (23.46%)
9	그러니	79	2.80		
10	그럼	77	2.73		
14	해봤어	66	2.34		
23	빨래	45	1.60		
29	일단	38	1.35		
29	위로	38	1.35		
31	없나	36	1.28		
32	빨리	34	1.21		
40	아까	29	1.03		
42	~하자	26	0.92		
42	붙이다	26	0.92		
44	했잖아	25	0.89		
46	연결	24	0.85		
1	초	178	6.32	측정관련	631 (22.4%)
6	준비	104	3.69		
10	잠깐	77	2.73		
21	센치미터가	49	1.74		
26	O번째	65	2.31		
34	시작	33	1.17		
34	경사	33	1.17		
37	조금	31	1.10		
37	사진	31	1.10		
39	(시간이)나오다	30	1.06		
3	아냐/아니	149	5.29	비판적	445 (15.8%)
8	어떻게	87	3.09		
22	근데	47	1.67		
24	뭐야	43	1.53		
24	왜	43	1.53		
32	아니면	34	1.21		
49	근데	22	0.78		
50	그러면	20	0.71		
12	너무	67	2.38	실행 결과 관련	304 (10.79%)
16	같아	62	2.20		
19	돼라	57	2.02		
20	안돼	56	1.99		
34	아아	33	1.17		
40	걸리다	29	1.03		
17	우리	58	2.06	집단 지향	58(2.06%)

A모둠은 장치 제작 전 경로에 대해 말이나 글로써 논의하기보다는 직접 장치를 만지면서 논의하는 모습을 보였다. 단어 빈도 분석 결과에서도 이러한 점이 드러났는데, 장치의 부품이나 재료를 지칭하는 종류의 단어가 가장 많이 나타났고(721회), 골드버그 장치를 만드는 과정에서 나오는 단어가 그 뒤를 이었다(659회). 다양한 방법을 실행하는 과정에서 논의가 함께 이루어졌기 때문에 비판적 대화도 상당수 나타났는데(445회), 비판적 대화가 나타났어도 이에 대한 논쟁이나 갈등이 드러나는 형태이기보다는 새로운 의견을 수용하고, 안정적인 방법을 도출하는 방식으로 산출물 제작이 이루어졌다. A모둠이 제작한 최종 산출물은 다음 [그림 11-5]와 같다.

[그림 11-5] A모둠 최종 산출물

A모둠 장치는 이후 살펴볼 E모둠과 비교했을 때 상대적으로 단조로운 경로로, 새롭고 독창적인 방법을 연구하기보다는 기존에 안정적으로 판단되는 방법으로 장치를 연결하여 측정 과정에서 나타나는 우연성을 최소화하는 형태로 제작하였다. [그림 11-3]에서 E모둠보다 A모둠의 정교화 과정이 상대적으로 적게 드러난 것은 이처럼 장치가 복잡하지 않고 단순한 형태였기 때문에 드러난 대화 패턴이었다.

또한, 단어 빈도에서 E모둠과 달리 친사회적 상호작용의 하위 요소인 '정서적

(PID2)' 코드와 관련된 단어도 나타났는데, 장치를 실행하고 결과를 기다리는 과정에서 '안돼~'라던가 '아아~'라던가 결과의 성공을 응원하는 '돼라'와 같은 단어가 E모둠과는 다른 특이점이었다. 이는 집단 구성의 측면에서 A모둠이 남녀혼성인데 반해 E모둠은 모두 남학생으로 구성되어 정서적 반응의 차이가 나타난 것으로 볼 수도 있다. 수업을 진행하는 동안 각 범주에서 하위 구성요소가 어떻게 변화되었는지 1, 2일차의 코딩 결과를 기술 통계로 살펴보면 다음 <표 11-10>과 같다.

〈표 11-10〉 A모둠 1, 2일차 집단창의성 코딩 결과 기술통계

영역	대화범주		1일차	2일차	증감률(%)
메타인지	반성적	1. 모니터링	41	96	134
		2. 계획	22	47	114
		3. 조정	108	202	87
인지	발산적 생산	1. 인식	13	9	-31
		2. 구체화	36	13	-64
		3. 정교화	13	47	262
	수렴적 생산	1. 문제정의	15	0	-100
		2. 문제분석	11	45	309
		3. 묵인	7	4	-43
		4. 확인	60	153	155
		5. 비판	51	97	90
		6. 정당화	7	13	86
사회 소통	친사회적 상호작용	1. 상호성	84	202	140
		2. 정서적	15	49	227
		3. 응집-과제	55	67	22
		4. 응집-장난	4	6	50
	반사회적 상호작용	2. 불만	1	0	-100
		3. 비협조-과제	3	0	-100

* 절대적인 통계 수치가 낮은 범주는 의미 있는 변화로 분석하지 않음

반사회적 상호작용의 경우 2일차에는 드러나지 않았고, 메타인지영역은 3개 범주 모두 증가하였다. '모니터링'의 증가율이 크기는 하였으나 영역 내 비중면에서는 '조정'이 차지하는 부분이 컸다. 인지영역 중 '발산적 생산'에서는 '정교화', '수렴적 생산'에서는 '문제분석', '확인', '비판'의 순으로 증가율이 컸으며, 사회소통영역 중 '친사회적 의사소통'에서는 '정서적'과 '상호성'의 변화폭이 컸다. '발산적 생산'에서 '구체화'와 '인식'은 2일차에 오히려 감소했는데, 앞서 언급한 바와 같이 새로운 해결책보다는 안전한 방법에서 우연성을 줄이는 과정이 반복되면서 정교화 관련 발화가 늘어나고 다른 대화는 줄어드는 양상을 보였다.

11.3.2.2. E모둠 문제해결과정에서의 집단창의성 양상

E모둠의 단어 빈도 분석 결과는 다음 <표 11-11>과 같다. 분석결과 E모둠은 측정과 관련한 대화가 가장 많이 나타났으며(1015회), 뒤를 이어 골드버그 장치 제작 과정과 관련한 대화가 많이 나타났다(935회). A모둠과 차이를 보이는 부분은 '우리'와 같이 집단 지향적인 단어가 많이 사용되었다는 점인데, 이는 '응집-과제(PID3)' 코드가 많이 나타난 대화 패턴과도 일치한다.

E모둠 대화의 특징은 산출물에서도 나타나는데, 다음 [그림 11-6]에서도 볼 수 있듯이 A모둠과 비교했을 때 더 복잡한 경로로 제작하였다. E모둠은 교실의 벽면까지 이용하였고, 롤러코스터 레일의 경사면까지도 이용했는데, 다른 모둠보다 창의적으로 장치를 구성하는 과정에서 우연성이 더 많이 발생했기 때문에 측정 과정에 민감할 수밖에 없었다. 이는 대화 빈도 분석 결과에서도 드러났다. E모둠은 다양한 장치가 정상적으로 작동하도록 조절해야 했기 때문에 A모둠보다 장치를 만들면서 나타나는 '내리다', '크게하다', '수정하다', '붙이다'와 같은 서술형 대화가 많이 나타났다(서술형은 변화형을 모두 기재하기 어려워 기본형으로 통일하여 기재함).

[그림 11-6] E모둠 최종 산출물

〈표 11-11〉 E모둠의 단어 클라우드 분석 결과

순위	단어	빈도	%	범주화	빈도(%)
45	O개	38	0.49	측정 관련	1015 (12.99%)
2	O초	166	2.12		
4	O도	144	1.84		
7	시작	125	1.60		
8	시간	116	1.48		
10	여기까지/여기서	102	1.31		
20	높이	77	0.99		
33	측정	48	0.61		
36	O번째/O째	46	0.59		
41	방향	41	0.52		
42	위가/위쪽/위에	40	0.51		
48	길이	36	0.46		
48	힘	36	0.46		
23	다른데	68	0.87	장치 제작 과정 관련	935 (11.96%)
29	지금부터	52	0.67		
48	마지막	36	0.46		
11	어때	98	1.25		
16	내리다	85	1.09		
16	되다	85	1.09		
19	해놓다	82	1.05		
24	굴리다	67	0.86		
27	하다	55	0.70		
31	크게하다	51	0.65		
33	수정하다	48	0.61		
33	했다	48	0.61		
36	붙이다	46	0.59		
43	만들다	39	0.50		
48	쓰다	36	0.46		
43	일단	39	0.50		
1	레일	198	2.53	장치 제작에 사용되는 부품/재료 지칭	875 (11.19%)
3	구슬	157	2.01		
6	도미노	130	1.66		
11	지그재그	98	1.25		
13	깔때기	97	1.24		
28	롤러코스터	54	0.69		
45	테이프	38	0.49		
29	모듈	52	0.67		
31	부분	51	0.65		
21	튀어나가다	76	0.97	실행 결과 관련	435 (5.57%)
22	떨어지다	75	0.96		
25	같다	57	0.73		
26	올라가다	56	0.72		
36	없다	46	0.59		
36	있다	46	0.59		
40	너무	42	0.54		
47	많이	37	0.47		
5	아니야/안돼/아니	134	1.71	비판적	398(2.89%)
14	다시	92	1.18		
15	이러다가	89	1.14		
18	그러면	83	1.06		
9	우리	106	1.36	집단 지향	106(1.36%)

E모둠의 1, 2일차의 코딩 결과를 기술 통계로 살펴보면 다음 <표 11-12>와 같으며, A모둠은 반사회적 의사소통이 2일차에 드러나지 않은 반면, E모둠은 매우 미미한 수준이지만 증가하는 것으로 나타났다. 이는 E모둠이 장치 구성 과정에서 다양한 경로로 인해 측정을 반복하는 과정에서 다시 조정하거나 막히는 구간을 해결해야 하는 상황이 계속 발생하면서 일부 모둠원이 불만을 드러내거나 비협조적인 발화를 할 때가 있었기에 나타났던 것으로, 일시적으로 나타나는 수준에 그쳐 전체 대화에서 차지하는 비중이나 영향은 매우 미미한 수준이었다.

〈표 11-12〉 **E모둠 1, 2일차 집단창의성 코딩 결과 기술통계**

영역	대화범주		1일차	2일차	증감률(%)
메타인지	반성적	1. 모니터링	50	129	158
		2. 계획	23	5	-78
		3. 조정	122	128	5
인지	발산적 생산	1. 인식	12	14	17
		2. 구체화	15	21	40
		3. 정교화	55	121	120
	수렴적 생산	1. 문제정의	52	0	-100
		2. 문제분석	53	85	60
		3. 묵인	2	4	100
		4. 확인	70	38	-46
		5. 비판	46	62	35
		6. 정당화	11	9	-18
사회소통	친사회적 상호작용	1. 상호성	41	62	51
		2. 정서적	4	11	175
		3. 응집-과제	126	151	20
		4. 응집-장난	5	8	60
	반사회적 상호작용	2. 불만	1	5	400
		3. 비협조-과제	1	4	300
		4. 비협조-장난	1	2	100

* 절대적인 통계 수치가 낮은 범주는 의미 있는 변화로 분석하지 않음

메타인지영역에서는 상대적으로 '모니터링' 코드의 증가율이 컸으며, 인지영역 중 '발산적 생산'에서는 '정교화'가, '수렴적 생산'에서는 '문제분석', '비판' 코드의 증가

율이 컸다. 사회소통영역 중 '친사회적 의사소통'에서는 '상호성', '응집-과제' 코드가 증가를 나타냈다. 한편, 메타인지영역에서 '계획(RFD2)' 코드는 감소를 나타냈는데, 이는 문제에 대해 다양한 해결책을 논의했지만 순서에 대한 구체적인 계획은 없었다는 점, 역할 분담이 빠르게 진행되어 관련 대화가 적었던 점이 반영된 것으로 볼 수 있겠다. '수렴적 생산' 중 '확인' 코드의 비중도 줄어들었는데, 이는 A모둠과 마찬가지로 장치의 우연성을 줄이는 과정에서 '정교화' 비중이 늘어나면서 다른 코드의 비중이 감소한 것으로 보인다.

11.4. 논의

본 연구는 체화된 인지 관점에서 각도 개념과 관련한 수학 중심 융합 수업을 적용하고, 이 과정에서 학생들의 협력적 문제해결의 변화를 분석하고자 하였으며, 이 중 2개 모둠의 집단창의성의 발현을 담화 분석을 통해 살펴보고자 하였다. 본 연구에서 나타난 결과와 연구의 제한점을 바탕으로 후속 연구에 대한 제언을 하고자 한다.

첫째, 집단창의성이 성공적으로 발현되는 집단의 문제해결 방식은 매우 다양하게 나타날 수 있기 때문에 다양한 집단의 사례를 수집하여 요인별 특성에 따라 범주화할 필요가 있다. 집단창의성 발현에 영향을 미치는 변인을 '투입-과정-산출'로 나누어서 살펴볼 때(성지현, 이종희, 2017a), 본 연구에서는 Tan 외(2014, 2018)와 과정변인을 동일하게 구성하였지만 집단구성원, 집단구조, 분위기, 외부요인 등 투입변인은 모두 차이가 있었다. Tan 외(2014, 2018)의 연구에서는 집단 구성을 2명으로 하였고, 중1과 중3을 무작위로 짝을 지어 배치하여 컴퓨터 기반의 과제에서 서로 부족한 정보들을 교환해가면서 문제를 해결하였는데, 본 연구는 학생들에게 주어진 과제의 성격이나 집단 구성이 많이 달랐다. 본 연구는 초등학교 5, 6학년으로 이루어졌으며, 무작위로 배치하기는 하였으나 영재학급 학생들로서 인지적으로 비교적 유사한 그룹 집단으로 볼 수 있고, 4명이 하나의 집단으로 상호작용하였다. 결론적으로 성공적인 문제해결 집단의 패턴을 이전 연구와 비교해볼 때, ATC21S는 메타인지영역에서 '계획'관련 코드가 다른 코드보다 월등히 많았던 반면, 본 연구에서는 '조정'코드가 눈에 띄게 많았다. ATC21S는 온라인에서 채팅을 통해 소통하고, 과제가 추론과 계산을 통한 결과 산출이었기 때문에 이처럼 나타난 것으로 보이나, 본 연구는 직접 장치나 도구를 조작하는 환경에서 대면 상호작용이 이루어졌기 때문에 '조정'과 '모니터링' 코드가 대화에서 더 많이 생성된 것으로 보인다. 이러한 점을 고려했을 때, 과제 유형에 따른 적절한 집단의 크기, 과제마다 적합한 상호작용 환경 등 투입이 과정 및 산출에 미치는 부분에 대해서 더 많은 사례 연구가 이루어질 필요가 있다.

둘째, 집단창의성 발현에 영향을 미치는 집단 특성을 다양한 관점에서 살펴볼 필요가 있다. Kirton(2000)은 창의성의 유형을 '적응적 유형(Adaptive style)'과 '혁신적 유형(Innovative style)'으로 범주화하였는데, '적응적 유형'은 문제 발견보다는 해결의 경향이 강하며, 새로운 것보다는 유용한 것을 선호하지만 '혁신적 유형'은 현재 시스템을 벗어나 새로운 시각에서 대상을 바라보고 즉흥적이고 다양한 방법, 새롭고 풍부한 아이디어 생산을 선호하는 것으로 보았다. 이 두 유형은 하나의 연속체의 양극을 형성하는 것으로서 대부분 사람들은 이 연속체의 어딘가에 위치해 있다고 할 수 있다(kirton, 2000). 본 연구에서의 A모둠과 E모둠의 창의성 유형은 [그림 11-5], [그림 11-6]의 산출물을 통해 추론할 수 있는데, 이러한 이론과 연결지어볼 때 A모둠은 독창적인 경로보다는 안정적인 것을 선택하는 것으로 보아 '적응적 유형'에 가까운 성향으로 볼 수 있으며, E모둠은 다른 모둠과는 다른 창의적인 경로 구성을 봤을 때 '혁신적 유형'에 가깝다고 볼 수 있다. 두 모둠 모두 성공적인 문제해결을 보였지만 집단창의성의 발현에는 차이를 드러냈는데, 집단 창의성 유형도 이러한 현상을 설명할 수 있는 하나의 관점이 될 수 있을 것이다. 이처럼 집단의 특징을 설명할 수 있는 다양한 요소들을 발굴해낼 필요가 있으며, 현상 설명을 위한 다양한 연구가 후속 연구로 제시될 필요가 있겠다.

셋째, 이전 선행 연구와 마찬가지로 집단창의성 발현과정에서 '상호성'이 중요한 요인으로 작용했다. 산출 결과 측면에서 조금 더 성공적인 모둠을 A모둠으로 본다면, '상호성'이 많이 드러난 A모둠의 대화 특징을 집단창의성 발현과 관련지을 수 있겠다. 조무정, 진석언(2016)은 집단창의성 발현과정을 현상학적으로 연구하면서 '질문하는 행위'의 중요성을 언급하였다. 즉, 집단창의성 발현과정에서 문제해결을 위한 질문을 끊임없이 하고, 그 질문에 타당한 반응을 하기 위해 모든 지식과 경험을 동원하는 특징은 본 연구에서의 '상호연결-상호성(PID1)' 코드와 유사하다. 조무정, 진석언(2016)은 문제해결과정에서 사소한 것이라도 질문하기를 멈추지 말아야 한다고 언급하였고, Tan 외(2014, 2018)의 연구에서도 성공적인 집단의 특징으로 '상호적인 대화쌍'을 특징으로 제시하였는데, 이처럼 서로에 대한 '경청'을 기반으로 한 '상호적인 대화'는 집단창의성 증진을 위한 요소로 '갈등'을 긍정적으로 조절하는 기능도 수행한다(조무정, 진석언, 2016).

넷째, 집단창의성 발현 과정에서 체화된 인지 관점 접근이 다양한 시도로 나타날 필요가 있다. 대부분 집단창의성 연구에서 사용되는 과제나 문제는 비구조화된 형태이기는 하나 몸의 활동이 드러나기보다는 인지적 활동이 주가 되는 경우가 많다. 본 연구에서 학생들이 문제를 해결할 때 문제분석 과정에서 도구 조작이 동시에 이루어지는 모습이 많이 관찰되었는데, 개념을 말이나 글로 공유하는 것보다 실제로 장치를 작동시킬 때 서로의 생각에 대한 이해나 전달이 즉각적으로 이루어져 의사소통이 더 원활하게 되는 것을 목격할 수 있었다. 이러한 과정에서 수정과 변형도 매우 빠른 속도로 이루어졌으며, 8차시라는 긴 시간 동안 학생들이 끊임없이 해결책을 생성하고 수정하는 과정이 반복될 수 있는 집중력과 지속성을 지닌 것도 몸의 활동에 기초했기 때문에 가능한 것이었다. 이처럼 구체적인 산출이 가능한 형태로써 다양한 상호작용이 가능한 형태의 과제를 집단창의성 발현을 위한 수업에서 고민해볼 필요가 있을 것이다. 대면 환경이 아닌 CSCL 환경을 고민한다면, 다양한 온라인 도구를 이용하여 학생들의 생각을 구현하거나 조작할 수 있는 형태의 과제 개발이 필요할 것이며, 대면 환경에서는 다양한 구체물 혹은 기술적 도구를 활용하여 협력적으로 문제를 해결하는 형태의 과제 개발이 필요할 것이다. 가능하다면 온라인과 대면 환경 모두를 혼합한 형태의 과제 개발도 다양한 환경과의 상호작용을 촉진할 수 있을 것이다. 또한 예술적 영역을 많이 활용하여 다양한 학습 개념을 연결하려는 노력 또한 필요한데, 이는 모두 융합교육의 맥락에서 수행되는 연구의 한 흐름으로 볼 수 있으나 보다 체화된 인지 관점에서 몸을 통한 학습에 관심을 기울일 필요가 있을 것이다.

다섯째, 집단창의성 발현 혹은 집단창의성 향상을 위해 어떠한 자원과 노력이 필요한가에 대한 장기간의 연구가 필요하다. 본 연구는 문제해결 과정에서의 집단창의성 발현을 살펴보았으나, 집단창의성 발현과정과 발전의 양상을 살펴보기 위해서는 동일 집단을 장기간 관찰하는 종단연구 형태의 관찰이 필요하다. 대부분 대규모 평가에서는 많은 사례수를 수집하기 위해 일회적 평가에 그치고 있어, 문제를 해결하는 시간이 본 연구에서 수집한 데이터와는 많은 차이가 난다. 또한 대규모 사례 수집은 대부분 온라인으로 수집되고 있는데, 대면 환경이 아닌 온라인 환경에서 구성되는 인지는 분명 다를 수밖에 없을 것이다. 앞으로 집단창의성이 학습에서 차지하는 중요성이 점차 높아진다고 했을 때, 현실적으로 교육 현장에서 학생들에게 도움을 줄 수 있는 다양한 지원 요소를 살펴볼 필요가 있으며, 연구자간 협업을 통해 방법을 공유하고 함께 자료를 수집하고 분석하는 등 노력이 필요할 것이다.

여섯째, 본 연구는 성공모둠을 중점적으로 분석하였으나, Tan 외(2014, 2018)와 같이 실패모둠의 집단창의성 분석이나 비교집단 선정을 통한 분석 등 다양한 사례 수집을 통해 심층적 분석이 수행될 필요가 있다. 학생들의 집단창의성 향상을 저해하는 상황은 무엇인지, 그러한 상황 극복을 위해 어떠한 노력을 해야 하는지 다양한 손실 상황을 살펴볼 필요가 있다. 우수한 개인이 모인다고 해서 반드시 좋은 방향으로 집단창의성이 발현되는 것은 아니며, 협력적인 문제해결과정에서 '생산적 손실(production loss)' 혹은 '과정 손실(process loss)'이 발생하는데, 이를 줄이는 것은 집단창의성의 효과를 극대화시키는 것으로 작동한다(Nijstad & Paulus, 2003). 과정 손실이 일어나는 요인은 '사회 동기적 원인'(집단의 동조현상, 평가에 대한 우려, 동기 부족)과 '인지적 원인(산출방해, 공유실패, 서로 다른 관점 유지 실패)'로 나눠볼 수 있으며 성지현, 이종희(2017b)는 집단 수준의 창의적인 시너지가 일어날 수 있는 '상보적', '발생', '긴장' 상태 각각에 대해 과정 손실이 나타나는 사례를 확인하였다. 본 연구에서는 성공 모둠의 사례를 조사하였기 때문에 '손실 과정'으로 언급할만한 수준의 사례를 찾지 못하였다. 한편, 집단의 상호작용 측면에서 정혜윤, 이경화(2018)는 '상화보완적', '갈등기반', '메타인지적' 상호작용을 언급하였으며, 김지은(2020)은 이 중 '갈등 기반' 상호작용을 '강요적', '회피적', '타협적', '절충적', '수용적' 갈등 상호작용으로 세분화했는데, 본 연구에서는 모든 상호작용이 나타난 것으로 보이며, 일부 의견 불일치와 같은 '과업 갈등'이 드러났으나 이러한 갈등이 '타협적', '절충적', '수용적' 형태로 해결됨으로써 '과정 손실'이 거의 드러나지 않았다. 하지만 대부분 문제해결 상황에서 성공적으로 문제해결을 하는 것은 다수 보다는 소수에 속하기에, 후속 연구에서는 다양한 실패 사례 혹은 비교집단 선정을 통해 선행연구에서 드러나지 않는 손실과정이나 특이사항을 살펴볼 필요가 있을 것이다.

앞으로 '협력'과 '집단'의 강조는 더욱 주목을 받을 것이며, 미래에 필요한 인재는 탁월한 개인의 능력보다는 개인의 능력을 타인과의 협업을 통해 더욱 극대화할 수 있는 사람일 것이다. 이 과정에서 '창의성'도 고정적이기보다는 융통적인 것으로서 집단의 관점에서 더욱 부각되리라 본다. 체화된 인지 관점에서 학생들이 다양한 환경과의 소통을 통해 지식을 쌓아나갈 수 있도록 교육에서의 융합적 설계는 더욱 강조되어야 할 것이다.

참고문헌

국가교육과정정보센터(NCIC)(2015). **2015 개정교육과정**. 국가교육과정정보센터 웹 인벤토리 http://ncic.go.kr에서 2018년 6월 2일 인출.

권유미, 안병곤(2005). 도형 영역의 오류 유형과 원인 분석에 관한 연구 -초등학교 4학년을 중심으로-. **한국초등수학교육학회지, 9**(2), 137-159.

김민경(2004). 현실적인 문장제에 관한 초등학생의 반응 분석. **학교수학, 6**(2), 135-151.

김민경, 박은정, 허지연(2012). '맥락성' 관점에서 본 수학교과서의 문제 분석. **한국학교수학회논문집, 15**(1), 1-25.

김민경, 이지영(2018). 체화된 인지 관점에서 초등영재의 융합적 소양 및 문제해결에 관한 연구: Goldberg 장치에서 각도 개념을 중심으로. **학습자중심교과교육연구, 18**(19), 403-432.

김민경, 허지연, 박은정(2014). 초등수학에서의 비구조화된 문제해결 모형 설계, 적용 및 그 교육적 의미. **한국초등수학교육학회지, 18**(2), 189-209.

김지은(2020). **집단 창의성 발현 과정에서 나타나는 상호작용의 특징: 과학과 관련된 사회적 쟁점(SSI) 수업사례를 중심으로**. 이화여자대학교 대학원 석사학위논문.

남승인(2011). 수학영재교육 대상자의 수학용어에 대한 오개념 실태 조사. **한국초등수학교육학회지, 15**(1), 179-198.

성지현, 이종희(2017a). 수학영재학급 학생들의 집단창의성 발현 과정에 작용하는 요소와 교수 · 학습에 대한 델파이 조사 결과. **교과교육학연구, 21**(1), 59-70.

성지현, 이종희(2017b). 수학영재의 집단창의성 발현에서 나타나는 산출 및 과정 손실 분석. **한국초등수학교육학회지, 21**(3), 505-530.

유지원(2016). 디지털 시대에 최적화된 협력적 문제해결역량 측정도구 개발. **학습자중심교과교육연구, 16**(7), 185-214.

이가람, 조규락(2017). 집단구성원의 창의성 유형이 문제 유형에 따라 문제해결 과정 및 성과에 미치는 영향. **교육공학연구, 33**(4), 973-999.

정혜윤, 이경화(2018). 수학적 모델링에서 집단창의성 발현사례. **수학교육, 57**(4), 371-391.

조무정, 진석언(2016). 초등학교 과학 영재학생의 집단 창의성 발현과정 경험에 대한 현상학적 연구. **창의력교육연구, 16**(2), 35-59.

조지민, 동효관, 옥현진, 임해미, 정혜경(2012). **OECD PISA 2015 협력적 문제해결력 평가 도입에 따른 교육 개선 방안**(2012 KICE 이슈페이퍼 ORM 2012-65-13). 충북: 한국교육과정평가원.

최수임, 김성준(2012). 정의하기와 이름짓기를 통한 도형의 이해 고찰 –초등학교 4학년 도형 영역을 중심으로-. **한국학교수학회논문집, 15**(4), 719-745.

최유현, 노진아, 임윤진, 이동원, 이은상, 노준호(2013). 초 · 중 · 고등학생용 융합인재소양 측정도구 개발. **한국기술교육학회지, 13**(2), 177-198.

Crompton, H.(2013). *Coming to understand angle and angle measure: A design-based research curriculum study using context-aware ubiquitous learning*. Unpublished doctoral dissertation, University of North Carolina at Chapel Hill, North Carolina, Chapel Hill.

Devichi, C., & Munier, V.(2013). About the concept of angle in elementary school: misconceptions and teaching sequences. *The Journal of Mathematical Behavior, 32*(1), 1-19.

Khasanova, E.(2015). *The development of a cognitively_diagnostic formative assessment of the early concept of angle*. Unpublished doctoral dissertation, State University of New York at Buffalo, New York, Buffalo.

Kirton, M, J.(2000). A theory of cognitive style. In M. J. Kirton(Ed), *Adaptors and innovators-style of creativity and problem solving* (pp. 1-33). Hertfordshire, UK: KAI Distribution Centre.

Nijstad, B. A., & Paulus, P. B.(2003). Group creativity: Commom themes and future directions. In P. B. Paulus & B. A. Nijstad (Eds.), *Group Creativity: Innovation through collaboration* (pp. 326-339). Oxford University Press.

Scally, S.(1990). *The impact of experience in a Logo learning environment on adolescents' understanding of angle: A van Hiele-based clinical assessment*. Unpublished doctoral dissertation, Emory University, Atlanta, Georgia.

Tan, J. P.-L., Caleon, I. S., Jonathan, C. R., & Koh, E.(2014). A dialogic framework for assessing collective creativity in computer-supported collaborative problem-solving tasks. *Research and Practice in Technology Enhanced Learning, 9*(3), 411-437.

Tan, J. P.-L., Caleon, I., Ng, H. L. Poon, C. L., & Koh, E.(2018). Collective creativity competencies and collaborative problem-solving outcomes: Insights from the dialogic interactions of singapore student teams. In E. Care, P. Griffin, & M. Wilson (Eds.), *Assessment and teaching of 21st century skills: Research and applications* (pp. 95-118). Dordrecht: Springer.

Part IV

‘체화된 인지’와 ‘창의·융합’의 관점에서 수학교육의 시사점

본 저서는 학교 현장에서 보다 수학다운 수업, 학습자에게 의미있는 수학 수업에 대한 바람과 함께, 급변하고 다변화하는 새로운 패러다임의 사회적 현상에서 요구되는 교육적 모델을 구상하면서 '체화된 인지(embodied cognition 혹은 embodied understanding)' 관점과 정책적으로 대두되고 있는 '창의・융합'을 연계한 미래 교육의 가능성을 고민하면서 시작되었다. 수학이라는 학문은 모든 학문과 연결이 되면서도 다양하게 응용이 가능한 학문임에도 불구하고 최근 대다수 학생들에게 수학은 어렵다, 인생에서 수학은 계산 외에는 별로 쓸모가 없다는 인식이 만연해지는 난감한 상황에 처해 있다. 미래를 위한 교육의 올바른 방향을 제시한다는 것은 매우 어려운 일이지만, 내용 자체를 탓하기보다는 내용을 가르치는 방법의 변화를 더욱 고민해야 할 것으로 보인다. 이를 위해 본 저서는 수학을 중심으로 한 STEAM 교육에 대한 초등교사의 인식과 현황에 관한 기초조사와 함께 체화된 인지 개념뿐 아니라 창의·융합적 관점에서의 수학교육의 개념적 고찰을 통해 수학교육 분야에서의 적용 가능성을 점검하며 이론적 토대를 제공하였다. 이론적 검토에서 더 나아가 실제 학교 현장에 적용 가능하도록 설계한 창의・융합형 수학 수업에서 학습자가 나타내는 현상을 협력적 문제해결력, 집단창의성, 그리고 융합적 소양 등 다양한 관점에서 분석하고 그 교육적 의미를 도출하였다. 창의・융합교육에 대한 미래사회의 요구가 더 증대되고 있는 사회적 현실을 비추어볼 때 협력적 문제해결력, 집단창의성, 그리고 융합적 소양과 같은 키워드는 나날이 현장 적용에서 기인하는 교육적 평가에서 그 중요도를 더하여 갈 것이다. 이러한 배경에서 앞으로 교육의 나아가는 방향과 미래 가능성에 대한 시사점을 제공한다는 측면에서 본 저서가 교육에 대한 청사진을 설계하며 실행시켜 나가는 데 도움이 되리라 기대하는 바이다.

본 고를 마무리하면서 급변하고 다변화하는 사회적 현상에서 '창의・융합'을 연계한 교육적 모델과 '체화된 인지(embodied cognition 혹은 embodied understanding)' 관점으로의 미래 교육의 시사점 및 대안적 가능성 제시를 위하여 교육과정, 교수자, 학습자, 그리고 제반 환경의 측면에서 다음과 같이 제안해 보고자 한다.

첫째, 교육과정 측면에서 살펴보면 다음과 같다. 교육과정을 이루는 하위 요소를 모두 다룬다기보다는 본 저서에서 중심적으로 다루고 있는 '체화된 인지'와 '창의・융합'의 관점을 중심으로 살펴보고자 한다. 이 두 요소는 교육적 측면에서 별개가 아닌 서로 연결되는 영역이다. 기존의 교육적 관점과 방법으로서가 아니라 학생의 고차원적 능력 향상을 이끌 수 있는 보다 나은 대안적 방법으로 볼 때 '융합'이란 현 교육체제상 교과적 지식의 연계보다는 분절적 기술로 국한된 교과서의 구현 방식에서 벗어나는 것이며, 이 과정에서 수학 학습에 우선적으로 요구되는 것은 '체화된 지식 형성을 위한 과제'를 개발하는 일이다. 체화는 결국 학생 개인의 관념적 수학이 공공의 활동과 관련된 개념적 수학과 정합이 되게 하는 과정에서 발현되므로 구체적인 하나의 상황이 일반화로 나아가는 맥락에 대한 개발이 필요하다. 실제적으로 교사가 재구성해야 하는 몫으로 남겨지는 현실적 어려움을 해결하기 위해 전체적인 맥락에서 '융합'이 보다 쉽게 이루어질 수 있도록 수학 학습을 위한 '빅 아이디어'를 발굴하는 노력과 지원은 현장 교사에게 지속적으로 제공되어야 할 것이다. 이를 위해 수학 수업에서 활용 가능한 서로 다른 수학 내용 영역을 연결할 수 있는 소재와 방법, 지필 이외의 다양한 이해의 확인 방법 제시 및 과정을 확인하기 위한 상세한 루브릭 개발 등이 요구된다.

또한 수학 융합 학습 내용이 학생에게 어떻게 '체화'될 수 있고, 어떻게 '기존과 달리 새롭게 체화'되었는지 보여줄 수 있는가를 설명하기 위해서 다양한 관점으로의 수업 분석이 이루어질 수 있는데 본 저서에서는 각과 각도에 관한 학습자의 개념와 오개념 분석을 바탕으로, 융합 수업에서 협력적 문제해결 과정 및 융합적 소양, 그리고 집단창의성 발현에서 체화된 인지 관점에 관한 연구자적 통찰을 제시하고자 하였다. 이에 더하여 체화와 창의·융합과 관련한 학습 방법뿐만 아니라 연구 방법에 대한 변화가 요구된다. 구체적으로 학생의 지식이 어떻게 체화되고, 학생은 이를 어떻게 드러내는가를 보다 면밀히 관찰하기 위해서는 대상에 대한 체크리스트와 관찰 도구 개발 연구도 함께 이루어져야 할 것이다. 또한 구체적인 산출이 가능한, 다양한 상호작용이 가능한 형태의 과제를 집단창의성 발현을 위한 수업의 후속연구로 제안해 본다. 최근 들어 다양한 기자재의 보급이 가져온 교육적 환경을 고려하여 다양한 온라인 툴을 이용하여 학생들의 생각을 구현하거나 조작할 수 있는 형태의 과제 개발뿐 아니라 기술적 도구를 활용하여 협력적으로 문제를 해결하는 형태의 과제 개발도 요구될 것이다. 융합교육의 맥락에서 수행되는 연구는 보다 체화된 인지적 관점에서 몸을 통한 학습에도 관심을 기울여야 할 것이다.

둘째, 학습자 측면에서 살펴보면 다음과 같다. 초등학교 수학 학습 과정에서 체화된 앎이 구현되고 있는지에 대한 현상을 설명하는데 적합한 수학적 개념이 무엇일까 고민하는 과정에서 시시각각으로 변하는 각과 각도에 관한 문제상황에서 이루어지는 학습의 이해정도와 오개념을 분석해보는 데서 출발하였다. 즉, 초등학생이 각과 각도에 관한 학습 과정에서 각의 개념 및 각도의 변화를 제대로 인지하여 체화하였는지 살펴보고자 하였다. 이를 위해 먼저 새로 접하는 실생활 맥락의 각과 각도에 대한 문제해결을 살펴보기 위하여 초등학생의 이해 수준별 평균 점수 결과에 따른 상관관계와 학생들의 오개념을 분석하였고, 그 결과 학생들은 구조화되고 정형화된 각과 각도 관련 문제는 비교적 잘 해결하지만, 실생활과 연결된 비구조화되고 비정형화된 문제해결에서는 어려움을 겪는 것으로 나타났다. 즉, 학생들은 각과 각도에 대한 개념을 정확히 이해하고 있다기보다는 문제 해결 자체에 대한 반복 연습의 결과로서 익숙하지 않은 비정형화된 문제에서는 각과 각도에 대한 관계적 이해가 미흡한 결과가 나왔다. 이러한 결과를 비추어 볼 때 학생들이 정형화된 도형 내부에서 각을 찾으려는 경향을 엿볼 수 있으며 이를 해결하는 한 방안으로 교과서에 맥락성이 내포된 다양한 문제 상황을 제공하고 각과 각도 내용을 학습할 때에도 단순히 관련 개념과 지식, 기능을 익히는 것을 넘어 학생이 이를 능동적으로 활용하고 융합할 수 있는 소양을 길러주는 것이 필요하겠다.

또한 체화된 인지 관점에서 학습자의 학습 과정의 관찰과 측정을 지원해 줄 수 있는 새로운 연구방법의 시도가 필요할 것이다. 학생들이 각도를 눈으로 보면서 조작하고, 변화를 체험할 수 있는 과정에서 학생들이 이해했다고 하는 것이 무엇인지, 능동적으로 지식을 구성할 수 있는 활동이 무엇인지 설명해 줄 수 있는 연구기반이 요구될 것이다. 본 연구는 학생들의 발화를 중심으로 체화된 인지를 어떻게 드러내고 있는지 살펴보았으나, 학생의 반응을 모두 드러내기에는 한계를 직면하기도 하였다. 교육 분야가 인간을 대상으로 하는 만큼, 언어적인 부분뿐 아니라 비언어적인 부분에 대한 분석이 필요하기에 앞으로 개인보다 집단의 해결 과정을 연구해야 한다고 하면, 이를 모두 포착할 수 있는 기술적 지원이 있을 때 보다 정교한 연구가 가능할 것이다.

한편 학습자의 집단창의성이 성공적으로 발현되는 집단의 문제해결 방식은 다양한 패턴으로 나타날 수 있기 때문에 다양한 집단의 사례를 보다 많이 수집하여 요인별 특성에 따라 범주화할 필요가 있다. 과제 유형에 따른 적절한 집단의 크기, 과제마다 적합한 상호작용 환경 등 투입이 과정과 산출에 미치는 부분에 대해 더욱 많은 사례 연구가 필요할 것으로 보인다. 또한 집단창의성 발현과정에서 '상호성'은 중요한 요인으로 작용하는데 서로에 대한 '경청'을 기반으로 한 '상호적인 대화'는 집단창의성을 증진시키는 중요한 요소로서 '갈등'을 긍정적으로 조절하는 기능이 될 수 있다. 그리고 성공모둠의 집단창의성뿐 아니라 실패모둠의 집단창의성에 관한 심층적 분석과 함께 학생들의 집단창의성 발현을 저해하는 어려운 상황은 무엇인지, 그 상황을 극복하기 위해서는 어떠한 노력을 해야 하는지에 관한 분석도 필요하겠다.

셋째, 교수자 측면에서 살펴보면 다음과 같다. 수학을 중심으로 한 STEAM 교육에 대한 초등교사의 인식과 현황에 관한 기초조사를 실시하였다. 교사 설문 조사 결과를 바탕으로 수학 중심 STEAM 교육의 활성화를 위해 현장교사들은 체계적이며 지속적인 교사 연수를 요구하고 있었다. 이처럼 융합인재교육과 관련하여 실제적이고 교사의 전문성을 길러줄 수 있는 연수를 개발하고 교사들에게 확산하여 융합인재교육에 대한 인식 개선 및 실제 현장에의 확산을 도모하여야 할 것이다. 실제로 융합인재교육 수업을 개발해보고, 실제로 적용하는 경험이 많아질수록 질 높은 교육이 가능하므로 현실적으로 적용하기 용이한 환경을 조성하고, 더 나아가 교사가 현장에서 실제 적용할 수 있는 수업안과 자료 및 활동의 예를 개발하여 더욱 확산시켜야 할 것이다. 융합 수업을 위한 시간적, 재정적 지원 및 자료 지원이 이루어진다면, 학교 현장에서 교사들이 좀 더 쉽게 수학 중심 STEAM 교육에 접근할 수 있을 것이다.

마지막으로 교육 환경 제반 측면에서 살펴보면 다음과 같다. 수학 중심의 융합프로그램을 현장에서 적용하기 위해서는 현실적인 제약에 대한 다양한 고민이 필요하다. 본 연구에서는 학생들이 기존의 교과서 지식보다는 능동적인 과정에서 좀 더 깊이 이해하는 경험을 할 수 있지만, 현실적으로 많은 차시를 필요로 한다. 교육과정 내에서 융합을 시도할 때의 한계점은 수업시간에 대한 문제점뿐만 아니라 학년 간 내용 요소를 융합해야 하는 상황에서 이를 어떻게 구성할 수 있는가 하는 것이다. 다양한 과목들을 중심으로 전개되는 융합교육을 위해서는 교육과정이 이를 수용할 수 있는 형태로 변화할 필요가 있다. 다양한 학년의 주제를 함께 다룰 수 있는 여지를 제공한다거나, 연결될 수 있는 개념을 동일한 학년에 묶어서 제시할 수 있도록 내용의 구성의 변화도 고민해볼 필요가 있다. '체화'를 수업에 어떻게 녹여낼 수 있을 것인가, 학생들이 '체화'했다는 것이 의미하는 것을 어떻게 탐구할 것인가에 대한 논의가 계속적으로 필요하며, 다양한 관점과 다양한 연구 방법을 통해 이를 규명하려는 시도가 필요할 것이다.

한편 집단창의성 발현 혹은 집단창의성을 향상시키기 위해 어떠한 지원과 노력이 필요한가에 대한 장기간의 연구가 필요하다. 본 연구는 문제해결 과정에서의 집단창의성 발현을 살펴보았으나, 집단창의성의 발현과정과 발전과정을 살펴보기 위해서는 동일집단을 장기간 관찰하는 종단연구 형태의 관찰이 필요하다. 앞으로 집단창의성이 학습에서 차지하는 중요성이 높아진다고 할 때, 실질적으로 교육 현장에서 학생들에게 도움을 줄 수 있는 다양한 지원 요소들을 파악할 필요가 있으며, 필요하다면 서로 다른 연구팀들의 협업을 통해 방법을 공유하고 함께 자료를 수집하고 데이터를 분석하는 등 연구에서의 협업이 이루어질 필요가 있겠다.

미래 교육에 대한 다양한 관점이 제시되면서 교육에서도 다양한 변화를 위한 움직임이 제기되고 있다. 교육을 비롯하여 많은 문화적, 사회적, 기술적 분야에서 '협업'이 중시되고 있고, 탁월한 개인보다는 협력적인 집단이 창출해내는 산출물과 같은 다양한 결과가 현대 사회를 움직이는 원동력이 되고 있다. 지식이 다양한 상호작용을 통해 새로운 의미를 창출하는 관점에서 '창의성'은 앞으로 다양한 맥락에서 변화하는 가변적인 것으로서 개인을 넘어 집단과 개인의 능력을 계발하는 다양한 연결고리를 만들어낼 것으로 보인다. 이 중심에서 체화된 인지 관점에 기반하여 학생들이 다양한 연결고리를 통해 지식을 구성하고 경험할 수 있도록 수학에서도 다양한 학문을 연결하는 융합적 설계가 필요할 것이다. 앞으로 '창의·융합'이 교육에 어떠한 기여를 할 수 있으며, '체화된 인지'가 교육에 적용될 때, 특히 수학교육에서 어떠한 시너지를 일으킬 수 있는가는 보다 심화된 논의와 연구를 통해 밝혀내야 할 것이다. 수학교육의 변화를 지속적으로 논의하는 과정들은 시대가 필요로 하는 교육으로 한 발 다가서는 계기가 될 수 있을 것이다.

찾아보기

체화된 앎(Embodied Understanding) 실현을 위한

창의 · 융합 수학 수업의 개발과 실천적 탐구

지은이 김민경 · 이지영 · 김동희
펴낸이 조경희
펴낸곳 경문사
펴낸날 2020년 7월 20일 1판 1쇄
등 록 1979년 11월 9일 제1979-000023호
주 소 04057, 서울특별시 마포구 와우산로 174
전 화 (02)332-2004 팩스 (02)336-5193
이메일 kyungmoon@kyungmoon.com
facebook facebook.com/kyungmoonsa

값 15,000원

ISBN 979-11-6073-390-7

★ 경문사 홈페이지에 오시면 즐거운 일이 생깁니다.
http://www.kyungmoon.com

한국과학기술출판협회 회원사